간화선 수행

조계학술총서 01
간화선 수행

| 1판1쇄 인쇄 | 2020년 12월 1일 |
| 1판1쇄 발행 | 2020년 12월 8일 |

엮은이	대한불교조계종 교육원 불학연구소
발행인	정지현
편집인	박주혜

대표	남배현
기획	모지희
책임편집	박석동
마케팅	조동규, 김관영, 조용, 김지현
디자인	동경작업실

펴낸곳	(주)조계종출판사
주소	서울시 종로구 삼봉로 81 두산위브파빌리온 232호
전화	02-720-6107~9
전송	02-733-6708
등록	2007년 4월 27일 (제2007-000078호)
구입문의	불교전문서점(www.jbbook.co.kr) 02-2031-2070~1

| ISBN | 979-11-5580-150-5 (94220) |
| | 979-11-5580-149-9 (세트) |

이 책의 판권은 엮은이와 (주)조계종출판사에 있습니다.
이 책 내용의 일부 또는 전부를 재사용하려면
반드시 양측의 서면동의를 받아야 합니다.

조계종
출판사 지혜와 자비의 눈으로 세상을 바라봅니다.

조계
학술
총서
01

대한불교조계종 교육원
교육아사리
수행 논문 모음집

간화선 수행

대한불교조계종 교육원 불학연구소 엮음

조계종
출판사

대한불교조계종 교육아사리

조계종의 교육아사리는 해마다 소정의 연구비를 지원받아 종단이 필요로 하는 연구를 담당하거나 종단의 승가교육기관에서 학인스님을 지도하는 종단의 위촉을 받은 교육소임자입니다. 비구의 경우 중덕 법계, 비구니의 경우 정덕 법계를 수지한 승랍 10년 이상의 자격을 갖추거나 박사과정 수료 이상의 학력을 가졌거나 석사학위를 취득하고 교육과 연구 전문 경력이 2년 이상이어야 합니다. 또 사찰승가대학원의 전문과정을 졸업하고 교육과 연구 경력이 3년 이상이거나 사찰승가대학원 연구과정을 졸업해 번역 혹은 연구 성과가 있는 스님들에게 교육아사리로서의 위촉 자격이 주어지고 있습니다. 연구 분야는 초기불교를 비롯한 대승불교, 선불교, 계율, 한문불전, 응용불교, 불교사 등 7개 전문 영역으로, 불교사 중에서는 한국불교사와 율장, 불교윤리 분야 전공자를 우선하여 선발하고 있습니다.

간화선 수행을 논하다

부처님께서 인도 부다가야에 위치한 숲의 보리수나무 아래에서 깨달으신지 어언 2,600여 년이 흘렀습니다. 부처님께서 깨달으신 사실과 그 수행법은 중국을 거쳐 동방의 끝자락에 위치한 우리에게도 전해졌으니 그 세월 역시 1,700여 년이 흘렀습니다. 기나긴 불교사(佛教史) 흐름 속에서 부처님의 수행법이, 특히 선(禪) 수행이 면면히 이어진 것은 참으로 기적과도 같은 일이 아닐 수 없습니다.

  선 수행의 진면목은 말이나 글로 이어지지 않았습니다. 선은 체계적인 이론으로 가르치고 이해를 구하는 수행이 아니기 때문입니다. 선종의 종지가 비록 중국에서 성립되었으나 부처님의 가르침에서 비롯된 정통 수행법임에는 틀림이 없습니다. 언어나 글을 통하지 아니하고 마음에서 마음으로 가르침을 전한 염화시중(拈華示衆)의 미소, 그것이 바로 부처님께서 말이 아닌 마음에서 마음으로 전한 이심전심(以心傳心)의 가르침이기 때문입니다. 기실 선 수행은 부처님의 깨달음을 담은 미소가 바로 그

기원입니다. 우리가 잘 알고 있듯이 염화시중의 미소에 관한 유래는 다음과 같습니다. 염화시중의 미소에 관한 가르침은 부처님께서 인도의 영축산에서 법을 설하실 때에 비롯되었습니다.

부처님께서 법을 설하시기 전 연꽃 한 송이를 들어 법석에 모인 수많은 수행자와 불자들에게 들어 보였습니다. 이때 여느 동참 대중들이 그 의미를 몰라 어리둥절했으나 오직 마하가섭만이 그 의미를 깨닫고 빙그레 미소를 지어 보였다고 합니다. 말의 자리가 아닌 마음의 자리에 가르침을 새긴 이 장면이 바로 부처님께서 마하가섭에게 불교의 진리를 전한 선지(禪旨)의 시작입니다.

이러한 선지는 중국의 초조 보리달마(菩提達摩)를 거쳐 이조혜가(二祖慧可), 삼조승찬(三祖僧璨), 사조도신(四祖道信), 오조홍인(五祖弘忍), 육조혜능(六祖慧能)조사로 이어졌고 선 수행을 통한 깨달음의 전승은 대한민국을 비롯한 일본과 베트남 등 아시아의 여러 나라로 퍼져 나갔습니다.

전승의 역사를 좀 더 살펴보자면 한반도에 선(禪) 수행이 전해진 시기는 통일신라 시대였던 840년으로, 당나라에서 귀국한 보조선사(普照禪師) 체징(體澄)이 도의국사(道義國師)를 종조(宗祖)로 모시고 가지산문(迦智山門)을 개산(開山)합니다. 형철(逈徹) 등 800여 명의 선사를 배출함으로써 도의국사의 남종선을 크게 진작시키면서 가지산 선문(禪門)를 개창하기에 이릅니다. 도의국사는 이보다 앞선 821년 당나라에서 돌아와 신라에 남종선을 처음으로 전하기도 했으나 그의 새로운 선풍은 경교(經敎)에 젖어 있었던 신라에서 크게 확산되지 못하였습니다. 선사는 이와 같은 세태를 뒤로 한 채 은거하며 수행자의 삶을 올곧게 잇고 있었는데 그의 심인(心印)을 받은 체징이 스승의 가르침과 종풍을 전수해 다시 일으키게 된 것입니다. 가지산 선문은 도의국사를 초조(初祖)로 받들고 염거(廉居)를 2조로, 체징을 3조로 삼아 선문을 크게 일으켰습니다. 이것이 바로 선 수행이 대한민국에 전해지게 된 연원이자 역사입니다.

대한불교조계종은 가지산 선문의 초조인 도의국사를 종조로 모시고 있습니다. 도의국사의 선문이 없었다면 대한불교조계종 역시 오늘날과 같이 존재할 수 없다고 해도 과언은 아닐 듯합니다. 수행과 교학의 전승 없이 교단이 유지될 수 없기 때문입니다. 수행과 교학은 함께 조화를 이룰 때 세상에 구현되어 발전을 견인할 수 있습니다. 전국의 선원 100여 곳에서 매년 두 차례 하안거와 동안거에 각각 2,000여 명의 수좌 스님들이 수행에 매진하는 것은 한국불교의 큰 힘입니다.

가지산 선문의 개산에 관한 위와 같은 역사와 연원을 살펴보았을 때 대한불교조계종 교육원의 불학연구소가 조계종출판사와 함께 해마다 교육아사리 스님들의 논문을 정리해 조계학술총서를 출간한다는 것은 매우 큰 의미가 있습니다. 조계학술총서가 지속적으로 이어져 교육아사리 스님들의 연구 증진과 선 사상의 대중화, 교학 발전에 이바지할 수 있기를 기대합니다. 조계학술총서를 발간해주신 데 대해 조계종출판사 관계자 여러분에게 감사드립니다.

2020년 12월
대한불교조계종 교육원 불학연구소

차례

일러두기

1. 이 논문들은 대한불교조계종 교육원 불학연구소 교육아사리 연구비 지원으로 작성되었습니다.

01.
조사선(祖師禪)과 간화선(看話禪)의 수행체계 비교

정운定雲

정운 定蕓

대한불교조계종 불학연구소장

1982년 성심사에서 명우 스님을 은사로 출가하여 자운대종사를 계사로 구족계를 수지했다. 운문사 승가대학과 동국대학교 선학과를 졸업했다. 2007년~2008년 미얀마 판디타라마와 쉐우민센터에서 위빠사나 수행을 했으며 동국대학교 선학과에서 박사학위를 받았다. 불교신문 논설위원, 대한불교조계종 포교원 신도교재편찬위원, 대한불교조계종 교육원 불학연구소장, 한국선학회 이사 겸 편집위원, 대한불교조계종 불교성전편찬기획위원으로 활동하고 있다. 「금강경 선리에 대한 고찰」, 「깨달음과 교화에 대한 소고」 등 20여 편의 논문이 있다. 저서로는 『인물로 보는 한국 선사상사』, 『전심법요』, 『경전의 힘』, 『맨발의 붓다』, 『도표로 읽는 경전입문』, 『대승경전의 선사상』, 『경전숲길(한 권으로 읽는 경전)』, 『동아시아선의 르네상스를 찾아서』, 『허운』(중국 근현대 불교 선지식) 등 다수가 있다.

I. 들어가는 말

불교는 깨달음 목표 지향의 종교이다. 불교학에서 깨달음으로 가는 길을 여러 방향으로 제시하고, 여러 교의가 정립되었다. 이고득락(離苦得樂), 전미개오(轉迷開悟), 전식득지(轉識得智) 등 수행체계가 다양하다. 곧 고(苦)에서 낙(樂)으로 이르는 것, 미(迷)에서 오(悟)에 이르는 것, 식(識)에서 지(智)로 이르는 길에 있어 수행의 여러 체계가 불교사에 등장하였다. 중국에서는 6세기 초, 달마가 도래해 여래선을 거쳐 8세기 무렵, 조사선 수행체계가 형성된다. 조사선 이후 선문답과 어록이 나왔고, 이어 공안과 문자선이 발달하면서 남송대에 묵조선과 간화선으로 전개되었다. 이 논문에서는 당대에 발달한 조사선과 남송대에 정립된 간화선을 중심으로 선의 수행체계 및 구조를 살펴보는 데 중점을 둔다.[01]

---

[01] 본고와 관련해 조사선과 간화선에 대해 기존에 발표된 자료를 범주별로 나누어 보면 이러하다. 조사선의 수행체계·간화선의 수행체계·조사선과 간화선의 수행체계의 원리와 비교 등으로 나누어 본다. 간화선에 관한 논문은 다수인데 반해 조사선 사상이나 간화선과 조사선의 수행체계를 논한 논문은 전무후무이다. 다음 논문들은 조사선과 간화선의 원리적인 측면을 논한 경우이다.
첫째, 조사선적인 측면에서 수행의 전반에 대해서는 釋定芸, 「祖師禪 成立에 대한 小考」, 선문화연구 6집, 선리연구원(2009); 김호귀, 「선록을 통한 본래성불 사상의 전승」, 한국선학 30호(2011); 김호귀, 「수행과 신심의 관계」, 정토학연구 11집(2008); 김호귀, 「불성사상의 수용과 조사선의 형성」, 불교학연구 32호(2012); 윤영해(2006), 「祖師禪에서의 本來面目의 의미와 수행」, 한국선학 15호; 김태완의 「見性의 心性論的 解明-祖師禪의 見性論」, 한국선학 1호(2000) 등이 있다.
둘째, 간화선의 수행 전반에 관한 논문은 다양하고, 다수이다. 종호 스님의 「話頭의 내재적 구조 一考」, 한국불교학 58집(2010)에서는 화두를 두는 지향성과 역할, 화두의 함축하는 의미를 논하고 있다. ; 혜원 스님의 「간화선에서의 疑와 看에 대한 考察」, 한국불교학 47집(2007)에서는 간화선의 의정과 신심의 의미와 역할을 논하고 있다. ; 황금련, 「대혜와 고봉이 표방하는 간화선」, 한국불교학 79집(2016)

첫째는 조사선의 기저를 이루고 있는 사상은 본래성불과 본각 사상이다. 대승경전에 내포된 불성(佛性)·성기(性起)·일심·자각성지(自覺聖智)·원각(圓覺) 등 본래성불과 본각사상이 조사선의 수행체계에 어떤 영향을 미쳤으며, 조사선 선자들이 어떻게 선사상을 정립했는지에 대해 살펴본다.

둘째는 조사선 시대에는 선사들이 제자를 제접할 때, 선기 활용이 활발했는데, 선사들의 대기대용의 활작략(活作略)를 통해 조사선의 수행구조를 살펴본다.

셋째는 간화선은 조사선의 본각 사상을 수용했지만, 수행체계가 다르다. 화두를 수단으로 전개한 간화선의 수행체계가 어떤 구조로 이루어져 있으며, 간화선 수행에 공안의 역할 및 신심과 의정의 효용성에 대해 살펴본다.

넷째는 조사선과 간화선의 수행체계와 구조를 비교해 살펴본다.

에서는 대혜와 고봉의 간화선의 전반적인 특징을 논하였다.; 김영욱의 「간화선 참구의 실제」 普照思想 19집(2003)에서는 無字 화두를 중심으로 논하였다.; 성본, 『간화선의 이론과 실제』, 동국대출판부(2005)는 단행본 책자로 중국의 선사상을 언급하였다.; 박재현, 「화두의 기능과 역할」 『제7차 조계종 간화선 세미나자료집』, 조계종불학연구소(2008); 인경, 「대혜 간화선의 특질」, 보조사상 제13집(2000); 박재현의 「간화선의 문제의식과 전통성 의식에 관한 연구」, 哲學 제81집(2004)에서는 간화선이 정립되기 이전, 어떤 문제의식을 갖고 간화선이 정립되었는지의 요인을 밝히고 있다.; 변희욱의 「大慧 看話禪의 破邪顯正」 한국선학 15집(2006) 대혜가 간화선이 제창되기 이전의 시대적인 배경과 선사상을 논하고, 간화선의 참다운 수행 정신을 논하였다.

셋째, 조사선과 간화선의 원리와 비교를 밝힌 연구논문이나 책자는 전무후무이며, 본고는 이 세 번째에 주목한다.

Ⅱ. 조사선의 수행체계 및 수증론(修證論)

1. 조사선의 본래성불 사상과 선자들의 선리

보리달마가 중국에 온 이래[520년]로 선이 전개되었다고 보는 것이 관례이다. 중국적인 사유가 깃든 선을 조사선이라고 한다. 물론 조사선의 시조를 누구라고 단언하는 일이 쉽지 않으며, 학자마다 견해가 다르다.[02] 하지만 시기적으로 8세기 중기부터 9세기 중기에 이르는 약 100여 년간 마조(馬祖, 709~788)를 기점으로 등장하고 있는 새로운 선사상을 조사선이라고 한다. 마조를 기점으로 교학·여래선과 이후의 조사선이라고 하는 것은 외형적 기준이 되고 있다.[03]

물론 선종[04]이라는 종파가 형성된 것은 후대의 일이지만, 수많은 조사들이 등장하면서 각 자파의 선사상이 정립되었다. 자파의 조사들이 선사상을 확립하는 과정에서 크게 작용한 사상은 불성과 본래 성불되어 있다는 본각적(本覺的)인 차원의 선사상이다. 바로 이 점은 일상에서

---

[02] 조사선의 시작을 초조달마, 혹은 육조혜능(638~713), 마조 도일(709~788) 등 다양한 견해가 있다. ; 이 논문 2장에서는 달마를 비롯해 8~9세기의 선사들을 중심으로 조사선의 禪者들로 한정한다.

[03] 종호, 『임제선 연구』, 서울 : 경서원(1996), pp.72~73.

[04] 禪宗이라는 용어를 圭峰宗密(780~841)등의 찬술에서 등장하는 설도 있지만, 선종이라는 호칭이 처음으로 언급된 기록은 황벽의 『傳心法要』이다. (T48, .382c), "我此禪宗 從上相承已來 不曾教人求智求解"

의 삶 자체가 근원적인 본래 성불이 완성된 불심[平常心]으로 전개되는 것을 의미한다. 이 사상은 대승경전의 선관으로부터 영향을 받은 것이다. 이에 대승경전의 본각 사상을 살펴보고, 선사들의 선리를 살펴보기로 한다.

먼저 『유마경』이 조사선에 미친 사상을 보기로 하자. 「보살행품」에 "부처의 위의와 동작, 行하는 일마다 불사 아닌 것이 없다"라는 구절이 있다.[05] 즉 일상행위인 행·주·좌·와 일체 동작이 법계가 되며, 신·구·의 삼업의 행위가 전부 부처의 행이라는 것이다. 이 경전 구절을 적극 활용하여 조사선에서 좌선과 노동, 인간의 일상생활 모두를 불사로 보는 수행체계가 성립되었을 것으로 사료된다. 달마의 『이입사행론』에도 보살은 일체의 장소를 버리지 않고, 일체의 장소에 얽매이지 않으며, 일체의 장소를 가리는 일 없이 모두 불행으로 삼으며, 생사 그 자체를 부처의 일이라고 하는데, 달마가 말한 이 언구도 『유마경』에 연원을 두고 있다.[06] 조사선에서 좌선을 부정하지 않지만, 일정한 형태의 좌선을 국집하지 않는다. 『유마경』에서는

"보살이 만일 모든 바라밀로써 중생을 교화하면, 온갖 행위 즉 일거수 일투족이 모두 도량으로부터 와서 불법에 머무는 것이다."[07]

라고 하였는데, 불법의 실현은 구체적인 일상사안에서도 가능하다고 하

---

05   『維摩詰所說經』(T14, 553c), "諸佛 威儀進止 諸所施爲 無非佛事"

06   柳田聖山, 서경수 역, 『禪思想』, 서울: 한국불교연구원(1984), p.129.

07   『維摩詰所說經』(T14, 534a), "若應諸波羅密 教化衆生 諸有所作 擧足下足 當知皆從道場來 住於佛法矣"

는 선종의 기본 입장을 간명하게 표현한 말이라고 할 수 있다. 마조와 남악회양(南岳懷讓, 677~744)의 기연(機緣)에서도 남악이 마조에게 "기왓장을 무조건 간다고 해서 거울이 될 수 없듯이 무조건 좌선만으로는 부처가 될 수 없다. 좌불(坐佛)을 익히는 것이라면 부처는 정해진 모양이 없으며, 좌선을 익히는 것이라면 선이란 결코 앉아 있는 것이 아니다"[08]라는 선문답이 창출되었던 것도 『유마경』의 영향이라고 사료된다.

　　『화엄경』이 조사선에 미친 사상은 성기[性起, tathāgata-gotra-saṃbhava]이다. 「여래성기품」에서 말하는 성기란 원래 여래의 지혜인 여래의 성품이 그대로 드러난 것인데, 불성현기(佛性現起) 혹은 체성현기(體性現起)가 줄여진 말로서 성(性)의 기(起), 혹은 성의 현현(顯現)이다. 즉 번뇌가 전혀 없는 부처가 중생에 현재하는 것을 말한다. 그러므로 깨달음이란 법계가 여래로 되어 출현하는 것, 중생의 마음 가운데 지금 바로 일어나고 있는 [現起] 그대로가 바로 여래의 성기라는 것이다. 이는 수행에 의해 부처가 되는 것이 아니라 본래 부처를 이루고 있다는 뜻이다.[09]

　　"모든 중생들이 여래의 지혜를 갖추고 있으면서도 어리석고 미혹하여 알지 못하고 보지 못하고 있구나. 내가 마땅히 성인의 진리로서 그 허망한 생각과 집착을 여의케 하고 자기의 몸속에 있는 여래의 광대한 지혜가 '부처와 다름이 없다[與佛無異]'는 것을 가르쳐야 하리라." [10]

08　　『景德傳燈錄』卷5 「南岳懷讓章」(T51, 240c~241a)

09　　釋定芸, 「祖師禪 成立에 대한 小考」 선문화연구 6집, 서울:선문화연구원(2009), p.22.

10　　『華嚴經』 「如來性起品」(T9, 624a), "云何如來 具足智慧 在於身中而不知見 我當教彼衆生 覺悟聖道 悉令永離妄想顚倒垢縛 具見如來智慧在其身內 與佛無異"

이렇게 일체중생이 여래의 지혜와 덕상을 본래 갖추고 있는데, 중생들은 잘 알지 못함을 부처님께서 한탄하는 내용이다. 곧 수행에 의해 부처가 되는 것이 아니라 본래 부처를 이루고 있다는 뜻이다. 조사선에서 일상 전반이 부처의 행으로서 일상이 전개되고 있다고 보는 적극적인 사상 또한 화엄의 성기에서 비롯되었음을 알 수 있다.

중기 대승불교 경전인 『열반경』이 조사선에 미친 영향은 바로 불성이다. 불성은 중국 선사상 전반에 본래성불적인 차원에 근간을 이루는 대표적인 사상이다. 열반이란 부처님의 죽음을 뜻하기보다는 불멸(不滅)이라고 풀이해 번뇌와 욕망이 소멸되는 의미를 뛰어넘어 법신·해탈·반야의 세 가지 및 깨달음 그 자체를 강조한다. 법신인 부처가 영원히 존재한 것을 『열반경』에서는 법신상주 혹은 불신상주라고 한다. 『열반경』에서 법신상주설을 단적으로 드러낸 구절이 본유금무게(本有今無偈)이다. "본래는 없었는데 지금은 있고, 본래는 있었는데 지금은 없다. 그러므로 삼세유법(三世有法)이라고 할 수가 없다."[11] 이 구절은 법신의 상주성과 불성의 본래성을 설명하는 대표적인 문구이다. 그런데 이 불성을 『열반경』에서는 '모든 중생이 불성을 갖고 있다'고 했는데,

"모든 중생에게 있는 불성이란 마치 매우 가난한 여인의 집에 있는 보물창고와 같다."[12]

---

11   『涅槃經』(T12, 769a), "本無今有 本有今無 三世有法 無有是處"

12   『涅槃經』「迦葉品」(T12, 568c), "衆生佛性 猶如貧女宅中寶藏"

고 하였고, 『열반경』과 같은 여래장계 경전인 『여래장경』에서도

"일체중생이 비록 모두 번뇌를 재촉하는 몸 가운데 있으나 여래장이
있어 항상 더러움에 물들지 않고, 나와 다름이 없는 것과 같다."[13]

이렇게 『여래장경』에서는 '일체중생유여래장(一切衆生有如來藏)'이라고
하고, 『열반경』에서는 '일체중생실유불성(一切衆生悉有佛性)'이라고 하고 있
다. 그러면서 『열반경』에서 극악무도하고 오역죄를 지었거나 어리석은 중
생일지라도 성불할 수 있다고 했는데,[14] 이 사상에서 간화선의 대표적인
화두인 구자무불성이 나오게 된 배경이라고 할 수 있다.

육조혜능(六祖慧能, 638~713)의 『육조단경』은 『금강경』과 연관이 깊으
며, 혜능의 출가 동기도 『금강경』의 '응무소주 이생기심'을 들은 뒤 발심
하게 된다.[15] 그런데 일본 선학자 야나기다 세이잔(柳田聖山)은 "혜능이 홍
인에게 바친 게송의 3구를 볼 때, 혜능이 처음 발심한 것은 『금강경』이
아니라 『열반경』의 불성상청정"이라고 주장한다.[16] 혜능의 본래성불 사상
이 담긴 대표 문구는 "보리자성(菩提自性)은 본래 청정하다. 그러니 단지
그 마음을 쓰기만 하면 바로 성불이다"라는 부분인데,[17] 원래 깨달아져
있는 본성이므로 이를 돈오하면 되는 입장을 천명한다고 볼 수 있다. 또

---

13   『如來藏經』(T16, 457c), "一切衆生 雖在諸趣煩惱身中 有如來藏 常無染汚 德相具足 如我無異"

14   『涅槃經』「迦葉品」(T12, 568c), "善男子 我又復說犯四重禁一闡提人謗方等經作五逆罪皆有佛性 如是
      衆生都無善法佛性是善"

15   『天聖廣燈錄』卷 7「慧能章」(X135, 646a)

16   柳田聖山, 서경수 역, 『禪思想』, 서울: 한국불교연구원(1984), p.82.

17   『六祖大師法寶壇經』「行由品」(T48, 347c), "菩提自性本來淸淨 但用此心直了成佛"

한 혜능은 '자성은 본래부터 청정하며, 본래부터 생멸이 없고, 본래부터 구족되어 있다'[18]고 보았는데, 혜능은 『열반경』의 불성사상에서 영향을 받았을 것으로 사료된다.

혜능의 제자, 하택신회(荷澤神會, 670~762)의 유명한 견성설이나 돈오 사상은 아무리 독창적이라 할지라도 『열반경』의 불성설이 없이는 성립 될 수 없었다. 사실 『열반경』의 불성론은 남종의 사상적인 배경을 이루 고 있으며 교학적인 기반을 이루고 있음에 틀림없다.[19] 신회가 『열반경』을 주목한 부분은 "일체중생실유불성"이다. 신회는 『열반경』 이외 세 대승경 전을 선사상의 근간으로 삼았다.[20]

다음은 중국 초기 선종의 소의경전인 『능가경』의 본래성불 사상을 보기로 하자. 도선(道宣, 596~667)의 『속고승전』16권 「혜가장」에 의하면, 달마가 혜가에게 4권 『능가경』을 주면서 "내가 이 중국 땅을 관찰해보니 오직 이 『능가경』만이 있을 뿐이다. 그대는 이를 의지해 행할지니라"라고 하였다.[21] 선에서 『능가경』을 주목하는 부분은 자각성지(自覺聖智) 사상 때문이다.

"보살이 한적한 곳에서 스스로 깨달아 관찰하여 일체 내외의 모든

---

18   『六祖大師法寶壇經』「行由品」(T48, 349a)

19   柳田聖山, 『初期禪宗史の 研究』, 東京: 禪文化研究所, p.166.

20   『유마경』 「제자품」의 "번뇌를 끊지 않고 열반에 드는 것을 宴坐라고 한다."『維摩經』(T14, 539c); 『화엄 경』 「여래출현품」의 "일체중생이 여래의 智慧德相을 갖추고 있다."『華嚴經』「如來出現品」(T10, 272c); 『법화경』 「방편품」의 "부처님은 오직 一大事因緣으로 세상에 출현하였다."『法華經』「方便品」(T9, 7a)

21   『續高僧傳』卷16 「慧可章」(T50, 552b), "我觀漢地 惟有此經 仁者依行"

망상을 여의고 여래지에 드는 것을 자각성지라고 한다."[22]

자각성지는 자내증의 법이나 언설을 여읜 승의제이며, 제일의제인 경지이다. 곧 여래가 도달한 자내증의 경지를 표현하기도 한다. 마조는 제자들에게 『능가경』에 대해 이렇게 말했다. "달마가 『능가경』을 인용해 일심의 법을 전했다. 이 일심의 법(法)이 본래부터 모든 중생에게 있다는 사실을 사람들이 믿지 않을까 염려되어서다. 이에 『능가경』을 불어심(佛語心)으로 하며 또한 무문으로 법문을 삼는다." 이렇게 마조는 『능가경』에서 설한 심지나 불어심을 그가 주장하는 평상심 및 즉심시불의 사상적인 근거로 삼고 있으며, 자각성지와 여래선의 영향을 받아 자설의 근거로 삼았다.

『원각경』은 7세기 말~8세기 초에 성립되었다. 당시 선종사에서는 북종의 신수와 남종의 혜능이 활동하던 시기이다. 곧 북종의 점수와 남종의 돈오 문제가 발생할 당시이다. 이에 "이 경의 이름을 돈교대승이라고 하나니, 돈기의 중생이 이 경을 의지해 개오하기 때문이다. 또한 점차적으로 닦는 일체의 여러 부류들도 거둔다"라고 하였다.[23] 하지만 일체중생이 본래 성불임을 곧바로 드러내어 '원각'이라고 이름 붙였듯이 『원각경』은 돈오사상적인 면이 두드러지다고 볼 수 있다. 즉 "구경원만(究竟圓滿),

---

22 『楞伽經』卷2(T16, 497a), "菩薩摩訶薩 獨一靜處 自覺觀察 不由於他 離見妄想 上上昇進入如來地 是名自覺聖智相"

23 『大方廣圓覺修多羅了義經』「賢善首章」(T17, 921c), "是經名爲頓教大乘 頓機衆生從此開悟 亦攝漸修一切群品"

본성원만(本性圓滿)"[24], "시방중생 원각청정"[25], "각성평등부동, 각성편만청정부동"[26], "중생본래성불, 본성불도"[27], "원각자성, 정원각성"[28] 등은 조사선의 돈오사상이라고 볼 수 있다.

　　본래성불의 연원으로 『법화경』 사상으로는 일승사상이다. 이 경에서는 깨달음의 길이 여러 갈래이지만, 목표인 부처가 되는 것을 바로 일승[=대승]으로 묘사하고 있다. "모든 부처님은 방편의 힘으로 일불승에서 삼승을 설한 것이다"[29]라고 하였는데, 곧 삼승방편(三乘方便) 일승진실(一乘眞實)임을 밝히고 있는 포용적인 측면의 경전이다. 이 일승을 『법화경』에서는 만선성불(萬善成佛)과 일체개성불(一切皆成佛), 수기(授記)와 작불(作佛) 사상으로 전개하고 있다.[30] 「제바달다품」에서는 악인 제바달다와 8세 용녀의 성불이 등장하는데, 용녀의 찰라 성불을 주목한 선사가 하택신회이다. 신회는 용녀의 찰라 성불을 돈오 사상의 근거로 삼았다. 한편 『법화경』에서 서원을 언급하며, 부처님 입장에서

"내가 본래 세운 서원은 일체중생들로 하여금 '나와 다름없이 평등하다[如我等無異]'는 것을 알려주는 것이다. 내가 세운 옛날의 서원을 오

24　『大方廣圓覺修多羅了義經』(T17, 913c)

25　『大方廣圓覺修多羅了義經』(T17, 914c)

26　『大方廣圓覺修多羅了義經』(T17, 915a)

27　『大方廣圓覺修多羅了義經』(T17, 915b)

28　『大方廣圓覺修多羅了義經』(T17, 917a)

29　『法華經』 「方便品」(T9, 7b), "諸佛 以方便力 於一佛乘 分別說三"

30　授記와 作佛에 대해서는 釋定芸의 「법화경에 나타난 선사상 一考」, 동아시아불교문화 21집(2015), pp.181~184에 자세히 논해져 있다.

늘 이미 만족하여 모든 중생들을 교화하여 불도에 들게 하기 위함이다."[31]

라고 하였다. 본래 성불된 중생이기 때문에 중생과 부처가 동등한 본질을 갖고 있다는 것이다. 중생이 부처와 동등한 성품을 갖고 있다는 것을 『여래장경』에서는

"선남자여, 만법이 있는 그대로 진리임을 꿰뚫어 보는 지혜의 눈으로 일체중생을 관찰하니, 그들이 탐·진·치 등 번뇌에 빠져 있어도 그 안에는 여래지·여래안·여래신이 갖추어져 있다. … 선남자야, 일체중생이 비록 가지가지 번뇌신 가운데 있으나 여래장이 있어 항상 더러움에 물들지 않고 덕상을 온전히 구족하고 있음이 '여래인 나와 더불어 다를 바 없다[如我無異]'."[32]

고 하였다. 이와 같이 『법화경』의 '중생이 나와 다름없이 평등하다[如我等無異]', 『화엄경』의 '(자기의 몸속에 있는 여래의 광대한 지혜가) 부처와 다름이 없다[與佛無異]', 『여래장경』의 '여래인 나와 더불어 다를 바 없다[如我無異]'는 바로 중생과 부처가 동등한 성품을 갖고 있다는 의미이다. 바로 이점은 황벽희운(黃檗希運, ?~856)과 초조달마의 법문에서도 볼 수

---

31 『法華經』「方便品」(T9, 8b), "我本立誓願 欲令一切衆 如我等無異 如我昔所願 今者已滿足 化一切衆生 皆令入佛道"

32 『如來藏經』(T16, 457c), "善男子 我以佛眼觀一切衆生 貪欲恚癡諸煩惱中 有如來智如來眼 如來身 … 善男子 一切衆生 雖在諸趣煩惱身中 有如來藏常無染汚 德相具足 如我無異"

있다.

　달마는 도에 들어가는 요문으로 이입(理入)과 행입(行入), 두 가지를 제시하였다. 첫째 이입에 대해 이렇게 말한다. "이입이란 경전에 의해서 도의 근본정신을 깨닫고 범부와 성인이 모두가 동일한 진성(眞性)을 가지고 있다고 깊이 믿는 것이다. 다만 객진(客塵)으로 뒤덮여 있어 능히 나타나지 못한 것이니 … 스스로 마음을 관하여 자신과 상대가 둘이 아님을 깨달으면 범부와 성인이 하나로 평등해진다."[33] 이렇게 달마는 중생과 부처가 동일한 진성을 갖고 있으니 이를 굳게 자각하는 심신(深信)을 강조하고 있다. 황벽의 어록에도 "부처와 중생은 일심에 있어 아무런 차이가 없다"[34], "위로는 제불에서부터 아래로는 준동함령(蠢動含靈)에 이르기까지 모두 불성을 지니고 있다. 그 마음의 본체는 동일하다. 그런 까닭에 달마가 서쪽에서 오셔서 일심법을 전했으며, 모든 중생이 본래 부처임을 바로 가리키셨다"[35]라고 하였다.

　조사선의 개조라고 하는 마조의 평상심은 앞에서 언급한 『능가경』·『열반경』에 근간을 두고 있다. 또 평상심의 실천적 수행이자 궁극적인 경지는 『유마경』이고, 현실 그대로가 진리라고 보는 측면은 『화엄경』의 성기 사상의 선적 수용이라고 볼 수 있다.

33　『菩提達磨略辨大乘入道四行論』(T51, 458b), "理入者 謂藉敎悟宗 深信凡聖 含生同一眞性 但爲客塵妄覆不能顯了 … 無自無他 凡聖等一"

34　『傳心法要』(T48, 380a)

35　『宛陵錄』(T48, 386b)

2. 조사선의 수행구조

1) 선기의 선문답

경전 내용의 형식이 삼장 십이분교로 구성되어 있다. 대부분의 경전이 산문과 게송[韻文]으로 구성되어 있는데, 부처님과 제자들, 제자와 제자들의 대화체 형식이다. 12분교 가운데 기별(記別, Vyākaraṇa)은 서로 묻고 대답하는 가운데, 제자가 법의 진리를 알아가는 것이다. 이렇게 유사한 대화체 형식이 중국 선종의 조사선에서는 '선문답'이라는 형태로 변화되어 기연이 발달되었다.

선문답은 법당에서 시중이나 상당설법, 소참법문을 비롯해 일상에서의 문답이다. 곧 스승과 제자, 사형사제, 도반과 도반이 법에 대한 문답이다. 여기서 법이란 '선'을 주제로 하는 문답을 말한다. 이 선문답은 단순히 묻고 대답하는 것이 아닌 스승이 제자를 지도하는 교화 방편의 의미가 담겨 있다. 선문답에 의해 제자들이 언하에 문득 깨달음을 이루었으며, 격외선지의 문답에서 비롯된 대기대용의 선이 조사선의 수행구조를 이룬다.

그런데 이 선문답은 전형적인 정답(定答)이 없다. 스승이 시간과 장소, 제자의 근기에 따라 선문답 내용이 달랐다는 점이다. 선기를 자유자재로 활용한 마조의 경우를 보기로 하자. 마조가 조사서래의(祖師西來意) 질문에 응답한 선기의 다양성이다. ①어느 승려가 "달마가 서쪽에서 오신 뜻이 무엇입니까?"라고 묻자, 마조는 "지금 자네는 어떤 의도인가?"[36]라고

---

36   『四家語錄』「江西馬祖禪師語錄」, 장경각, 後面-24, "問 如何是西來意 祖曰 卽今是甚麼意"

되물었다. ②어느 제자가 조사서래의를 묻자, 마조가 별안간 그 승려의 뺨을 후려치면서, "내가 그대를 후려치지 않는다면 제방에서 나를 비웃을 걸세!"[37]라고 하였다. ③륵담 법회가 마조에게 조사서래의를 질문했을 때는 마조가 법회에게 "이리 가까이 오게"라고 한 뒤, 법회가 앞으로 가까이 가자, 마조가 한 대 후려치면서 말했다. "여섯 귀가 모두 같지 아니하네. 내일 다시 찾아오게."[38] ④홍주 수로가 조사서래의에 대해 질문을 했을 때는 발길로 걷어찼다.[39] ⑤분주 무업이 "조사가 서쪽에서 온 밀전심인(密傳心印)이 무엇인가?"를 물었을 때, "그대는 정말 소란스럽군. 우선 갔다가 다시 찾아오게"라고 하였다.[40] ⑥또 대매 화상이 조사서래의를 묻자, "자네의 마음이 바로 그것이다"라고 답변하였다.[41] 이렇게 마조는 제자의 똑같은 질문에도 일괄적이며 교조적인 답변이 없이 그때마다의 상황과 제자의 근기에 따라 달랐음을 알 수 있다.

선문답은 법당이 아닌 일상의 생활 전반에서도 행해졌다. 운력을 하거나 음식을 먹으면서 행해지기도 하였고, 된장이나 간장 쌀 등 주식과 관련되거나 동물, 식물, 차와 관련한 주제들이 등장한다. 조주종심(778~897)과 제자와의 문답이다.

37　『四家語錄』「江西馬祖禪師語錄」, 장경각, 後面-24, "問如何是西來意 祖便打曰 我若不打汝諸方笑我也"

38　『四家語錄』「江西馬祖禪師語錄」, 장경각, 後面-1, "渤潭法會禪師問祖云 如何是西來祖師意 祖低聲近前來會 便近前祖打一摑云 六耳不同 謀來日來"

39　『四家語錄』「江西馬祖禪師語錄」, 장경각, 後面-23, "洪州水老 和尙初參祖 問 如何是西來的的意 祖云 禮拜著 老纔禮拜 祖便與一蹋 老大悟"

40　『四家語錄』「江西馬祖禪師語錄」, 장경각, 後面-20, "業又問 如何是祖師西來密傳心印 祖曰 大德正閙在 且去別時來"

41　『祖堂集』卷15「大梅和尙章」(K45, 328a), "又問如何是祖意 馬師云卽汝心"

"만일 어떤 사람이 '조주는 어떤 설법을 하고 있습니까?'라고 묻는다면 어떻게 대답할까요?"
"소금 값은 비싸고 쌀값은 싸다."[42]

청원행사(?~740)에게 한 승려가 찾아와서 이렇게 물었다.
"불법의 대의는 무엇입니까?"
"노릉의 쌀값은 얼마이던가?"[43]

이때부터 '노릉의 쌀값'이라는 화두가 유명해졌다. 이 화두는 불법을 물은 스님이 청원산에 오는 도중에 노릉을 지나 왔기 때문에 그렇게 물은 것이다. 다른 고장을 지나왔다면 그 고장의 쌀값을 물었을 것이다. 선이 신비한 신통이나 형이상학적 철학을 뛰어넘어 일상에서 불법을 추구하고 있다.

조사선은 이렇게 본래 성불인 본각에 입각해 일상생활의 불교로 승화되어 전개되었다. 동적(動的)인 현실상에서 구현되는 조사선은 인도의 선과는 다르다고 보는 면이 바로 이 점이다. 선문답은 일상 속에서 본래심, 즉 평상심의 전개인 것이다. 본래 성불된 평상의 마음[平常心]이 부처요[卽心是佛], 근원적인 마음인 본래의 부처로서 행하고, 움직이고, 말하는 것이 바로 평상의 마음 작용에서 나오기 때문이다.

영가현각(665~713)은 "걷는 것도 선이요, 앉는 것도 선이며, 말하고 침

---

42   Z2, 23-160b
43   『景德傳燈錄』卷5「靑原行思章」(T51, 240c)

묵하며, 움직이고, 고요한 일체에도 본체는 안연하다"라고 하였다.[44] 행주좌와 어묵동정 일상의 삶속에 참 자기의 본래심을 잃지 않고 살아가는 것이 바로 본각에 입각한 평상심이다. 그래서 임제는 "산승의 생각으로는 많은 이치가 있는 것이 아니다. 그저 예사로운 일이다. 옷을 걸치고, 밥을 먹고, 아무 일도 없이 시간을 보내는 정도의 것이다"[45]라고 하였다.

오직 평상(平常)의 일상생활 그대로 무사하게 사는 것을 말하며, 평상심으로 살고 있는 부처이다. 그래서 마조는 도불용수(道不用修)라고 하였고,[46] 백장은 무수무증(無修無證)이라고 하였으며,[47] 남악은 불오염(不汚染)이라고 하였다.[48] '오염'이란 바로 수행해서 깨달음을 얻는 인위적인 분별심이나 차별심, 조작하고 취사선택하는 집착심, 밖에서 구하려는 어리석음 등을 말한다. 『이입사행론』에서 말하는 '교위(巧僞)'나 『임제록』에서 표현하는 인혹(人惑)과 같은 의미이다.[49] 청정한 자성이 본래 구족되어 있고, 본래 성불되어 있기 때문에 수행을 가자할 필요가 없으므로 자성에 오염시키지 말라는 것이다.

이와 같이 살펴본 대로 선문답은 법당에서나 일상생활에서 스승이 제자를 깨우치는 데 목적을 둔 문답형식이다. 물론 스승의 깨달은 경지인 경우도 있고, 제자의 사고 틀을 깨뜨려 깨달음으로 나아가도록 이끄

---

44 『證道歌』(T48, 396a), "行亦禪坐亦禪 語默動靜體安然"

45 『臨濟錄』(T47, 500c), "約山僧見處 無如許多般 只是平常著衣 喫飯無事過時"

46 『景德傳燈錄』卷28「馬祖章」(T51, 440a), "道不用修 但莫汚染"

47 『天聖廣燈錄』9卷「百丈章」(X78, 457c) "… 不許修行得佛 無修無證 非心非佛 …"

48 『傳燈錄』卷5「南岳懷讓章」(T51, 240c), "祖曰 什麼物恁麼來 曰說似一物卽不中 祖曰 還可修證否 曰 修證卽不無 汚染卽不得"

49 『臨濟錄』(T47, 500b)

는 것이기도 하다. 조사선 시대의 선문답은 돈오돈수(頓悟頓修)의 근원적인 본래심에 입각한 수행구조의 역할임을 알 수 있다.

2) 대기대용의 활작략(活作略)

조사선 시대에 스승이 제자를 제접하는 대기대용의 활용에는 여러 측면이 있다. 앞 절 선문답의 연장선상에서 볼 수 있는데, 선기의 활용이 다양하기 때문에 별도로 논하려고 한다. 권변무방(權變無方) 활기종횡(活機縱橫)의 선기를 중시하고, 결국에는 방할불권(棒喝拂拳) 등의 작략을 희롱하게 된 것은 마조 도일의 대기대용에서 비롯되어 선풍이 일변도로 변화되었다.[50]

스승이 제자를 제접한 다양한 방법에 대해 살펴보기로 한다. 크게 언어적인 측면과 행위, 몸의 동작, 어떤 집기를 이용하는 것 등 크게 세 방향으로 나눌 수 있다.[51]

첫째, 언어적 표현이다. 이것은 ①앞에서 거론한 스승과 제자의 문답 상량인 어구, 선문답에 해당한다고 볼 수 있다. 다음으로 ②오도송·게송·열반송 등 선시이다. ③방장이 특정한 날에 설하는 시중법문의 강의식 표현이다. ④양구(良久)라고 하여 아무 말도 하지 않는 것이다. ⑤제자에게 상당설법 때나 일상생활에서 제자에게 소리를 지르는 형태의 할이다.

둘째, 몸의 동작이나 행위에 의한 것이다. ①권[拳, 주먹을 쥐는 것], ②타착[打着, 사람의 몸을 손으로 치는 것], ③타국[打摑, 후려 갈기는 것], ④파비[把

---

50 關口眞大, 『禪宗思想史』, 이영자 역, 서울 : 홍법원(1989), p.153.

51 세 가지 범주로 나눈 부분에 대해서는 釋定芸의 「祖師禪 成立에 대한 小考」 선문화연구 6집, 서울 : 선리연구원(2009), pp.39~40에 언급된 내용을 부분 발췌했음을 밝혀둔다.

鼻, 코를 잡는 것], ⑤**취이**[吹耳, 귀에 대고 소근대는 것], ⑥**전수**[展手, 손바닥을 펴는 것], ⑦**박수**[拍手, 손뼉 치는 것], ⑧**토설**[吐舌, 혀를 내미는 것], ⑨**수지**[竪指, 손가락을 세움], ⑩**단지**[斷指, 손가락을 자르는 것], ⑪**탄지**[彈指, 손가락을 튕기는 것], ⑫**의세**[擬勢, 어떤 형태를 취하는 것], ⑬**작무**(作舞) 등이다.

셋째, 주변에 있는 사물·불상·경전·동물·주장자 등을 사용하거나 그외 집기를 사용하는 일이다. ①**방**(棒)과 불자(拂子)를 사용 ②**참묘**(斬猫), ③**혼상**[掀狀, 평상을 뒤집어엎음], ④**고주**(敲柱), ⑤**참사**(斬蛇), ⑥**분경**(焚經), ⑦**분불**(焚佛) 등이다.

이와 같이 스승이 제자를 제접하는 데, 다양한 방법[機緣]이 있음을 알 수 있다. 이런 선문답이나 방(棒)·할(喝)·불(拂)·권(拳) 등이 조사선 시대에 적극 활용되었다. 조사선 시대에 방을 활용했던 대표적인 선사가 덕산선감(782~865)이며, 할에는 임제, 손가락을 들어보였던 천룡과 구지 선사가 있다. 대기대용의 선이 일상생활에서 전개되었는데, 이는 바로 모든 작용이 불성의 전개라고 보기 때문이다. 즉 조사선에서는 일상생활 그대로가 불성의 발현이다. 그래서 승려들이 노동을 하는 것도 수행의 한 연장선에서 보았다.[52] 조사선 시대, 선사들은 노동을 수행으로 멋지게 승화시킨 것이다. 인도에서는 수행자들이 밭을 갈거나 음식 섭취를 위해 노동하는 것을 계율상 금한다. 이렇게 계율에 금기된 노동을 중국식 수행방식으로 변화시켜 일상에서 노동하는 것조차 수행의 연장으로 보는

52　禪者들이 집단생활을 하면서 자급자족이 필요했기 때문이다. 이 점은 후대 百丈(749~814)의 淸規가 제정되면서 普請法[행자부터 장로까지 평등하게 운력]이 나오게 되는 배경이 되기도 한다. 한편 청규가 제정된 이유는 승가의 문란함도 있다. 玄宗[재위 712~756]시대, 안사의 난(755년)을 겪으면서 국가재정이 어려워지자, 神會(670~762)가 香水錢[도첩]을 판매해 국가에 도움을 주었기 때문이다.

점은 중국 선종[조사선]의 새로운 전개라고 볼 수 있다.

3) 조사선의 기록 문화가 간화선에 미친 영향 [조사선에서 간화선으로의 연계]

1세 무렵 중국에 불교가 유입된 이래, 부처의 가치와 권위를 중시하며 위경이 성행하다가 당나라 시대에 와서 인간의 실존과 개인의 자각을 중시하는 선어록이 등장하게 된다. 즉 이전까지 부처님의 권위를 빌린 위경이 사라진 자리에 중생의 불성이나 자성의 개현을 존중하면서 승려의 수행을 기록한 어록이 출현하게 된다. 곧 선어록이 등장하게 된 것이다.

'어록'이라는 이름으로 총괄하는 것은『송고승전』「황벽희운장」의 "그 어록이 세상에 유행하였다"는 것에 보인다. 실제로 전형적인 어록이라는 뜻으로 기록된 것은『송고승전』의 기록 이후의 것이지만, 실제로 그와 같은 특수한 형식과 내용을 지닌 문헌이 출현하게 된 것은 마조 이후이다.[53]

송대 간화선의 선자들은 당나라 때 선사들의 선문답인 고칙 공안[송고집]을 편찬하였고, 이런 공안을 참구하는 수행으로 자리 잡은 것이 바로 간화선이다.[54] 곧 당대의 선문답이 어록이라는 형태로 편찬되면서 공

---

53   김호귀,「禪錄을 통한 본래성불 사상의 전승」, 선학 30집, 서울 : 한국선학회(2011), p.80.

54   법안종의 承天道原이 1004년에『景德傳燈錄』30卷을 완성시켰고, 952년 당말 오대 招慶寺의 靜·筠 두 선승에 의해『祖堂集』20卷이 편찬되었다.『전등록』은 過去七佛로부터 西天 28대, 동토 6조를 거쳐 法眼文益에 이르기까지 1,701명 선사(원래는 964명 전함)들의 기연과 문답이 언급되어 있다. 즉 禪詩와 悟道頌, 禪門規式, 法系 등이 다양하게 실려 있다. 이를 토대로 임제종의 分陽善昭(947~1024)가 〈100則 頌古〉를 만들었고, 이어서 운문종 雪竇重顯(980~1052)이 〈100칙 송고〉를 완성시켰다. 〈100칙 송고〉는 수많은 공안을 시와 게송에 의해 해석한 것이며, 문답 전체에 대한 객관적인 사유가 담겨 있지 않다. 일종의 著語 혹은 下語라고 하는데, 詠史體를 모방한 종교문학이다. 송고는 선문학의 내면성을 깊이 표현한 것으로 훌륭한 문학이 선에 연결되고, 선수행이 훌륭한 문학을 탄생시킬 수 있다는 것을 작품으로 보여준 것이다. 설두의 〈100칙 송고〉는 선종의 대표적인 悟道 機緣 100가지를 집대성하여 공안을 제시하는 本則과 공안의 대의를 게송으로 정리한 설두의 頌으로 이루어져 있다. 설두의 송고

안선으로 변환되었고, 이 공안을 수행으로 방법화한 것이 간화선이라고 할 수 있다. 일반적으로 '공안'과 '간화'를 같은 의미로 활용하는 경우가 일반적이지만, 엄연히 구별할 필요가 있다고 본다.[55]

남송대로 접어들어 대혜의 간화선이 제창되고 정립될 수 있었던 점은 중국인들의 상고주의 정신이 강한 점도 작용했다고 사료된다. 중국의 선자들이 이전 선배[祖師]가 직접 피땀으로 체험한 인간의 수행 기록을 선어록이라는 형태로 만들어 부처의 경전 이상으로 신뢰하였다는 점이다. 이런 수행기록[선어록]을 불경과 같은 차원에서 철저히 믿었기 때문에 간화선이 창출될 수 있었다고 본다.

는 『碧巖錄』이 나오기 전까지 사대부들에게 애독되었다. 이렇게 점차 독자적인 해석을 붙이자, 수행자들을 지도하는 이른바 評唱[해석]이라는 강의 형태가 생겼다. 圓悟克勤(1063~1135)은 설두의 〈100칙 송고〉에 垂示·著語·講評을 첨부하여 『벽암록』을 저술하였다. 『벽암록』은 '宗門의 第一書'라고 칭할 만큼 선종의 대의를 표명하고 있는 대표적인 공안집이다. 이런 송고 문학이라는 일련의 과정을 거쳐 탄생한 것이 대혜 종고의 간화선이다.

55   논자는 3장에서 굳이 공안과 화두의 변별력을 두지 않고, 논을 전개하기로 한다.

Ⅲ. 간화선의 수행체계 및 구조

1. 시각문적 수행체계의 간화선

남송대, 대혜종고(大慧宗杲. 1089~1163)에 의해 간화선이 정립되었다. 곧 간화선은 대혜가 16년 동안 유배지에서 묵조선을 비판하고, 사대부들과 편지를 주고받으며 간화선의 수행방법과 체계를 정비한 것이다. 대혜가 당시 묵조선을 비판한 점은 널리 알려진 사실이지만, 논자 입장에서 살펴보려고 한다.

묵조선에서는 수증일여인 수행 체계, 곧 묵묵히 좌선하는 그 경지가 바로 불성지혜가 전개되고 있는 깨달음의 실천이라고 본다. 묵조선은 즉심시불인 불성에 입각한 조사선과 같은 본각문적인 수행체계라고 할 수 있다. 즉 원리로는 본각문적 수행체계이지만, 점수적인 좌선에 집착하고 있다. 대혜가 묵조선을 비판했던 점을 두 가지로 사유해볼 수 있다.

첫째는 본각문적인 신심의 부족이 불러온 폐단이다. 평상심, 자성청정심, 즉심시불 등을 그릇되게 해석해 오류에 빠져 수행조차 요(要)하지 않는 자들에 대한 경각심에서 간화선이 나왔다고 볼 수 있다. 둘째는 당대 조사선 사상이 지나치게 오인되어 무사안일한 선에 빠져 있던 점에 새로운 시각에서 비판하였다. 곧 좌선과 적정주의에 빠져있는 선자들에 대한 경고에서 화두가 발단되었을 가능성이다.

대혜가 묵조선을 비판했던 요인들을 통해 간화선 수행체계를 엿볼 수 있다. 그러면 대혜가 주장한 간화선의 수행체계 및 구조에 대해 살펴보자.

간화선은 조사선과 마찬가지로 불성이 구족된 본각 사상에 입각한 점은 동일하다. 하지만 간화선에서는 부처의 성품과 동등한 본질[佛性], 부처될 능력이 있다고 해서 부처가 되는 것이 아니라고 본다. 즉 현상 그대로가 아니라 그것을 계발시키지 않으면 안 된다. 자신 속에 있는 부처와 같은 성질을 잘 연마하여 깨달음의 길로 나아가야 한다. 곧 열심히 정진해야 하는 돈오점수[56]적인 측면이라고 할 수 있다.

이론적으로는 중생의 불성이 청정해서 본래 부처인 것은 사실이지만 현실에 입각해 볼 때, 중생은 어리석은 존재로 살아가고 있다. 따라서 수행을 통해 철저하게 본래 부처인 그 사실을 깨닫고, 직접 체험하여 확인하지 않으면 안 된다.[57] 곧 간화선은 이론적인 입장[理]에서는 본래심에 입각한 본각문적 구조이지만, 현실적[事]으로는 번뇌 망상에 뒤덮인 존재이다. 이에 시각문적 입장에서 미혹된 번뇌를 제거해야 하는 것이다.

『대승기신론』에서는 불각(不覺)→시각(始覺)→본각(本覺)이라고 하였는데,[58] 대혜종고의 간화선은 이 『대승기신론』에 의거해 시각에서 본각으로 향하는[합치는] 시각문적 수행구조라고 할 수 있다.[59] 곧 시각을 방편적

---

56 대혜는 "理와 事를 겸비하고 선과 교를 兼修하며, 선정과 지혜를 雙修하여야 한다"고 하며, "오래 오래 순숙하여지면 자연히 자기의 본심에 묵묵히 계합할 것이다"라고 하였다. 이처럼 대혜는 돈오점수만을 주장한 사람이 아니라 때로는 돈오돈수를 강조하였다.

57 石井修道, 『宋代禪宗史の 研究』, 동경:대동출판사(1987), p.382.

58 『大乘起信論』(T32, 576b)

59 『大慧普說』「妙心居士孫通判請普說」(T47, 888a), "始覺合本之謂佛"；"因始覺而合本覺"；대혜는 『大

인 원인으로 해서 본각에 합하는 것이다. 선자가 홀연히 본래면목을 깨달았다고 하는 것이 바로 이런 도리를 말한다.[60]

보리달마도 『이입사행론』에서 도에 들어가는 요문으로 이입과 행입을 제시하였다.[61] 이입이 '자신이 불성을 구족하고 있다'는 진리에 합치[入]되는 각오라면, 행입은 실천적인 측면을 말한다. 곧 이입이지만 행입을 통해서 이입의 진리에 합치되는 것을 간화선적인 측면으로 보자면, 시각에서 본각에 합치되는 것과 같은 이치라고 볼 수 있다.

자성이 청정한 불성을 구족하고 있는 본래 부처인 사실을 인정하지만, 현 실상에서는 번뇌와 미혹에 떨어져 있는 중생심인 불각의 상태이다. 이에 간화선은 공안[화두] 참구를 통해 본래 자기가 부처인 그 사실을 재확인하는 것이다. 곧 번뇌의 중생심[不覺]에서 (무자)공안 참구를 방편[始覺]으로 하여 본래 부처인 자리[本覺]로 돌아가는 수행구조임을 알 수 있다. 이렇게 본대로 간화선은 본각에 합치는 시각문적 수행구조로서, 수행문에 있어 이중구조로 되어 있음을 알 수 있다.

본래 청정한 본각이지만, 시각이 필요하다고 하는 점은 자신의 불성이 번뇌에 의해 잠시 가려진 것을 되찾는 것이다. 원래 무(無)→유(有)를 창조하는 것이 아니라 간화선은 유(有)→ 무(無)→ 유(有)라고 볼 수 있다. 이를 경전의 비유에서 살펴보자.

『열반경』에서 "모든 중생에게 있는 불성이란 … 어느 역사(力士)의 이

乘起信論』(T32, 576b)의 本覺·始覺·不覺의 논리적인 구조에 의거하고 있다.

60   『大慧普說』(T47, 888a)

61   『菩提達磨略辨大乘入道四行論』(T51, 458b)

마에 박혀있는 보물과 같다"[62]라고 하였다. 곧 씨름 장사가 씨름을 하다가 미간에 달려 있던 구슬[→有]이 피부 속으로 박혀 들어갔는데, 잃어버린 것으로 잘못 알고 있다가[→無] 나중에 의사가 이 사실을 알려줌으로써 소중한 보배 구슬을 잃지 않았음[→有]을 알게 되었다. 곧 잃어버린 것이 아니라 원래 있었던 것을 되찾은 것이다. 또 『법화경』 「오백제자수기품」의 의리계주(衣裏繫珠)와 유사하다.[63] 곧 옷 속에 보석[→有]이 묶여져 있는 것을 모르고 있다가[→無] 친구가 알려주어 자신의 옷 속에 보석이 묶여 있는 것을 알게 된 것[→有]에 견주어 볼 수 있다.

이렇게 번뇌에 가려진 것을 '객진번뇌(客塵煩惱)'라고 하여 번뇌를 손님에 비유한다. 즉 주인(여래장)은 원래 있는 것이요, 손님(번뇌)은 곧 사라질 것이라는 의미이다. 이런 데서 기인해 오조홍인(601~674)은 구름을 번뇌에 비유하고, 구름에 가려진 태양을 불성에 비유하였다.[64] 원래 태양은 늘 떠서 빛나는 것이요, 구름이 잠깐 가로막고 있을 뿐 구름만 제거된다면 태양이 드러난다는 비유이다. 또 육조혜능(638~713)은 『육조단경』 「참회품」에서 선(善)한 자성을 태양과 달에, 악(惡)한 성품을 구름에 비유하였다.[65] 여기서 한발 더 나아가 황벽은 불성을 허공에, 번뇌를 태양에 비유하였다.[66]

『열반경』에는 불성이 중생에 내재(內在)된 것에 대해 "일체중생은 본

62   『涅槃經』 「迦葉品」(T12, 568c), "衆生佛性 … 力士額上金剛寶珠"

63   『法華經』 「五百弟子授記品」(T9, 29a)

64   『最上乘論』(T48, 377a)

65   『六祖大師法寶壇經』 「懺悔品 (T48, 354b)

66   『傳心法要』(T48, 379c)

래 열반에 있으며 무루지성(無漏智性)을 본래 스스로 구족하고 있다"[67]며 본래성불·본각적인 입장이지만, 시각적인 입장도 함께 설하고 있다. 즉 "어떤 사람이 광야를 지나다가 목마를 적에 우물을 만났는데, 그 우물이 깊어서 비록 물을 볼 수는 없지만, (땅속에) 물이 있음을 알 수 있다. 이 사람은 방편으로 두레박을 구해서 사용해야 물을 볼 수 있다. 불성도 역시 이러하여 일체중생이 비록 그것을 가지고 있지만 반드시 무루의 성스러운 도를 닦은 연후에야 볼 수 있다."[68] 곧 "마치 지하에 물[佛性:本覺]이 있으나 굴착하지 않으면[수행:始覺] 끝내 물을 얻을 수 없는 것과 같은 것이다."[69] 이 점은 『여래장경』에서도 똑같이 전하고 있다.

"일체중생이 갖고 있는 여래장도 항상 존재하여 결코 변함이 없다. 단지 번뇌에 가려져 여래장임을 모른다. … 그러니 온갖 번뇌의 티끌을 전부 소멸시켜 일체지를 밝혀야 한다."[70]

대혜가 시각적인 입장을 견지하면서도 간화선에서 경계했던 부분은 대오지심(待悟之心)이다.[71] 이 점은 몽산덕이(1231~1308)도 "본각을 분명히 알지 못하면 하나하나에 모두 의심이 있으리니, 크게 의심하면 큰 깨달

---

67 『涅槃經』「如來性品」(T12, 424c), "一切衆生本來涅槃 無漏智性本自具足"

68 『涅槃經』「獅子吼菩薩品」(T12, 801b), "有人行於曠野渴乏遇井 其井極深雖不見水當知必有 是人方便求覓罐綆汲取則見 佛性亦爾 一切衆生雖復有之 要須修習無漏聖道然後得見"

69 『涅槃經』「光明遍照高貴德王菩薩品」(T12, 735b), "猶如地下有水 若不施功掘鑿 終不能得"

70 『如來藏經』(T16, 457c), "一切衆生 如來之藏常住不變 但彼衆生煩惱覆故 … 除滅塵勞淨一切智"

71 『大慧語錄』(T47, 923c) ; 대혜는 『서장』의 여러 곳에서 선자들에게 '미혹으로서 깨침을 기다려서는 안 된다'고 언급하고 있다.

음이 있다"[72]라고 하면서 깨달음을 기다리지 말고, 뜻으로도 헤아려 알려고 하지 말 것을 경계하고 있다. 깨달음을 기다리는 마음은 하나의 분별심, 지해(知解)에 불과한 것이다. 마조도 '밖에서 구하지 말라'[73]고 하였고, 임제도 '자신의 마음 밖을 향해서 불법을 공부하는 것은 모두 어리석은 자'라고 하였다.[74] 이는 자신에게 불성이 내재된 깨달아 있는 상태의 본각적인 측면을 말한다. 이에 밖에서 만들어지는 것이 아닌 자신의 자각된 마음에서 깨달음이 있기 때문이다.

이와 같이 살펴본 대로 대혜의 간화선은 깨달음을 목적으로 하며, 깨달음을 기다리는 어리석은 마음을 여의고, 깨달음을 이루겠다는 것, 즉 '깨달음을 법칙으로 할 것[以悟爲則]'[75]을 수행의 최상 목표로 삼으라고 하였다.[76] 그러면서 수행[始覺]을 통해 깨달음으로 나아가는데, 그 매개체를 공안이라고 하였다.

2. 간화선의 수행구조:공안의 역할 및 의심과 신심

앞에서도 거론했듯이 간화선은 공안, 즉 화두를 매개체로 수행한다. 공안은 수행방법상 필요한 요소인데, 간화선에서 공안의 역할을 알아보

---

72 『夢山法語』, 원순 역해, 서울:법공양(2006), p.32, "本覺未明 一一有疑 大疑則有大悟"

73 『四家語錄』卷1「江西馬祖道一禪師語錄」, 장경각, 後-9, "向外馳求"

74 『臨濟錄』(T47, 498a), "向外作工夫 總是癡頑漢"

75 '以悟爲則'은 潙山靈祐(771~853)의 어록에 전한다. 『緇門警訓』卷1「潙山大圓禪師警策文」(T48, 1043c), "研窮法理 以悟爲則"

76 『大慧普覺禪師語錄』卷27(T47, 929a)

고, 간화선의 수행구조상 의심과 신심의 효용성에 대해 살펴보기로 한다.

공안이란 당대 조사선 시대에 비롯되어 송대에 공안선의 발전과 더불어 당대 기연을 수행의 기준 판례로 응용하면서 성행된 것이다. 이 '공안'이란 말은 황벽의 제자 목주가 최초로 사용하였다.[77] 간(看)은 선을 위해 '참구한다'는 뜻을 가지고 있고, 화(話)는 근원 세계를 드러내는 표현으로 어떤 법칙인 고칙이나 공안이라는 뜻이다. 간화란 조사가 보인 말씀과 행동을 깨달음의 직접적인 수단이자 과제, 다시 말해 화두로 삼고 그것을 참구하는 것이다. 이 화두의 역할은 바로 자기의 근원적인 마음을 조고(照顧)해 보는 도구에 불과하다. 즉 의심을 일으키도록 하는 방편이라는 점이다.

이 공안을 『벽암록』「삼교노인서」에 의하면, "조교(祖敎)의 서(書)"라고 정의하고 있고,[78] 또 원오극근은 화두를 "남의 집 대문을 두드리는 기와조각[敲門瓦子]"에 비유하였다.[79] 『선림보훈음의』에 의하면, "공부(公府)의 안독(案牘)"이라고 공안을 정의했는데, 마치 노련한 관리가 범인의 죄상을 헤아려[전례에 비추어] 벌을 부과하는 것처럼 공안은 이것에 비추어 자기의 마음바탕을 돌아보는 도구이다.

허운(虛雲, 1840~1959)선사는 우리가 마음을 밝혀서 자신의 참된 자성을 보는 것[明心見性]이 화두를 참구하는 목적이라고 하였고,[80] 정성본은

---

77   『景德傳燈錄』卷12「陳尊宿章」에 '見成公案'(T51, 291b)이란 최초의 예이고, 『雲門廣錄』卷上에는 '兩重公案'(T47, 551c) 및 見成公案(T47, 547a)이란 말이 보인다. 정성본, 『간화선의 이론과 실제』, 동국대학교 출판부(2005), pp.215~216.

78   『佛果圜悟禪師碧巖錄』卷1「三敎老人序」(T48, 139b), "嘗謂祖敎之書 謂之公案者"

79   『佛果圜悟禪師心要』(X69, 488b)

80   성엄, 대성 역, 『대의단의 타파 무방법의 방법(화두선과 묵조선의 요체)』, 서울:탐구사(2010), p.41.

"사량 분별하는 중생심의 차원에서 본래심인 부처의 경지로 전향하게 하는 것이다"라고 하였다.[81] 곧 중생심에서 부처로 전환하는 데 시각적인 역할을 하는 것이 공안이라고 할 수 있다. 앞에 언급된 사항을 종합해볼때, 공안은 성인과 조사들의 수행방법을 거울 삼는 법경(法鏡)이라고 정의할 수 있다.

김호귀는 공안은 깨침으로 나아가는 수단이라고 하면서 "선의 생명은 불도를 수행하고 깨치는 것이다. 깨침이란 사량분별에 얽매이지 않고천지우주와 자기가 하나가 되어 능소(能所)가 민절(泯絶)하여 소관(所觀)의 이(理)와 능관(能觀)의 지(智)가 불이일체(不二一體)가 되는 무애청정한작용이다. 이런 작용으로 이끌어 들이는 데에 사용된 선의 테크닉 가운데 하나가 곧 공안이다. 따라서 공안은 그 자체가 목적이 되는 것은 아니다. 깨침으로 나아가는 도구 곧 수단의 성격을 지니고 있다"고 하였다. 그러면서 그는 산란심과 혼침의 두 가지를 제거하기 위해 화두를 드는 것이라고 하였다.[82]

이렇게 살펴본 대로 불각에서 본각으로 향하는데, 시각이라는 방편즉 공안은 수단의 역할을 한다. 곧 불각→본각, 중생심(衆生心)→불심(佛心), 번뇌→보리, 미망(迷妄)→구경각(究竟覺)으로 전향하는데 그 윤활유역할을 해주는 것이 공안이라고 볼 수 있다. 대혜는 공안 가운데, 조주의무자화두를 강조하였다. 무자화두는 개에게 불성이 있느냐 없느냐를 떠나 불성의 유무(有無)에 집착하는 마음을 없애고, 자신의 본래면목을 깨

---

81   정성본, 『간화선의 이론과 실제』, 서울 : 동국대학교출판부(2005), p.225.

82   김호귀, 「조사선의 수행과 신심의 관계」, 정토학연구 11집, 서울 : 정토학회(2008), pp.151~152.

42   간화선 수행

닫는 데 중점을 둔 화두이다. 대혜가 거듭 강조하는 무자화두에 맞춰 소염 시를 보자. 소염 시는 간화선 수행 체계의 구조적인 면을 살펴보는데, 가장 적합하기 때문이다.

> 한 폭의 아리따운 모습 그려내지 못하는데
> 골방 깊은 곳에서 사모의 정에 애가 타네.
> 소옥아! 소옥아! 소옥을 자주 부르지만, 소옥에게는 일이 없네.
> 단지 낭군에게 제 목소리 알리기 위한 소리일 뿐.[83]

좌선에 들어 '무'라는 화두는 본래심으로 돌아가기 위한 하나의 방편일 뿐이다. 양귀비가 '소옥'이라고 소리 내어 부르는 것도 낭군에게 자신의 존재를 알리기 위한 하나의 방편에 불과하다. 이처럼 '무'자 화두는 본각으로 돌아가기 위한 방편이다. 집 내부에 있는 주인에게 자신의 존재를 알리기 위해서는 방편으로 소리를 낼 수 있는 기와조각이 필요해 사용할 뿐이다. 곧 화두는 본래심의 집으로 들어가기 위한 수단인 것이다.

대혜는 모든 의식을 집중시켜 도망가지 못하도록 하는데, 마치 늙은 쥐가 소의 뿔 속에 들어가 꼼짝할 수 없듯이 하라며 무자를 주장하였다.[84] 무문혜개(1183~1260)도 『무문관』 1칙으로 무자를 제시했는데, 선사는 "3백 6십 골절 8만 4천 털구멍 온몸이 의단(疑團)이 되어 무자공안을 참구해야 한다"라고 하였다.[85] 몽산덕이도 "조주의 무 자 한마디가 종문

---

83   『普燈錄』28권 "一段風光畫不成 洞房深處陳愁情 頻呼小玉元無事 只要檀郎認得聲"

84   『大慧普覺禪師普說』卷17(T 47, 930a)

85   『禪宗無門關』(T48, 293a)

(宗門)의 한 문이니, 유심(有心)으로 뚫을 수 없고, 무심(無心)으로도 뚫을 수 없다"[86]고 하였다.

그렇다면 간화선에서 화두를 드는 관건은 무엇을 위함인가? 바로 의심을 일으키기 위한 것이다. 의심이란 중생심[不覺]에서 본각으로 돌아가는 문제 제기에 해당한다.[87] 대혜가 묵조선을 비판한 것은 바로 의심의 결여인데, 어록에서도 "오늘날의 선자들은 모두 스스로 의심하지 않고, 도리어 다른 사람을 의심한다. 그렇기 때문에 큰 의심이 있어야 반드시 큰 깨달음이 있다"[88]라고 하며 의심을 강조한다.

곧 의심이 크면 크게 깨치고, 의심이 작으면 작게 깨치며, 의심이 없으면 깨치지 못한다고 선사들이 한결같이 강조한다. 어떤 깨달음이든 그 깊이는 의심의 힘에 상응한다. 몽산은 의심과 무자를 강조하면서 의심이 깊어지면, 화두를 잘 잡지 않아도 저절로 드러날 것이며, 혹 화두가 잘 되든 되지 않든 늙은 쥐가 양식을 얻으려고 곡식 상자를 이빨로 쪼듯이 다만 이 무 자 챙길 것을 강조하였다.

간화선은 이렇게 먼저 화두에 대한 의심 곧 의정이 철저해야 하고, 다음으로 본래 불성인 본래성에 입각해 있어야 한다. 곧 공안이라는 시각문적 방편을 활용해 본래청정한 불성에 입각한 본각문에 이르는 수행이라고 할 수 있다. 시각문적 수행구조라고 하지만, 본각에 대한 철저한

---

86   『夢山法語』, 원순 역해, 서울:법공양(2006), p.29, "只者箇無字 是宗門一關 有心透不得 無心透不得"

87   간화선의 수행방법으로 高峰原妙(1238~1295)의 『禪要』에 언급된 大信根·大憤志·大疑情을 예로 든다. 『禪要』「示衆」(16-2), (X122, 714 a-b) "若謂著實參禪 決須具足三要 第一要有大信根 明知此事 如靠一座須彌山 第二要有大憤志 如遇殺父寃讎 直欲便與一刀兩段 第三要有大疑情 如暗地做了一件極事 正在欲露未露之時" 여기서는 간화선의 수행구조를 언급하기 때문에 이 점은 배제한다.

88   『大慧普覺禪師普說』卷17(T47, 886a), "今時學道者 多不自疑 却疑他人 所以道 大疑之下必有大悟"

대신심[89]은 간화선의 필수이다. 곧 신심은 본래 성불자리인 본각이요, 의심과 의정은 시각의 입장이다. 시각인 의정은 본각의 신(信)에 대한 확고한 결정신을 토대로 나아가는 것이다.

문제의식[疑心]은 본래 확신[信]과는 상반된 기능이지만, 의심을 깊게하여 궁극적인 경지에 도달해서 의심, 의정이 해결됨으로서 확신이 이루어지는 것이다. 따라서 결정적 확신[결정신]이 깨달음의 전제가 되는 것이 구도적인 문제인 의심이며, 의정이다. 깨달음을 기다리는 마음을 여의고, 깨달음을 이루겠다는 그 깨달음을 원칙으로 삼아야 한다. … 확신과 결정신은 깨달음의 입장인 본각이요, 의심과 의정은 결정신의 본각에 나아가려는 원력과 구도적인 정신인 시각의 입장이라고 할 수 있다.[90]

간화선은 자신의 모든 의식을 화두에 집중해 참구함으로서 타성일편(他成一片)이 되어 자신이 화두가 되고, 화두가 곧 자신이 되어 의단이 독로(獨露)되면 화두가 타파되면서 견성(見性)하는 선이다. 즉 화두로 수행하다가 은산철벽에 봉착해 뚫으려고 해도 뚫을 수 없는 경지에서 더이상 나아갈 수 없는 막다른 길에서 화롯불에 눈 녹듯이 만유의 참모습을 보게 되는 것이다.

---

89 『信心銘』(T51, 457a), "至道無難 唯嫌揀擇" 지극한 도는 어렵지 않지만, 오직 옳고 그름 등 분별심이 일어나지 않는 본원의 자리에 입각해 있어야 한다. 삼조승찬의 언급처럼 본각에 대한 신심이 확고해야 한다. ; 달마가 『이입사행론』에서 "경전에 의해서 도의 근본정신을 깨닫고 범부와 성인이 모두가 동일한 眞性을 가지고 있다고 깊이 믿는 것이다"라고 한 深信의 강조가 있다. ; 대만의 성엄(1907~1978)은 『대의단의 타파, 무방법의 방법』, 대성 역, 탐구사(2010), p.72에서 간화선의 신심면에 있어 '확신과 결의'를 언급하고 있다.

90 정성본, 『간화선의 이론과 실제』, 서울:동국대학교출판부(2005), pp.233~235.

Ⅳ. 결론:조사선과 간화선의 수행체계 비교

6세기 후반, 선사들이 선종이라는 종파를 형성하면서 대승경전의 선관을 응용해 선사상을 정립하였다. 8세기 조사선의 선자들은 대승경전의 본래성불을 바탕으로 선사상을 정립·발전시켰다. 『유마경』의 전반적 삶을 불사로 보는 선리와 불종(佛種)·『화엄경』의 성기·『능가경』의 자각성지·『법화경』의 일승·『열반경』의 불성·『기신론』의 본각·『원각경』의 원각사상은 일체중생이 본래 성불되어 있음을 내포한다. 수행에 의해 부처가 되는 것이 아니라 본래 부처를 이루고 있다는 뜻이다.

조사선은 대승경전의 본래성불 사상을 근간으로 한다. 본래 성불되어 있으므로 일상에서의 삶 자체가 불심[平常心]으로 구현된다. 선문답이나 방과 할·불자 사용·노동을 통해 전개되는 선기(禪機), 그대로 행하는 자체가 불사요, 불행의 전개이다. 이에 수행의 단계를 거쳐 부처가 되는 것이 아니라 본래 부처이므로 굳이 수행을 가자하지 않는 도불용수·무수무증이다. 곧 조사선은 돈오돈수의 본각문적 수행체계이다.

12세기 간화선은 이론적[理]으로는 본래심에 입각한 본각문적 입장이지만, 현실적[事]으로는 번뇌에 뒤덮인 중생이므로, 그 번뇌를 제거하기 위한 수행이 필요한 시각문적 수행체계이다. 그런데 시각에서 본각으로 향하는[합치는] 시각문적인 체계에 있어서 매개체 역할을 하는 것이 공안이다. 간화선에서 본각문적 요소로는 신심이 강조되며, 화두에 대한 철저한 의정(疑情)은 깨달음을 향한 시각문적 요소로 작용한다. 곧 간화선은 본각의 원리적인 측면과 실천적인 측면이 결합된 돈오점수이다.

곧 조사선이 평상심인 즉심시불의 본각문적 수행체계라면, 간화선은 공안을 통해 본각에 합치는 시각문적 수행체계라고 할 수 있다. 또한 조사선이 본래 구족하고 있는 평상심으로 일상의 삶이 전개되는 불행이므로 굳이 매개체가 필요하지 않지만, 간화선은 현실적으로 남아 있는 습기를 제거하기 위해 공안을 방편으로 활용한다.

02.
'염불시수(念佛是誰)'의 간화두 요지와 '이뭣고' 화두의 비교

명준明俊

명준 明俊

대한불교조계종 교육아사리

1996년에 청암사에서 지형 스님을 은사로 출가 득도. 청암사승가대학 졸업후 도감 역임. 제방 선원에서 8안거 성만. 동국대학교에서 선학, 한문학, 영어영문학 전공으로 학사학위 취득. 중국 어문학, 불교한문번역학 전공으로 각각 석사과정 수료, 선사상 전공으로 석사학위 취득. 선사 상 전공으로 박사과정 중이며, 불교한문번역학 전공으로 박사학위 취득(2021.2 예정). 중국, 미국, 인도의 대학교에서 교환학생과 어학연수로 유학 후 수행과 탐방체험을 하였고, 중국, 태국, 대 만 등지에서 학술문화 탐방을 하였다. 「禪宗言語 '是甚麼'와 '이뭣고' 화두의 관계 정립에 대한 고찰」(제1회 수불학술상 우수상 수상, 제5회 간화선국제학술대회에서 수상논문 발표), 「『碧巖錄』 '是甚麼'의 用處에 관한 一考」, 「중국 成語사전의 '百尺竿頭' 용례와 의미 考察」, 「『碧巖錄』 飜譯을 통한 禪 宗言語 '是甚麼'에 대한 研究」(석사), 「백파 긍선 『禪要記』 연구와 역주」(박사) 등 다수의 논문이 있다. 2004년부터 현재까지 매일 千佛禮懺 중이다.

I. 서론

현재 중국 선가에서는 화두를 참구하는 수행을 일컬어 주로 '참화두'라고 하며, 혹은 '간화두'라고도 한다. 한국인들에게는 '참화두'라고 하면 듣기에 생소할 수도 있어서 '간화선'이라는 용어에 익숙해 있는 독자들을 위해 '간화두'라는 용어로 사용하고자 한다. '간화선'은 '화두를 간(看)하는 선(禪)'이라는 뜻이기에 중국에서 사용하는 '간화두'라는 용어와 그 쓰임새와 의미가 같다. 그런데 현재 '참화두'라는 용어가 널리 쓰이고 있음은 '간화두'라는 용어의 의미가 '참화두'라고 하는 것에 확연히 담겨 있기 때문에 '참화두'라는 용어로 흔히 사용되는 것이다. '간화두'를 글자대로 해석해보자면, '화두를 간(看)한다'이다. '간(看)'이라고 하면 흔히 '볼 간'으로 그 대표 의미를 인식한다. 그것이 담고 있는 의미들은 ①보다·바라보다 ②방문하다 ③지키다·감시하다 ④대접하다·대우하다 ⑤터득하다 ⑥행하다 ⑦분별하다·헤아리다 ⑧관찰하다 ⑨결정되다 ⑩진료하다 등의 의미를 갖고 있다. 이러한 모든 의미를 포괄적으로 지칭한다면, 선가에서 사용하는 용어로 '참구하다'라는 의미로 해석이 가능할 것이다. 이러한 의미에 비춰보자면 '간화두'는 '화두를 보다'라는 의미보다는 '화두를 참구하다'라는 의미로 받아들이는 것이 그 뜻에 더 가깝다고 본다. 그래서 현재 중국에서는 '간화두' 보다는 '참화두'라는 용어로 통용되고 있다고 하겠다.

이렇듯 화두를 참구하는 선수행인 '간화선'이 중국에도 여전히 매우 보편적으로 '간화두' 혹은 '참화두'로서 수행되고 있음에도 불구하고 혹자들은 중국에는 간화선이 없고 한국에만 그 전통을 이어오고 있다고 한다. 현재 중국에서는 '간화선'이라는 용어를 사용하지 않을 뿐 '간화두'와 '참화두'라는 용어로서 그 전통을 이어서 수행하고 있다. 현재는 주로 '참화두'라는 용어로서 '염불시수(念佛是誰, niànfóshìshuí)' 화두를 널리 참구하고 있으나, 본 논고에서는 허운화상(虛雲和尙, 1840~1959)의 『참선요지(參禪要旨)』를 중점적으로 '염불시수(念佛是誰)' 화두를 고찰하고자 하므로, 허운화상이 사용한 용어임과 동시에 우리에게 친숙한 용어인 '간화'라는 용어를 바탕으로 하여 '간화두'라는 용어를 사용하기로 하겠다. 이러한 '염불시수'에 대하여 한국 선가에서는 보편적으로 '염불선'이라고 인식하고 있다. 이에 대하여 한국의 대표적인 간화선 참구 화두인 '이뭣고' 화두와 대비시켜 '염불시수' 화두 참구는 '염불선'이 아닌 '간화선'이며, '염불시수' 화두는 중국의 '이뭣고' 화두임을 입증하여 중국에도 엄연히 간화선 수행이 보편적으로 행해지고 있음을 논증하는 것이 본 연구의 목적이다.

그래서 허운화상의 『참선요지』에 근거하여 '염불시수'의 '간화두' 참구법을 밝혀 한국의 '이뭣고' 간화선 수행법과 연관지어 그것의 연원과 화두 참구법을 살펴보고, 중국의 대표 화두와 한국의 대표 화두로서의 '염불시수'와 '이뭣고' 화두를 비교 고찰하여 '염불시수'는 중국의 '이뭣고' 화두이며, 염불선의 화두가 아닌 중국의 보편적인 간화선 수행의 화두임을 논증해가는 방법으로 본 논문을 전개하고자 한다.

Ⅱ. '염불시수' 화두와 '이뭣고' 화두의 연원

1. '염불선'으로 오인되는 '염불시수'

'염불시수' 화두에 대하여 한국 선가에서는 '염불선'이라는 인식이 팽배해 있다. 염불을 하는 중에는 그저 염불일 뿐이고, 그 염불을 하는 이가 누구인지를 살펴 관함에 이르러 의단이 형성되면 화두 참구가 된다.[01] 화두를 참구하는 것은 바로 '화두선'이자 '간화선'이고, 간화선의 핵심은 의단 형성에 있다.[02] '염불'이라는 글자가 들어가 있다고 하여 '염불선'이라고 일컫는 것이다. 혹자들은 한결같이 '염불시수'를 '염불선'이라고 하면서도 '본래면목' 혹은 '한 물건'을 참구하는 화두라는 것도 함께 언급하고 있다. '본래면목'이나 '한 물건'에 대한 참구는 바로 간화선이며, 게다가 우리에게 친숙하고도 가장 보편적인 '이뭣고' 화두가 대표적인 화두이다.

중국 선종 사찰을 순례하는 중에 당우 벽면에 붙어 있는 화두가 있

---

01 『禪關策進』(T48, 1104b), 或參究念佛, 要緊在念佛的是誰, 回光返照深入疑情. 若話頭不得力, 還提前文, 以至末句, 使首尾一貫方有頭緒, 可致疑也. 疑情不斷, 切切用心, 不覺擧步繞身, 打箇懸空筋斗, 却再來吃棒.

02 『高峰原妙禪師禪要』第1卷(X70, 0706c), "須知疑以信爲體, 悟以疑爲用. 信有十分, 疑有十分, 疑得十分, 悟得十分.(의심은 믿음으로써 체를 삼고 깨달음은 의심으로써 용을 삼는 줄을 알아야 한다. 믿음이 십 분이면 의심도 십 분이고, 의심이 십 분이면 깨달음도 십 분이다.)"

다. 바로 염불시수인데, 선종사찰은 어디나 유사하다. 현재 중국 스님들은 간화선 화두보다는 '부처를 염하고 있는 자가 누구인가(念佛是誰)?'라는 화두를 챙긴다. '아미타불을 소리내어 스스로 듣고 마음으로 염하고 있는 자의 마음자리가 무엇인가'를 염념상속(念念相續)히 자각하라는 중국 선자들의 보편적인 화두이다. … 염불시수의 '누구'는 '이뭣고'나 '부모에게서 태어나기 이전, 어떤 것이 본래면목인가?'와 하등 다를 바가 없다. 우리의 근본 자리인 부처가 무엇인가? 참다운 생명의 본질이 무엇인가를 말하기 때문이다. … 현재 우리나라 선학에서도 당대 5가 7종과 송대 간화선이 주류로 언급된다. 명나라 때나 근현대 중국선에 대해 내용이 부족하다보니, 중국에 선이 발전되지 않은 것으로 여기는 경우도 있다. 하지만 선과 정토를 결합시킨 염불선이 면면히 흘러왔고, 근현대에는 염불시수로 수많은 선지식이 배출되었다.[03]

위의 인용문은 '염불시수' 화두를 챙기는 것은 '염불선'이라고 하면서도 '어떠한 것이 본래면목인가'를 참구하는 '이뭣고' 화두와 하등 다를 바가 없다고 하였다. 본래면목을 참구하는 '이뭣고' 화두는 한국 간화선에서 대표적인 화두가 된다. 그런데, 어째서 똑같은 종류의 화두가 하나는 '간화선'의 화두이고, 하나는 '염불선'의 화두라고 일컫는가에 대해서는 궁구해볼 일이다.

---

03   《불교신문》(2014.06.19),
      http://www.ibulgyo.com/news/articleView.html?idxno=134437 [2019.5.14.]

염불선은 중국 원(元)나라 때는 간화선에 버금갈 정도였고, 명(明), 청(淸) 때에는 '염불시수(念佛是誰, 염불하는 자는 누구인가?)'라는 화두가 성립되어 무자화두를 밀어내고 크게 발전했다. … 청말의 대표적인 고승 허운화상은 '조고화두(照顧話頭), 염불시수(念佛是誰)'를 정착시킨 선승이다. 지금 중국 선종 사원에는 염불시수(念佛是誰)가 무자화두를 밀어내고 천하통일을 하였는데, 어디를 가든 선원 입구의 양쪽 기둥에는 조고화두(照顧話頭), 염불시수(念佛是誰)가 붙어 있다.[04]

마찬가지로 '염불시수'를 '염불선'이라고 하면서도 '조고화두'라고 언급하고 있다. 화두를 조고하는 것은 화두를 간(看)하는 것이고, 그것을 '간화두'라고 일컬으며, 화두를 간하는 선(禪)은 '간화선'이지 '염불선'이 아니다. '염불선'이라고 하면 염불을 하면서 마음에 고요함을 증득하여 염불삼매에 드는 수행을 의미하는 것이지 이미 염불하는 이가 누구인지를 참구하는 단계가 되면 그것은 화두를 참구하는 간화선이 된다. 간화선의 단계가 되면 여기에서는 의정의 작용과 함께 참구하게 되고 마침내 화두가 몰록 타파되어지는 깨달음에 이르게 된다. '염불선'은 이러한 의정과 함께하는 참구가 없는 상태에서의 수행이다. 그래서 염불하는 이가 누구인지를 참구하고 의단을 형성하여 수행하는 선은 '간화선'이 된다.

대주 스님(인천 정토선원장)은 "신라 말 '염불하는 그 주인공이 무엇인

04   《법보신문》(2012.09.12.).
      http://www.beopbo.com/news/articleView.html?idxno=72338 [2019.5.14.]

가' 하는 염불화두가 유행해 자성미타유심정토(自性彌陀唯心淨土)에 입
각한 염불수행이 고려 시대까지 이어졌다"면서, "특히 나옹선사는 염
불선을 강조해 '자성미타유심정토'를 화두로 삼기도 했다"며 정토선
이 염불선의 한 형태임을 밝혔다. … 관정선사는 "화두를 참구하는
법은 일념(一念)으로 만법(萬法)을 대체하는 것입니다. 최상승의 근기
를 가진 이들은 그 한점을 통해 진심의 소재를 참오(參悟)해낼 수 있
습니다. 그러나 말법시대의 중생들은 의심, 신심, 분심에 불을 붙여줄
명안종사를 만나기 어렵고 의정(疑情)이 돈발(頓發)되는 살아있는 화
두를 만나기 어렵습니다. '염불하는 자는 누구인가?'라는 이 화두는
본래 아주 좋은 화두이지만, 아미타불 성호를 몇번 외우는 정도에서
화두로 참구한다면 의정을 일으킬 수 없습니다. 오직 간절히 염불하
는 동시에 참구해야 체내의 '염불자'를 똑똑히 볼 수 있습니다. 그 다
음 더 '염불자가 누구'—'육체 내의 그것'—을 참구하여야 '그 한 물건'을
참오해낼 수 있습니다."[05]

이 또한 '염불시수'가 '염불선'이라고 하면서도 염불하는 자가 누구인
지를 참구하여야 '그 한 물건'을 참오해 낼 수 있다고 하였다. '한 물건'에
대한 화두 참구는 바로 '이뭣고' 화두 참구와 똑같으며, 간화선의 '이뭣
고' 화두와 같다면, '염불시수' 화두 참구도 '간화선'이 되는 것은 당연한
논리가 된다.

---

[05]   《현대불교》(2002.03.13.).
        http://www.hyunbulnews.com/news/articleView.html?idxno=124731 [2019.5.14.]

2. '염불시수'와 '이뭣고' 화두의 연원

한국의 선가에서 인지하는 것과는 다르게 중국에도 화두를 참구하는 공부법인 간화선이 널리 수행되고 있다. 현재는 '참화두'[06]라는 용어로서 그것이 행해지고 있는데, 허운화상은 『참선요지』에서 주로 '간화두'라는 용어를 사용하였다. 현재 중국 선가에서는 수많은 화두 중에서 허운화상이 『참선요지』에 언급해 놓은 것과 같이 '염불시수'가 가장 보편적인 화두로 통용되고 있다.

> 화두에는 '만법이 하나로 돌아간다고 하는데 그 하나가 돌아가는 곳은 어느 곳인가'라든가 '부모에게서 태어나기 전 어떠한 것이 나의 본래면목인가' 등 매우 많다. 그렇지만 '염불하는 자는 누구인가'라는 것으로서 가장 보편적인 화두로 삼는다.[07]

『선관책진(禪關策進)』에도 '염불시수' 화두는 여러 번 언급되고 있다.[08] '나무아미타불'을 상념하는 풍토 속에 있는 중국 불자들에게 있어서 참선을 하고 또 화두를 들게 된다면, 바로 '그 염불하는 자는 누구인가' 혹

---

06 聖嚴法師(1981) ; 虛雲和尙, 大晟 역(2011) ; 釋印謙(1999), pp.107~139 ; 林娟蒂(2012), pp.91~135.

07 虛雲, 月棲 編(2012), pp.91~92, "話頭很多, 如'萬法歸一, 一歸何處'·'父母未生前, 如何是我本來面目'等等, 但以'念佛是誰'爲最普通." 이하 쪽수 표시는 열람자의 편의를 도모코자 '虛雲, 月棲 編 『參禪要旨』(2012)'의 쪽수에 의거하여 기재하였으며, 인용문의 번역은 필자 역으로 하며 원문의 표점과 오탈자의 수정은 중국에서 유통되는 원문에 의거하여 수정을 가하기도 하였다.

08 『禪關策進』(T48, 1102b), "智徹禪師淨土玄門, 念佛一聲, 或三五七聲, 默默返問, 這一聲佛, 從何處起. 又問這念佛的是誰, 有疑只管疑去. 若問處不親, 疑情不切, 再擧簡畢竟這念佛的是誰. 於前一問, 少間少疑. 只向念佛是誰, 諦審諦問. 評曰, 徑無前問只看這念佛的是誰亦得.

은 '염불하는 것은 무엇인가'로 참구할 수 있기 때문에 '염불시수' 화두가 가장 폐부에 직접적으로 와 닿는 화두가 될 것이다. '염불시수'에서 '누구인가'가 핵심이고, 바꾸어 말하면 '너의 본래면목은 무엇인가'이다. '그 염불하고 있는 그 놈은 누구인가' 혹은 '무엇이 너로 하여금 염불을 하게 하는가'가 '염불시수'이니, 결국 본래면목 자리를 찾는 것이라고 『참선요지』에서는 계속 언급되고 있다.

이로 말미암아 우리는 화두를 참구하는 것이 곧 마음을 관(觀)하는 것임을 알 수 있다. 부모에게서 태어나기 이전의 본래면목이 바로 마음이다. 부모에게서 태어나기 이전의 본래면목을 참구하는 것이 바로 마음을 관하는 것이다. 성품이 곧 마음이며 '듣는 것을 돌이켜 자성을 듣는다'는 것은 곧 관하는 것을 돌이켜 자기 마음을 관하는 것이다. '청정한 깨달음의 상을 원만히 비추어 본다'고 할 때 청정한 깨달음의 상이 바로 마음이다.[09]

달마대사나 육조대사와 같은 시절에는 화두 참구라는 말이 있지 않았다. 예전의 근기가 수승한 수행자들은 선사의 일언지하에서 곧장 청정한 깨달음의 상을 원만히 비추어보아 그 자리에서 본래면목을 만나보았지만 점점 근기가 옛 조사들처럼 견고하지 못한 훗날의 수행자들은 선사의 직지인심 해줌을 언하에서 견성성불로 이어가지 못한 연유로 인하

---

09   虛雲, 月棲 編(2012), pp.38~39, "由此你我知道, 看話頭就是觀心. 父母未生以前的本來面目就是心. 看父母未生以前的本來面目, 就是觀心. 性卽是心, '反聞聞自性', 卽是反觀觀自心, '圓照淸淨覺相', 淸淨覺相卽是心."

여 그 알아차리지 못한 언구들은 화두로서 의정을 돈발하여 참구하게 되고, 불성자리를 깨우치는 수행법으로서 마음의 근본자리인 본래면목을 궁구하여 견성성불하는 수행법으로서 화두를 참구하는 방편을 빌게 된 것이다.

> 옛날에는 조사께서 사람의 마음을 곧바로 가리켜주면 성품을 보고 부처를 이루었다. 달마대사의 '마음을 편안하게 해주리라'라든가 육조대사의 '오직 견성만을 논한다'처럼 단지 바로 그 자리에서 알아차리게 하고자 하면 바로 끝마쳤던 것이지 화두를 참구하라고 하는 것은 없었다. 뒷날의 조사들에 이르러서는 사람들 마음이 옛날과 같지 않아서 목숨 걸고 공부할 수가 없고, 잔머리를 써서 속이는 일이 많고, 매양 남의 보물을 헤아리면서 자신의 보배로 삼는 것을 보시고는, 방편으로 각기 저마다 집안을 세우고 각자의 방도를 내지 않을 수가 없어서 마침내 학인들로 하여금 화두를 참구하게끔 하였다.[10]

이렇게 하여 '이뭣고' 화두의 연원이라고 할 수 있는 육조대사와 남악회양선사의 '한 물건'에 대한 선문답이 제시되면서 그 '한 물건'에 대한 참구법으로서 '본래면목'을 궁구하는 화두 참구법이 널리 유행하게 되었고, 결국엔 그 '한 물건'이라고 할 것도 없다는 것을 깨우치게 된다.

---

10   虛雲, 月樓 編(2012), pp.90~91, "古代祖師, 直指人心, 見性成佛. 如達摩祖師的安心, 六祖的惟論見性, 只要直下承當便了, 沒有看話頭的. 到後來的祖師, 見人心不古, 不能死心塌地, 多弄機詐, 每每數他人珍寶, 作自己家珍, 便不得不各立門庭, 各出手眼, 才令學人看話頭."

대사가 말했다. "여기 한 채의 집이 있는데, 그 가운데 똥과 초토(草土)가 가득 찬 것은 무슨 물건인가?" 또 말씀하시길, "똥과 초토를 아울러 마땅히 전부 소제해버리고 나서 한 물건도 또한 없는 것은 무슨 물건인가?"[11]

육조 스님이 의발을 빼앗으러 달려온 장군 출신 혜명 스님에게 '선도 생각하지 말고 악도 생각하지 말라. 이러할 때 어떤 것이 그대의 본래 면목인가' 하고 물으니 혜명 스님은 언하에 깨달았다. 그러고 나서 소감을 말하기를 어떤 사람이 물을 마심에 차고 더운 것을 스스로 안다고 했다. 한편 남악회양 스님은 육조 스님을 찾아가 "어떤 물건이 이렇게 왔는가"라는 한마디에 꽉 막혀 팔 년을 참구하였다. 그리하여 깨닫고 나서 다시 찾아가 설사 한 물건이라고 해도 맞지 않는다고 대답하니 이에 육조 스님은 닦아 증득하는 바가 있느냐고 다시 물었다. 그래서 남악회양 스님은 닦아서 증득한 바는 없지 않으나 물들여 더럽힐 수는 없다고 했다. 이에 육조 스님은 물들여 더럽힐 수 없는 것이 모든 부처님과 너와 나의 본원이라 하며 바로 인가를 했다. 이것이 '이뭣고' 화두의 유래이니 그래서 '이'가 도대체 '뭣고'이다. 여기에서는 '이'와 '뭣고' 사이에서 바로 의정이 돈발하여 양변이 사라지고 마음도 아니고 부처도 아니며 물건도 아닌 오직 모를 뿐인 활구만 현전하는데 알 수 없으니 '이뭣고'라 하는 것이다.[12]

---

11   『楞伽師資記』「弘忍章」(T85, 1289c), "大師云 有一口屋, 滿中總是糞穢草土 是何物. 又云 掃除却糞穢草土併當盡, 一物亦無 是何物."

12   日禪(2010).

'이뭣고' 화두도 결국 본래면목을 찾는 화두가 된다. 선도 생각하지 않고 악도 생각하지 않은 분별심을 일으키기 이전의 그 본래면목 자리를 바로 '이뭣고' 화두로서 궁구하는 것이다. '한 물건'에 대한 참구이지만, 그것은 마음도 아니고 부처도 아니고 물건도 아닌 것이다. 그것이 무엇인지 참구하는 것이 '이뭣고' 화두 참구이다. '염불시수'도 마찬가지로 '누구인가'를 찾지만, 그 무엇이라고 이름 붙일 수도 없고 잡을 수도 없고 있는 것도 아니고 없는 것도 아닌 바로 그것이 무엇인지를 궁구하는 것이다. '염불시수'나 '이뭣고' 화두는 모두 본래면목이 무엇인지를 궁구하는 것으로서 그 연원을 삼는 동일한 종류의 화두이다.

Ⅲ. '염불시수'의 간화두 요지와 '이뭣고' 화두

1. '염불시수'와 '이뭣고' 화두의 참구법

'염불시수' 화두와 '이뭣고' 화두가 그 연원을 같이 한다면 참구 방법도 같다고 할 수 있다. 『참선요지』의 '염불시수' 화두 참구법의 예시와 종단본 『간화선』의 '이뭣고' 화두 참구법에 대하여 살펴보면 다음과 같다.

옛사람들의 공안이 많으나 후에 와서는 오로지 화두만을 참구하라고 가르치면서, 혹은 '송장을 끌고 다니는 것은 무엇인가'를 참구하라고 하였고, 혹은 '부모에게서 태어나기 전에 어떠한 것이 나의 본래면목인가'를 참구하라'고 하는 등이 있는데, 근래에 제방에서는 '염불하는 이는 누구인가'를 참구하라'고 하는 이 화두를 흔히 들고 있다. 그것이 실은 다 같은 것이며 모두 평범하여 기특할 만한 게 없다. 만약에 경을 읽는 이는 누구인가를 참구하거나 주문을 외는 이는 누구인가를 참구하거나 부처님께 절을 하는 이는 누구인가를 참구하거나 밥을 먹는 이는 누구인가를 참구하거나 옷을 입는 이는 누구인가를 참구하거나 길을 가는 이는 누구인가를 참구하거나 잠을 자는 이는 누구인가를 참구한다고 말해도 모두가 하나같이 같은 것이니, '누구인가'가 내리는 답은 바로 마음이다.[13]

'이 뭣고(是甚麼)?' 화두 같으면 이렇다.

"밥 먹고 옷 입고 말하고 보고 듣는 이 놈, 언제 어디서나 소소영령(昭昭靈靈)한 주인공 이 놈이 무엇인고?"

"마음도 아니고, 부처도 아니고, 한 물건도 아닌 이것이 무엇인가?"

"부모미생전 나의 본래면목이 무엇인고?"

"이 송장을 끌고 다니는 이 놈이 무엇인고?"[14]

---

13   虛雲, 月棲 編(2012), pp.36~37, "古人的公案多得很, 後來專講看話頭, 有的'看拖死屍的是誰', 有的'看父母未生之前, 如何是我本來面目', 晚近諸方多用'看念佛是誰'這一話頭. 其實都是一樣, 都很平常, 竝無奇特. 如果你要說看念經的是誰, 看持咒的是誰, 看拜佛的是誰, 看吃飯的是誰, 看穿衣的是誰, 看走路的是誰, 看睡覺的是誰, 都是一個樣子, 誰字下的答案, 就是心."

14   조계종 교육원 불학연구소·전국선원수좌회 편찬위원회(2015), pp.218~219.

위의 두 인용문을 보면 예시한 공안들이 유사하며, 화두 참구법도 동일한 방법으로 제시되어 있다. '밥 먹고 옷 입고 말하고 보고 듣는 놈이 무엇인가' '부모에게 나기 전에 나의 본래면목은 무엇인가' '송장 끌고 다니는 놈은 무엇인고'라고 한 『간화선』에서 제시한 '이뭣고' 화두 참구법과 『참선요지』에서 제시한 '송장을 끌고 다니는 것은 무엇인가를 참구하라' '부모에게서 태어나기 전에 어떠한 것이 나의 본래면목인가를 참구하라' '경을 읽는 이는 누구인가 등을 참구하라'라고 한 것은 참구 내용이 동일하다. 다만, 『참선요지』에서는 화두 공안별로 '간(看)'을 모두 붙여 두었다는 것의 차이가 있을 뿐 내용과 의미는 마찬가지이다. 『참선요지』에서 '염불하는 이는 누구인가를 참구하라'와 '경을 읽는 이는 누구인가를 참구하라' 등 '누구인가를 참구하라'고 하는 '염불시수' 화두는 '무엇인가'를 찾는 '이뭣고' 화두와 그 참구법도 똑같다. 결국 같은 화두를 한국과 중국에서 그 이름을 달리하여 참구하고 있는 것이다. 한국에서는 순수 한국어로 그 이름이 정착되었고, 중국에서는 그 사람들의 수행문화의 풍토에 따라 그 이름이 제시되는 것 뿐이다. 이렇듯 같은 화두가 그 이름만 달리하고 있으니, 화두가 일념으로 잘 참구되지 않을 때의 참구법도 같은 방법으로 제시된다.

쉽다는 부분은 어떤 것인가? 오직 신심(信心)과 장영심(長永心)과 무심(無心)만 갖추면 된다는 것이다.[15] 처음 발심한 사람은 이 세 가지 마음을 갖추어야 하며, 참선을 하고 화두를 참구한다면, 바로 '염불하는

---

15   虛雲, 月棲 編(2012), pp.46~47, "易的地方是什麼呢? 只要具足一個信心, 長永心和無心."

이가 누구인가를 참구하도록 하라. 그대 스스로 묵묵하게 '아미타불'을 몇 번 소리 내어 염하고는 이렇게 염불하는 이는 누구이며 이 한 생각은 어느 곳으로부터 일어난 것인가를 참구하라.[16]

의심이 잘 나지 않을 때는 거듭거듭 전제를 들추며 '이 송장을 움직이는 이 놈이 무엇일까?' 하며 끊임없이 화두를 지어갈 수밖에는 달리 묘책이 없다. 끊임없이 밀밀하게 간절히 들어가야 한다.[17]

처음 발심하였을 때나 화두의 의심이 잘 나지 않을 때는 똑같이 의심이 의단으로 형성되지 않을 때이다. 이러한 경우에는 어떠한 방법으로 화두를 참구하여 차츰 순숙하게 하는가에 대한 방법도 유사하게 제시되어 있다.『참선요지』에서 제시한 '아미타불' 하고 부르는 소리를 몇번 생각하고 염불하는 이는 누구이며, 이 한 생각은 어디에서 일어나는가를 보라고 한 것과『간화선』에서 제시한 거듭거듭 전제를 들추며 '이 송장을 움직이는 놈은 무엇일까'를 끊임없이 지어가라고 한 것은 의심이 의단으로 형성되기 전의 초심자에게 필요한 방편으로서 같은 방법임을 드러내주고 있다. 초심자는 의단이 형성되기 전에는 전제 화두를 거듭거듭 들추며 끊임없이 지어가라고 하였지만, 화두가 순숙해지면 전제는 한 번 들고는 중요한 곳인 '누구인가'와 '무엇인가'에 그 의정을 집중해야 한다.

---

16   虛雲, 月棲 編(2012), pp.48~50, "初發心人具足了這三心, 若是參禪看話頭, 就看'念佛是誰', 你自己默念幾聲'阿彌陀佛', 看這念佛的是誰? 這一念從何處起的?"

17   조계종 교육원 불학연구소·전국선원수좌회 편찬위원회(2015), pp.219~220.

'염불하는 자는 누구인가[念佛是誰]' 하는 네 글자 가운데서 가장 중요한 것은 '누구인가'라는 글자에 있다. 나머지 세 글자는 그것을 늘려 말한 것에 지나지 않는다. '옷을 입고 밥을 먹는 자는 누구인가?' '똥 누고 오줌 누는 자는 누구인가?' '어리석음을 일으키는 자는 누구인가?' '능히 알아차리고 깨닫는 자는 누구인가?'도 마찬가지이다. 어쨌든 행주좌와 중에 '누구인가'라는 글자를 들면 방편상 가장 쉽게 의심이 일어나는데, 반복하여 따져 생각하거나 헤아려서 일부러 의심을 일으키려 하면 안 된다. 그러므로 '누구인가'라는 화두야말로 참으로 참선의 묘법이다.[18]

'이뭣고?' 화두는 앞에 든 여러 가지 중 하나만 택해 의심을 지어가면 된다. 하나 더 부연하자면 전제를 통해 화두를 들 때는 한 전제만 들어야 한다. 물론 그 전제 사이에 우열의 차이는 없다. 하나만 택해 간절히 들면 된다. 단제만 들면서 '이 뭣고?' 할 때는 '이'를 약간 길게 하면서 마음속으로 '이-' 하는 이 놈이 '뭣꼬?' 하며 의심을 일으키든지, 아니면 조금 막연하지만 '이-뭣-고?' 하면서 의심을 길고 간절하게 가져가는 것도 요령이다. 곧 전제는 간단히 해서 그것이 망상의 근원이 되지 않게 해야 한다.[19]

18   盧雲, 月棲 編(2012), pp.95~97, "'念佛是誰'四字, 最著重在個'誰'字, 其餘三字不過言其大者而已. 如穿衣吃飯的是誰? 痾屎放尿的是誰? 打無明的是誰? 能知能覺的是誰? 不論行住坐臥, '誰'字一舉, 便有最容易發疑念, 不待反覆思量卜度作意才有. 故誰字話頭, 實在是參禪妙法."
19   조계종 교육원 불학연구소·전국선원수좌회 편찬위원회(2015), pp.219~220.

'염불시수'에서는 중요한 참구가 '누구인가'라고 하였다. 나머지 세 글자는 늘려 말한 것일 뿐이라고 하였을 정도로 '누구인가'의 중요점을 제시하였다. '이뭣고' 화두 역시 '이'가 내포하고 있는 전제 화두는 한번 깊이 궁구한 후에 그 전제는 간단히 해서 망상의 근원이 되지 않게끔 '무엇인가'에 의단의 핵심이 형성되어야 하는 것이다. 이러한 화두 참구에 있어서 의단이 형성되지 않고 계속 전제만 되새긴다면 자칫 '염화두'가 될 수가 있으며, '나무아미타불' 염불을 하는 것보다도 못한 수행이 될 수가 있다.

> 그렇지만, '누구인가' 혹은 '염불하는 자는 누구인가'라는 네 글자를 가지고 부처님의 명호처럼 염하는 것도 아니며, 또한 따져 생각하거나 헤아리며 염불하는 자가 누구인가를 찾는 것이 의정이라고 불리는 것도 아니다. 어떤 이들은 '염불하는 자는 누구인가'라는 네 글자를 가지고 입을 쉬지 않고 외는 사람도 있는데, 아미타불을 염하는 공덕이 훨씬 큰 것만도 못하다. 또 어떤 이들은 어지러운 망상을 하며 동으로 찾고 서로 뒤지는 것을 의정이라고 부르기도 하는데, 그렇다면 생각을 하면 할수록 망상도 더욱 많아진다는 것을 알고나 있겠는가, 위로 올라가려고 하면서 도리어 아래로 떨어지는 것과 같다는 것을 알지 못하면 안 된다.[20]

---

20   虛雲, 月棲 編(2012), pp.95~97, "但不是將'誰'字或'念佛是誰'四字作佛號念, 也不是思量卜度去找念佛的是誰, 叫做疑情. 有等將'念佛是誰'四字, 念不停口, 不如念一句阿彌陀佛功德更大. 有等胡思亂想, 東尋西找叫做疑情, 那知愈想妄想愈多, 等於欲升反墜, 不可不知."

대부분 '이뭣고' 화두를 든다고 하면 그저 '이것이 무엇인고, 이것이 무엇인고' 이렇게 하는데, 이렇게만 생각하고 있으면, '이것이 무엇인고' 하면서 가만히 들여다보고 앉아 있는 식이 되어버립니다. 이러다 보면 한 곳에만 마음을 두고 그 고요함에 빠져버리는 폐단이 생깁니다. 그래서 '이뭣고' 하는 화두 자체가 경계가 되어 '내가 지금 들여다보고 있는 이것이 무엇인고' 하는 병폐가 따라 붙습니다.[21]

'염불시수' 화두나 '이뭣고' 화두는 모두 의단이 형성되지 않고 속으로나 입으로만 되내이게 된다면 이는 화두를 참구하는 것이 아니라 '나무아미타불' 염불하는 것과 마찬가지일 것이다. 오히려 '나무아미타불' 염불을 하는 것은 아미타불을 관상하는 공덕도 있겠으나, 부처님을 염하는 것도 아니면서 화두 언구만을 염송하듯이 한다면 그것은 염불 공덕만도 못하고 화두 참구와도 전혀 무관한 일이 된다.

2. '염불시수'와 '이뭣고' 화두의 의단 형성

화두 참구에 있어서 의단 형성이 핵심이다. 의정이 돈발하지 않으면 화두 타파는 요원한 일이다. 『행복한 간화선』에는 의정의 중요함을 여실히 보여주는 대목을 고봉원묘(高峰原妙)선사의 언구를 빌어서 '고봉선사는 『선요』에서 "의정은 믿음으로써 근본을 삼고 깨달음은 의정으로써 작용

---

21   원택(2008), p.286 ; 혜민(2012), p.297.

을 삼는다"는 것을 반드시 알아야 한다고 했다. 또한 믿음이 십 분이면 의정이 십 분이고 의정이 십 분이면 깨달음이 십 분이라고 했다. 참으로 간화행자들이 가슴에 새겨야 할 만고의 철칙이다'[22]라고 싣고 있듯이 간화선 수행에 있어서 의단의 형성은 화두 참구의 핵심이며 전체라고 할 수도 있다. 이러한 의단 형성에 대한 완곡한 제시도 동일한 것을 알 수 있다.

> 화두를 참구하려면 먼저 의정을 일으켜야 한다. 의정은 화두를 참구하는 지팡이다. 무엇을 의정이라 하는가? '염불하는 자는 누구인가'라고 묻는다고 한다면 사람들은 모두 자기가 염하는 것이라고 알고 있다. 그렇다면 입으로써 염하는가 아니면 마음으로써 염하는가. 만약에 입으로써 염한다고 한다면 잠이 들었어도 입은 그대로 있는데 어째서 염할 줄을 모르는가? 만약 마음으로써 염한다고 한다면 마음은 또 어떻게 생긴 물건인가? 도리어 잡아볼 수도 만져볼 수도 없으니 이로 인해 분명치가 않다. '누구인가'에서 가볍게 의심하는 생각을 일으키되 그렇다고 거칠게 의심을 일으켜서는 안 되고 미세하면 미세할수록 더욱 좋으며, 어느 때 어느 곳에서나 단단히 이 의심하는 생각을 정하여 비춰보되 마치 흐르는 물이 땅에서 끊어짐 없이 돌아가는 것을 보듯이 하면서 다른 생각을 일으켜서는 안 된다. 만약 의심 속에 있다고 해도 그것에서 움직이거나 머무르려 해서도 안 되고,

---

22 日禪(2010), p.36 ; 高峰原妙, 설우 역(2014), 상권, p.347 ; 『高峰原妙禪師禪要』(X70, 0706c), "須知疑以信爲體, 悟以疑爲用. 信有十分, 疑有十分, 疑得十分, 悟得十分."

의심 속에 있지 않다면 다시 가볍게 일으켜야 한다.[23]

이렇게 의심을 강조하는 것은 의심이 몰록 터져나와야 망념이 달라붙지 못하기 때문이다. 비단 화두를 들지 않더라도 일상생활 속에서 어떤 의심에 사로잡힐 때는 순간적으로 우리의 사고 작용이 멈추는 것을 누구나 다 경험한다. 다만 생각을 일으켜 이것저것 굴리는 것이 우리의 오랜 습관이다 보니 그 무념(無念)의 경험이 오래 가지 못할 뿐이다. 그러나 한 생각 한 생각을 단속하여 화두를 들며 역력하게 깨어있게 되면 망념이 정지되는 순간이 거듭거듭 자주 오게 된다. 이러한 상태가 장벽처럼 굳건해져 어떤 경우라도 '이 뭣고?' 하는 화두가 끊기지 않아 오고 간다는 분별이 단절되는 힘을 얻게 되면 이것을 일컬어 의심 덩어리, 곧 의단(疑團)이라 한다. 이 의심 덩어리가 홀로 밝게 드러나게 되면 그만둘래야 그만둘 수 없는 한 덩어리 공부가 되어 이것을 타파하면 확철대오하게 되는 것이다. 의심이 잘 나지 않을 때는 거듭거듭 전제를 들추며 '이 송장을 움직이는 이 놈이 무엇일까?' 하며 끊임없이 화두를 지어갈 수밖에는 달리 묘책이 없다. 끊임없이 밀밀하게 간절히 들어가야 한다.[24]

---

23 盧雲, 月棲 編(2012), pp.93~95, "看話頭先要發疑情, 疑情是看話頭的枴杖. 何謂疑情? 如問念佛的是誰? 人人都知道是自己念, 但是用口念呢? 還是用心念呢? 如果用口念, 睡著了還有口, 爲什麼不會念? 如果用心念, 心又是個什麼樣子? 卻沒處捉摸, 因此不明白. 便在'誰'上發起輕微的疑念, 但不要粗, 愈細愈好, 隨時隨地, 單單照顧定這個疑念, 像流水般不斷地看去, 不生二念. 若疑念在, 不要動著他; 疑念不在, 再輕微提起."

24 조계종 교육원 불학연구소·전국선원수좌회 편찬위원회(2005), pp.219~220.

화두 참구에 있어서 의정은 핵심이자 화두 타파의 통로가 된다. 『참선요지』에서 '화두를 참구하려면 먼저 의정을 일으켜야 한다. 의정은 화두를 참구하는 지팡이다'라고 하였듯이 화두 참구의 행로에 있어서 의정이야말로 핵심이 되고도 중요한 역할을 한다. 『간화선』에서는 '의심을 강조하는 것은 의심이 몰록 터져나와야 망념이 달라붙지 못하기 때문이다'라고 하였듯이 의단이 형성되면 간단이 없어져서 망상이 비집고 들어올 틈이 없어지는 것이다. 그리하면 무심삼매의 경지에서 천진면목을 만나게 된다.

> 비추는 것이 곧 관이고, 마음이 곧 부처이며 부처를 염하는 것이 곧 부처를 관하는 것이고, 부처를 관하는 것이 곧 마음을 관하는 것이다. 그래서 '화두를 참구하라'고 하면서, 혹자는 '염불을 하는 이는 누구인가를 참구하라'고 말하는 것이니, 바로 마음을 관하는 것이며, 곧 자기 마음의 청정한 깨달음의 당체를 관하여 비춰보는 것이며, 자기 성품의 부처를 관하여 비춰보는 것이다. 마음이 곧 성품이고 깨달음이며 부처라서 형상이나 방소가 없으니 끝내 얻을 수 없는 것이며, 청정한 그대로 법계에 두루하여, 들고 나지도 않고 오고 감도 없으니, 바로 본래 있는 그대로 드러난 청정법신불이다.[25]

그 마음을 알게 되면, 진작 부처 이것이니, 찾는 법을 일러 보세. 누

---

25   盧雲, 月棲 編(2012), pp.39~40, "照卽觀也, 心卽是佛, 念佛卽是觀佛, 觀佛卽是觀心. 所以說 '看話頭', 或者是說 '看念佛是誰', 就是觀心, 卽是觀照自心淸淨覺體, 卽是觀照自性佛. 心卽性, 卽覺, 卽佛, 無有形相方所, 了不可得, 淸淨本然, 周遍法界, 不出不入, 無往無來, 就是本來現成的淸淨法身佛."

우나 서나 밥 먹으나, 자나 깨나 움직이나, 똥을 누나 오줌 누나, 웃을 때나 화낼 때나, 일체 처 일체 시에, 항상 깊이 의심하여, 궁구하되 '이것이 무엇인고?' 어떻게 생겼는가? 어두운가, 누른가, 푸른가, 있는 건가, 없는 건가, 어떻게 생겼는고. 시시때때 의심하여 의문을 놓지 말고 염념불망(念念不忘) 하여가면, 마음은 점점 맑고, 의심은 점점 깊어, 상속부단(相續不斷)할 지경에 홀연히 깨달으면 천진면목(天眞面目) 좋은 부처 완연히 내게 있다.[26]

　『참선요지』와 『경허법어』에서는 화두 참구의 의단이 형성되어 끊어짐이 없이 상속부단할 지경에 이르러야 의단이 타파되어 홀연히 한 생각 깨달아 본래 성품을 밝히면 천진면목이 그대로 드러나게 되고, 그것이 바로 본래 있는 그대로 드러난 청정법신불이라고 설하고 있다.

26　鏡虛惺牛禪師法語集刊行會 編(1981), pp.161~162 ; 〈月庵(2006), p.470. 재인용〉

Ⅳ. 중국의 '이뭣고' 화두 '염불시수'

1. '이뭣고' 화두인 '염불시수'

위에서 살펴본 '염불시수' 화두와 '이뭣고' 화두의 연원과 참구 방법에 비추어보면 '염불시수'는 중국의 '이뭣고' 화두라고 할 수 있다. 두 화두는 모두 본래면목이 무엇인가를 찾는 화두이며, 참구 방법도 똑같이 '부모에게서 나기 전에 나의 본래면목이 무엇인가'를 참구하거나 '송장 끌고 다니는 놈은 누구인가'를 참구하고 '염불하는 이는 누구인가'를 참구하는 등 대상이라고 할 것도 없지만 참구하는 대상이 같고 똑같은 방법으로 화두 참구가 이루어지며, 그것의 이름만 다를 뿐이다. 그런데 '이뭣고'는 화두가 아니며 언제부터 누구에 의해서 주장되었는지 알 수 없으며 우리나라에만 있는 화두라고 하는 주장은 반박될 여지가 있다.

'이뭣고'라는 화두가 언제 누구에 의해서 주장되어 한국 선원의 수행자들이 많이 참구하는 화두가 되었는지 잘 알 수가 없으나, 간화선 수행에서 볼 때 '이뭣고' 화두는 올바른 간화선 수행을 할 수 있는 화두라고 할 수가 없다. 간화선 수행에서 '이뭣고'라는 화두를 제시하고 있는 곳은 유일하게 한국뿐이며, 또한 고려 시대나 조선 시대에도 없었던 것을 근대에 처음 주장되고 있는 화두라는 점이다. 선불교 역사

에서 간화선을 수행하는 중국이나 한국·일본 등지에서 '이뭣고'라는
화두를 참구하여 수행한 역사적인 사례는 없다.[27]

　　중국에는 순수 한국어로 된 '이뭣고'라는 언구가 없을 뿐이고, 한국
인들은 '아미타불'을 상념하는 문화가 아니기 때문에 '염불시수'가 아닐
뿐이다. 중국과 한국의 언어나 문화적인 관습과 특성상 그렇게 불리워지
는 것일 따름이다. '나무아미타불'을 항상 염(念)하고 있고, 오고 가는 모
든 인사에도 '아미타불'로 하는 중국 불자들에게는 참선을 하고 또 화두
를 참구한다고 하면 바로 '그 염불하고 있는 이는 누구인가'라는 질문이
자타 모두에게 가장 직접적으로 와 닿는 화두가 되며, 저절로 의심이 나
게 되고 의정으로 발전하게 된다. 그렇다면 한국에서는 왜 '이뭣고'라는
언구로 화두가 되었는가에 의문이 들 것이다. '송장 끌고 다니는 놈은 무
엇인가'나 '부모에게서 나기 전에 너의 본래면목은 무엇인가' 등등 이와
같이 전제된 화두가 '이'가 되고 '~무엇인가'라는 질문만 남게 된다. '송
장 끌고 다니는 놈은'과 '부모에게서 나기 전에 너의 본래면목은'이 '이'에
해당하고 '무엇인가'가 결합되어 '이것이 무엇인가', '이 무엇인고'가 되며,
이것이 경상도 말투에 의해 '이뭣고'라는 질문이 되어 '이뭣고'라는 이름
으로 화두가 된 것이다. 결국 중요한 것은 '무엇인지'를 궁구하는 것이고,
'누구인지'를 참구하는 것이기 때문에 '무엇인가'와 '누구인가'만 오롯이
남게 된다. '무엇인가'와 '누구인가'는 궁구하는 대상이 똑같다. '누구'라고
해도 맞기도 하고 틀리기도 하고, '무엇'이라고 해도 맞기도 하고 틀리기

27　　鄭性本(2005), pp.290~291.

도 한 것이다. '한 물건'이라고 해도 마찬가지이다. 있는 것도 아니고 없는 것도 아니고, 형상으로 이루어진 것도 아니고 무엇이라고 딱히 이름 붙일 수 없기 때문에 '한 물건'이라고 하지만 또한 '한 물건'이라고 할 수도 없는 바로 그것을 참구하는 것을 '본래면목이 무엇인지'를 참구하는 것이다. 선사들의 가풍에는 그 면모가 일면 다르기도 하겠으나 중국의 간화선과 한국의 간화선이 다를 수가 없다.

2. 중국의 간화선 화두 '염불시수'

혹자들이 '염불'이라는 언구가 들어가 있다고 하여 '염불시수'를 가리켜 '염불선'이라고 인식하여 말하기도 하지만, '염불시수'는 엄연히 본래면목이 무엇인지를 참구하는 '간화선'의 화두임을 드러내 보였다. 『참선요지』에서도 '간화두'로서 '염불시수'를 다루었고, 현재 중국의 대부분 선원에서는 '염불시수'로서 화두를 참구하는 '참화두' 수행을 행하고 있다. '참화두'는 '간화두'이고 위에서 언급하였듯이 '간화두'는 '간화선'이다.[28] 화

---

28   '看話頭'는 SAT DB에 11회의 용례가 있다.
     『大慧普覺禪師語錄』(T47, 0922b), "又不知肯回頭轉腦. 於日用中看話頭否"; 0930c, "又如擧手動足著
     衣喫飯. 當如何體究. 爲復只看話頭. 爲復別有體究"; 『禪關策進』(T48, 1098b), "評曰. 此後代提公案.
     看話頭之始也"; 1102a, "看話頭做工夫. 最是立脚穩當. 悟處親切. 縱此生不悟. 但信心不退. 不隔一生
     兩生. 更無不獲開悟者"; 1102a, "評曰. 此老千言萬語. 只教人看話頭"; 1103b, "萬法歸一. 一歸何處.
     不得不看話頭. 守空靜而坐. 不得念話頭. 無疑而坐. 如有昏散"; 1104c, "評曰. 但時中憤然要明此事.
     此句甚妙. 該攝看話頭之法. 曲盡"; 1104c, "夫正因做工夫者. 當睡便睡一覺. 一醒便起. 抖擻精神. 挪
     莎眼目. 咬住牙根. 捉緊拳頭. 直看話頭落在何處. 切莫隨昏昏隨沈. 絲毫外境不可耽著"; 『鹽山拔隊和尙
     語錄』(T80, 0604b), "若或雖有些子之轉處. 有認照照靈靈空空寂寂精明湛不搖等之光影. 用自稱我見
     性透徹無疑. 空腹高心而撥無因果. 增憍慢長地獄業者. 善知識垂慈. 爲之當機. 有拔釘抽楔底之手段.
     令彼與本分草料或看話頭. 此故古人云. 未得底人參句不如參意. 已得底人參意不如參句."; 『常光國師

두를 간(看)하는 선(禪)이 간화선이니, 중국에서는 굳이 '선(禪)'이라는 글
자를 붙이지 않아도 그것이 화두를 참구한다는 의미를 드러내기 때문
에 '화두'라는 용어를 그대로 살려두면서 굳이 '선(禪)'은 붙이지 않은 것
이다. 그리고 선어록 등에는 '간화선'이라는 용어는 거의 없고,[29] '참화
두'[30], '참공안' 혹은 '간화두', '간화', '간~'이라는 용어로서 '염불시수' 혹
은 '염불적시수(念佛的是誰)'와 함께 사용되기도 하였다.[31] 『참선요지』에서

語錄』(T81, 0010c), "古人亦於公案上. 透者多矣. 竹原菴主在大慧會下. 但參箇無字. 他看話頭時. 被雨
濯在闌干邊. 他亦不知. 人向他道. 元兄元兄. 雨打濕了身上. 抱他過. 他亦不管. 無門開禪師只看一箇
無字六年. 下語不得. 自發志剋責. 我若不明此話."; 『建康普說』(T82, 0727c), "然後來雲棲株宏加運字
於黃檗下題載此法語於禪關策進. 自副語曰. 此後代提公案看話頭之始也. 自後永覺亦謂. 至於話頭上
一步死工夫. 則實非吾之臆說也."

29   『建康普說』(T82, 0727c), "況看話頭起于宋"; 0733a, "從宋有看話禪始起而後"; 0737a, "古轍所解者, 以
        五位則爲看話禪之指南也. 洞曹之比豈有看話哉."
        '看話禪'이라는 문구는 CBETA에서는 찾을 수가 없고, SAT DB에서는 단지 위의 세 곳에만 있다.

30   '參話頭'는 SAT DB에 16회의 용례를 찾을 수 있다. 이 중에서 10회는 '本參話頭'로 사용되었다.
        『寶王三昧念佛直指』(T47, 0362c), "路談他之短. 顯己之長. 或有所參話頭而又謂不可固執."; 『禪宗決
        疑集』(T48, 1012b), "學人於此理會不下. 各將本參話頭依前所擧所疑. 不必連述"; 1012c, "所以但凡做
        工夫底人. 雖參話頭多衆不同. 而於起疑處無二用心. 一切話頭必要起疑."; 1015c, "故經云. 歸元性無
        二方便有多門. 於此學人各將本參話頭. 自重自保勇猛挨拶將去."; 『緇門警訓』(T48, 1066a), "又上蒲團.
        開兩眼挹兩拳. 竪起脊梁. 依前提起所參話頭. 便覺淸凉. 如一鍋沸湯攙一杓冷水相似."; 『禪關策進』
        (T48, 1101c), "先師高峯和尙. 敎人惟以所參話頭. 蘊之於懷. 行也如是參. 坐也如是參. 參到用力不及處
        留意不得時. 驀忽打脫. 方知成佛."; 1103a, "把八萬四千微細念頭. 一坐坐斷. 却將本參話頭. 一提提起
        疑來疑去. 挨來挨去. 凝定身心. 討箇分曉. 以悟爲則."; 1104b, "若打破所參公案. 洞見父母未生前面目.
        坐斷微細現行生死. 誓不放捨本參話頭. 本所求勝法未獲. 終不止息. 卽宗門所謂本參
        話頭. 不破誓不休歇之意也."; 『無文禪師語錄』(T80, 0627b), "大凡出家兒離俗士. 欲截斷生死根源. 打
        破諸祖重關. 正好緊把本參話頭. 猛著精彩. 拍盲起大疑情. 參究去. 以悟爲則."; 0629c, "大凡出家貌離
        俗士. 欲截斷生死根源. 打破諸祖重關. 正好緊把本參話頭. 猛著精彩一氣. 拍盲起大疑情. 參究去將
        悟爲則."; 『永源寂室和尙語錄』(T81, 0128c), "七者要須看父母未生前那個我本來面目. 八者要須雖參
        話頭工夫綿密. 勿急求悟明."; 『宗門無盡燈論』(T81, 0587c), "學者但把本參話頭. 切著精彩. 他時異日
        自然現前."; 0588a, "學者宜著精彩. 當是時. 莫生一念異解. 莫生一念退意. 放捨身心. 一無所求. 猛提
        持本參話頭."; 『五家參祥要路門』(T81, 0610a), "從바五派祕訣. 盡可究明至要也. 澆季末代法滅盡之效
        驗. 諸方盡言. 不參話頭. 不知文字. 唯一向無念無心去. 是向上禪. 儞不知麼"; 0615c, "故初祖大師曰.
        外息諸緣. 內心無喘. 心如牆壁. 可以入道. 內心無喘者. 不依根本也. 心如牆壁者. 直向進前也. 此偈甚
        深. 汝等請試取本參話頭如牆壁直進去. 使令以土擊大地有失. 見性決定無不徹. 努力乎努力乎."

31   『禪關策進』(T48, 1104b), 天眞毒峯善禪師示衆. 果欲了脫生死. 先須發大信心. 立弘誓願. 若不打破所
        參公案. 洞見父母未生前面目. 坐斷微細現行生死. 誓不放捨本參話頭. 遠離眞善知識. 貪逐名利. 若故

는 '간화두'는 16회, '참화두'는 2회, '참공안'은 1회 사용되었으며, '간화선'
은 전혀 언급이 없다. 이러한 '간화두'라는 용어로 사용된 '간화선' 참구
법은 초심자와 구참자를 구분하여 제시하였다.

처음 공부를 하는 때에는 반드시 고요한 가운데를 정해서 하는 것이
움직이는 가운데에서 하는 것에 비해서 비교적 조금이나마 힘을 얻
게 되지만, 다만 절대로 분별심을 내어서는 안 되며, 힘을 얻거나 못
얻거나 상관하지 말고, 움직이는 가운데이거나 혹은 고요한 가운데
이거나 상관하지 말 것이며, 그대가 한마음 한뜻으로 쓴다면 그대의
공부는 좋아질 것이다.[32]

초심자에게 제시한 '간화선' 참구법으로서 공부에 힘을 얻기 전에는
시끄러운 곳 보다는 고요한 곳에서 집중하기가 쉬울 것이지만, 시끄러운
곳이나 고요한 곳이나 상관하지 않는 경계에 나아갈 때가 되면 공부가

違此願. 當墮惡道. 發此大願. 防護其心. 方堪領受公案. 或看無字. 要緊在因甚狗子無佛性上著力. 或
看萬法歸一. 要緊在一歸何處. 或參究念佛. 要緊在念佛的是誰. 回光返照深入疑情. 若話頭不得力. 還
提前文. 以至末句. 使首尾一貫方有頭緒. 可致疑也. 疑情不斷. 切切用心. 不覺擧步飜身. 打箇懸空筋
斗. 却再來吃棒. ; 1104b,　空谷隆禪師示衆 不可呆呆蠢蠢地念箇話頭. 亦不可推評計較. 但時中憤然要
明此事. 忽爾懸崖撒手. 打箇飜身. 方且孤明歷歷. 到此不可耽著. 還有腦後一槌. 極是難透. 爾且怎麼
參去○不參自悟. 上古或有之. 自餘未有不從力參而得悟者○優曇和尙. 令提念佛的是誰. 汝今不必用
此等法. 只平常念去. 但念不忘. 忽然觸境. 遇錄. 打著轉身一句. 始知寂光淨土不離此處. 阿彌陀佛不
越自心. 評曰. 但時中憤然要明此事. 此句甚妙. 該攝看話頭之法. 曲盡. ; 1104c,　天奇和尙示衆 汝等
從今發決定心. 晝三夜三. 擧定本參. 看他是箇甚麼道理. 務要討箇分曉. 日久歲深. 不煉昏沈. 昏沈自
退. 不除散亂. 散亂自絶. 純一無雜. 心念不生. 忽然會得. 如夢而醒. 覆看從前. 俱是虛幻當體本來現
成萬象森羅全機獨露. 於這大明國裏. 也不枉爲人. 向此法門. 也不枉爲僧. 却來隨錄度日. 豈不暢哉.
豈不快哉○終日念佛. 不知全是佛念. 如不知. 須看箇念佛的是誰. 眼就看定. 心就擧定. 務要討箇下
落. 評曰. 毒峯天奇. 皆敎參究念佛. 空谷何故謂. 不必用此等法. 蓋是隨機不同. 任便無礙.

32　虛雲, 月棲 編(2012), pp.93~95, "初用心時必定靜中比動中較得力些, 但切不可生分別心, 不要管他得
力不得力, 不要管他動中或靜中, 你一心一意的用你的功好了."

순숙해진다고 하였듯이 '행주좌와어묵동정' 간에 정진이 여일해야 한다고 하는 '간화선' 수행법을 그대로 보여주고 있다.

또 의리선과 같이 언구나 명상(名相)에만 집착하는 것을 '화미(話尾)'라고 표현하면서 본질이 아닌 사량으로 계교하면 화두와는 요원해짐을 경계하는 것도 제시하였다.

> 평생을 언구(言句)와 명상(名相)에만 집착하여 화미(話尾)에서 마음을 쓰고 있다. '염불을 하는 이는 누구인가'를 참구하고 있는가, '화두를 비추어 보는가', 화두를 참구하고 참구하여도 화두와는 동과 서로 등져서 치달리니 어디에서 이 본연의 무위대도를 깨달을 수가 있겠는가? 어떻게 이 일체 어떤 것도 받지 않는 왕위에 오르는 것에 이를 수 있겠는가?[33]

이와 같이 화두 언구에만 집착하여 마음을 쓰는 것을 경계한 전통 간화선 수행법을 그대로 제시한 것이다. 화두가 순숙하여 의단이 타파되기에 이른 구참 수행자들에게 일러주는 경계로서도 전통 간화선 수행법으로 제시하고 있다.

> 마땅히 알라. 이 한 생각은 나의 마음으로부터 일어난 것이니, 곧 마음으로부터 생각이 일어난 곳을 한결같이 목도하고 정해진 곳을 지

---

33   虛雲, 月棲 編(2012), pp.43~44, "一生總是執著言句名相, 在話尾上用心. '看念佛是誰'呀, '照顧話頭'呀, 看來看去, 參來參去, 與話頭東西背馳, 哪里會悟此本然的無爲大道呢? 如何到得這一切不受的王位上去呢?"

켜봄에 쏜살같이 곧장 참구하기를 마치 고양이가 쥐를 노리듯 온 정신을 여기에 집중하면 다른 생각이 없어질 것이다. 다만 느리거나 급한 것을 정도를 잘 맞추어야 하며, 그것을 조절함에 너무 급하게 해서는 안 될 것이니 병과 장애가 생기게 된다. 행주좌와가 모두 이와 같아서 세월이 가고 공부가 깊어지면, 참외가 익어 꼭지가 떨어지듯 인연의 때가 도래하고, 닿거나 부딪치거나 함에 홀연히 크게 깨닫게 될 것이다. 이러한 때에는 마치 사람이 물을 마심에 차고 더움은 저절로 아는 것처럼, 곧장 의심할 것 없는 경지에 이르러 네거리에서 아버지를 만난 것과 같으니 크게 편안함과 즐거움을 얻을 것이다.[34]

'간화두' 수행에 대하여 구체적으로 수행의 차제를 제시하였다. '마음으로부터 생각이 일어난 곳을 한결같이 목도하고 정해진 곳을 지켜봄에 쏜살같이 곧장 참구하기를 마치 고양이가 쥐를 노리듯 온 정신을 여기에 집중하면 다른 생각이 없어질 것이다'라고 한 것은 선사들이 즐겨 사용한 간화선 수행 방편의 요긴한 부분이다. 구참 수행자에게 해당되는 방편으로서 집중하되 너무 긴박하게도 너무 느슨하게도 하지 말라고 하였듯이 거문고 줄을 고르듯이 그것의 정도를 적당히 잘 조절해야 한다는 것도 모두 간화선 수행에서 중요하게 언급되는 것들이다.

---

34   虛雲, 月棲 編(2012), pp.51~52, "當知這一念是從我心起的, 卽從心念起處, 一覷覷定, 驀直看去, 如貓捕鼠, 全副精神集中於此, 沒有二念. 但要緩急適度, 不可操之太急, 發生病障. 行住坐臥, 都是如此, 日久功深, 瓜熟蒂落, 因緣時至, 觸著豎著, 忽然大悟. 此時如人飮水, 冷暖自知, 直至無疑之地, 如十字街頭見親爺, 得大安樂."

나는 방금 조고화두(照顧話頭)는 바로 그대들로 하여금 시시각각으로 오롯하고 또렷하게 일념으로 이 '불생불멸'한 화두를 회광반조하게끔 하는 것이라고 설하였다. 듣는 것을 돌이켜 자성을 듣는다는 것도 또한 그대들로 하여금 시시각각으로 오롯하고 또렷하게 일념으로 듣는 것을 돌이켜 자성을 듣게끔 하는 것이다. '회(回)'는 바로 돌이키는 것이며, '불생불멸'이 바로 자성이다.[35]

허운화상의 『참선요지』에서 '간화두' 수행의 요지를 제시한 중에 특징적인 것은 바로 '반문문자성(反聞聞自性)'을 언급한 것이다. '조고화두'를 설하면서 '듣는 것을 돌이켜 자성을 듣는다'라고 하여 화두를 반조하는 것을 제시하였다. 마치 '묵조선'에서 이야기하는 '묵묵하고도 비춰본다'는 것과 유사한 듯 하나 이것은 의단이 견고하여 끊어짐이 없이 계속 이어지면서 무심삼매인 성성적적한 상태에서의 조고화두이다. 마음을 평온히 하여 좌선하는 데만 편중하여 다만 묵묵하게 앉아서 고요히 비추는 묵조선에서 주장하는 바와는 전혀 다르다.

『참선요지』에서 허운화상은 '염불시수' 간화두 중에서 생기는 병통에 대한 처방을 다음과 같이 일러준다. 이는 바로 간화선 수행의 일련의 과정에서 요긴하게 점검해야 하는 부분이다.

첫째, 화두가 아직 잘 참구되지 않는데다가 망상과 혼침이 많은 분들

---

35   盧雲, 月棲 編(2012), pp.102~103, "我方說照顧話頭, 就是教你時時刻刻單單的的, 一念回光返照, 這
'不生不滅'(話頭). 反聞聞自性, 也是教你時時刻刻單單的的, 一念反聞聞自性. '回'就是反, '不生不滅'
就是自性."

같으면, 그대들은 그래도 여전히 '염불하는 이는 누구인가?'의 이 누구인가라는 글자를 참구하고, 망상과 혼침이 적어질 때에 이르도록 참구하다가 '누구인가'라는 글자가 잊어버릴 수가 없어졌을 때에 이 일념이 일어난 곳에서 참구하여 일념도 일어나지 않는 때가 되면 바로 무생인 것이다. 일념도 생함이 없는 데에 이르도록 참구할 수 있으면 참으로 화두를 참구한다고 이름한다.

둘째, '염불하는 자는 누구인가?' 하는 말에 집착하여 화미(話尾) 상에서 마음을 쓰고 생멸법을 옳은 것으로 삼는 이들에 관해서도 또한 위에서 서술한 뜻에 비추어 볼 수 있을 것인데, 즉 생각이 일어난 곳에서 참구하여 일념무생에 이르러야 할 것이다.

셋째, 무념을 관하면서 이미 적정과 경안을 얻어 마음대로 어떤 경계에 도달한 이들에 관해서인데, 그대들은 오직 본참화두만 비추어 살피되 한 생각도 일으켜서는 안 되고, 부처가 오면 부처를 베고 마구니가 오면 마구니를 베면서, 일절 그에 상관하지 않는다면 자연히 일이 없고 온갖 삿된 것에 떨어지지 않을 것이다.

넷째, 망념이 이미 쉬어져서 아주 맑고 상쾌하고 몸과 마음이 자재한 이들에 관해서인데, 마땅히 옛사람이 말한 '만법이 하나로 돌아가는데, 그 하나가 돌아가는 곳은 어느 곳인가?' 할 때와 같이, 하나로부터 지극한 곳을 향해 힘써 나아감으로 말미암아, 곧장 "높고 높은 산 꼭대기에 올라서고 깊고 깊은 바다 밑으로 다님"에 이르고도, 다시 손을 놓고 종횡으로 갈 것이다.[36]

---

36   虛雲, 大晟 역(2011), pp.58~59, 95~96, "第一如話頭未看上, 妄想昏沈多的人, 你還是看'念佛是誰' 這

적정과 경안을 얻은 것을 어떤 경지에 도달한 것으로 착각하는 수행자에게 일러주는 방편으로서는 '오직 본참화두만 비추어 살피되 한 생각도 일으켜서는 안 되고, 부처가 오면 부처를 베고 마구니가 오면 마구니를 베면서, 일절 그에 상관하지 않는다면 자연히 일이 없고 온갖 삿된 것에 떨어지지 않을 것이다'라고 하며, 무념과 무기에 떨어짐을 경계하여 오로지 화두만을 참구하라고 일러주고 있다. 위의 네 가지는 바로 처음 화두를 참구할 때부터 화두타파가 될 때까지의 일련의 과정에서 일어나는 경계에 대한 전형적인 간화선 수행의 방편과 처방이 된다.

V. 결론

'염불시수'와 '이뭣고' 화두의 연원과 화두 참구법을 고찰해 보았듯이 두 화두는 본바탕이 같은 곳에서 탄생하였기 때문에 그것의 화두 참구법

個誰字, 待看到妄想昏沈少, 誰字不能忘了時, 就看這一念起處, 待一念不起時, 卽是無生. 能看到一念無生, 是名眞看話頭. 第二關於執著'念佛是誰', 在話尾上用心, 以生滅法爲是的人, 也可照上述的意思, 卽向念起處看到一念無生去. 第三關於觀無念已得寂靜輕安, 而遇到任何境界的人, 你只照顧本參話頭, 一念不生, 佛來佛斬, 魔來魔斬, 一槪不理他, 自然無事, 不落群邪. 第四關於妄念已歇, 淸淸爽爽, 身心自在的人, 應如古人所說:'萬法歸一, 一歸何處?' 由一向至極處邁進, 直至 '高高山頂立, 深深海底行, 再撒手縱橫去.'

도 동일할 수밖에 없으며, 그것이 가진 이름만 '염불시수'와 '이뭣고'로서 다를 뿐이며, 결국 같은 화두이다. 단지 '염불시수'는 '염불하는 이는 누구인가'라는 언구에 한정이 되어 있고, '이뭣고' 화두는 그 어떤 것도 본래면목이 무엇인지 궁구하는 화두에 있어서는 모두 적용이 된다는 것의 차이일 뿐, 그것이 가진 화두의 특성과 참구 방법에 있어서는 다른 것이 전혀 없다. '염불시수'는 현재 중국 선가에서 주로 참구하는 화두이고, '이뭣고'는 순수 우리말로서 한국의 언어형태로 바뀌어져 있을 뿐 전혀 다를 것이 없다. 그러므로 '염불시수'는 엄연한 '간화선'의 화두이며, 중국의 '이뭣고' 화두라고 할 수 있다. 현재 중국에서는 '간화선'이라는 용어는 사용하지 않고 있기 때문에 그들은 생소하게 들으며, '참화두'로서 널리 수행하고 있고, 혹은 '간화두'라고도 한다. 허운화상도 그의 저서인 『참선요지』에 일관되게 '간화두'라는 용어를 주로 사용하였으며, '참화두'는 두 번 사용하였다. 결국 화두를 간(看)하거나 참(參)하는 선(禪)이기 때문에 '간화선'이다. 따라서 중국에는 '간화선'이 없다라고 하는 말은 전혀 근거 없는 얘기가 되며, '간화두'로서 '염불시수' 화두를 보편적으로 참구하고 있기 때문에 '염불시수' 화두 참구는 '염불선'이 아닌 '간화선'이며, 그 '염불시수'는 '이뭣고' 화두와 똑같이 본래면목을 궁구하는 화두이기 때문에 '이뭣고' 화두가 한국에만 있고 이 시대에만 유행하고 있다고 하는 것도 옳지 않은 주장이 된다.

우리나라에서 '이뭣고'를 '시심마(是什麼)'[37]의 번역어로 인식하는 상

---

[37] '시심마(是什麼)'는 是甚麽, 是甚摩, 是什摩, 是什么 등 전등사서나 선어록에 따라 글자를 달리하기도 한다. 현대 간체 중국어에서는 주로 '是什么'라고 사용한다. 중국어 발음[shishénme]에 의해 우리나라 선가에서는 전통적으로 '시삼마'라고도 일컫는다. 什麼/甚麽/甚摩/什么는 모두 "무엇"을 의미하며, '是

황에서는 중국에서 '시심마'가 화두로 사용된 적이 없기 때문에 중국에는 '이뭣고' 화두는 없다라는 말이 나올 수는 있다. 그렇지만, '이뭣고' 화두는 '시심마'의 번역어가 아니라 '이뭣고 화두 드는 법'으로 논증하였듯이 본래면목이 무엇인지를 궁구하는 종류의 화두를 통칭해서 '이뭣고' 화두라고 하며, 전제된 본래면목에 대한 것이 '이뭣고'의 '이'에 해당되며, '무엇인가'라는 의문사와 결합된 화두로서 '이뭣고'이기 때문에 '시심마'의 번역어가 아니다. 이러한 '이뭣고' 화두는 본래면목에 대한 화두이므로 중국에도 본래면목이 무엇인지를 궁구하는 화두 종류가 우리와 똑같이 있으며, 그 중에서 현재 대표적인 화두로는 바로 중국 전역의 선찰에서 보편적으로 참구하고 있는 '참화두'인 '염불시수'인 것이다. '참화두'는 '간화두'이고 '간화두'는 '간화선'이기 때문에, '염불시수' 화두는 중국의 대표적인 '간화선' 화두이며 중국의 '이뭣고' 화두가 된다. '이뭣고'라는 언구는 순수 한국어 그것도 경상도 말투이기 때문에 한국에만 있는 것은 당연하겠으나, '염불시수'와 '이뭣고' 화두는 모두 본래면목이 무엇인지 참구하는 화두로서 두 나라에서 똑같이 '무엇인가' '누구인가'를 찾는 공통적인 화두이다. '이뭣고'는 '무엇인가'라는 의미만을 뜻하는 '시심마'의 대역어가 아니다[38]라는 것을 인지한다면 '시심마'만으로는 본래면목이

什麼는 의문사 '무엇인가'가 된다. 필자는 『碧嚴錄』에 의거하여 '是什麼'로 표 하였으나, 앞의 인용문에서는 그 표기가 달라도 인용전거에 의해 그대로 표기하였다. 인용문 중에서 "마음도 아니고, 부처도 아니고, 한 물건도 아닌 이것이 무엇인가?"는 '不是心不是佛不是物是什麼'로 되어 있는 한문 원전에 따라 해석하면 "마음도 아니고, 부처도 아니고, 한 물건도 아닌 것은 무엇인가?"이겠지만, 현재 '이뭣고'와 '是什麼'에 대한 통용되는 번역과 인식을 드러내주는 부분이기도 하고, 번역 관련 내용이 아닌 '이뭣고' 화두 드는 법을 설명하기 위한 것이기 때문에 '이 뭣고(是甚麼)'라고 하여 '是甚麼'를 '이것이 무엇인가'라고 해석한 부분도 인용전거대로 옮겼다.

38 　嚴美鏡(明俊)(2015), pp.201~205 ; 嚴美鏡(明俊)(2019), p.111.

무엇인지를 궁구하는 화두로 사용된 적이 없다는 것을 알 수 있다. 본래 면목이 무엇인지를 궁구하는 화두인 '이뭣고'는 의문사 '시심마'의 번역어가 아님에도 불구하고, 혹자가 '염불시수 시심마(念佛是誰 是什麽)'라는 문구를 보고서 '염불시수' 화두와 '이뭣고' 화두가 같이 붙어 있더라고 하며 중국에도 '이뭣고' 화두가 있다고 하였다면, 이는 잘못된 해석이라고 할 수 있다. '염불하는 이는 누구인가? 무엇이냐?'로 '시수(是誰, 누구인가)'에 대한 질문을 '시심마(是什麽, 무엇이냐)'로서 거듭한 것이다. '수(誰)'라고 하여 꼭 사람을 가리키는 것은 아니기 때문이며, 본래면목이 무엇인지를 묻는 것이기 때문에 '무엇인가'라는 뜻으로 쓰인 '시심마'를 사용하여 재차 묻는 것이다. 이미 앞에서 '염불시수'라는 전제 화두가 있기 때문에 '무엇이냐'라고만 물을 수 있다. 두 문장을 합하면 '염불자시심마(念佛者 是什麽)'라는 문장이 만들어질 수도 있다.[39] 또 한국 스님들이 중국 사찰에 선찰 답사로 많이 가니까 그들의 관광정책 차원에서 한국 선가에서 '시심마'를 화두로 사용하고 있다는 것을 알고서 한국 스님들에게 반가운 구절로 받아들여질 수 있도록 그렇게 붙여두었을 수도 있다. '염불시수 시심마'라는 문구는 선어록에서도 현재 중국에서도 사용한 적 없는 어구의 조합이기 때문이다. 이러한 조합이 새롭게 만들어진 것도 '염불시수'와 '이뭣고' 화두는 중국과 한국의 간화선에서 각기 대표적인 화두임에 틀림없다는 것을 반증하게 된다.

---

[39]　'念佛者是什麽'는 '염불을 하는 이는 누구인가[念佛人是什麽]', '누가 염불을 하고 있는가' 혹은 '염불을 하는 것은 무엇인가', '무엇이 염불을 하고 있는가' 등으로 해석이 가능하다.

03.

간화선(看話禪)과
천태지관(天台止觀)
-선병(禪病)을 중심으로

혜명慧命

혜명 慧命

동국대학교(경주) 불교학부 조교수

동국대학교 불교문화대학 불교학과를 졸업했으며 동국대학교 대학원 선학과에서 석사학위를,
동 대학원 선학과에서 박사학위를 받았다. 조계종 불학연구소장을 역임했으며 조계종 교육아
사리, 동국대학교(경주) 불교학부 조교수로 재직 중이다.

I. 서론

인간은 누구나 살아가면서 아프고 병이 들며 고생하면서 살아간다. 또한 우리의 삶이 잠든 날과 병(病)든 날을 빼면 오래 살지 못하기 때문에 아프지 않고 행복하게 살아가고 싶지만 그렇지 못한 것도 우리의 모습이다. 이것은 선수행을 하는 수행자라고 할지라도 피해가지 못한다. 흔히들 몸병은 마음병이고 마음병은 몸병이라고 한다. 마음이 아프고 괴롭고 스트레스가 많으면 그것이 고스란히 몸으로 와서 각종 질환이 생기며 암으로 발전한다. 또한 몸의 어느 한 부분에 이상이 생기면 그것이 그대로 마음으로 전달되어 정신질환이나 각종 장애가 된다. 그래서 몸과 마음의 조화가 중요하다.

아울러 진정한 깨달음도 몸과 마음의 조화 속에서 이루어진다고 생각된다. 마음을 지나치게 집중하여 몸의 균형을 잃어버리면 병이 생기고 너무 느슨하여 적절한 긴장감이 떨어지면 그 또한 몸과 정신의 이상으로 발전되기 쉽다.

따라서 이에 대한 철저한 이해와 대비가 있어야 된다. 왜냐하면 진정한 의미의 깨달음은 잠깐의 화두를 들거나 수행을 해서 이루어질 수도 있지만 대부분은 긴 시간의 여정이 필요하기 때문이다.

그러한 일환으로 간화선에서는 각종 장애와 선병(禪病)들인 아만(我

慢)과 집착 및 알음알이(知解)[01] 등이 어떤 것인지를 파악하고, 확연하게 드러나 보이는 수승한 경계, 파도물결이 뒤집히는 것처럼 미묘한 경계 등 평소에 접하지 못하는 여러 경계 등에 대하여 정리하고 있다. 그리고 혼침(昏沈)이나 도거(掉擧) 등이 어떤 상태에서 일어나고 극복하는 방법 등을 파악하고, 속효심(速效心)과 색욕(色慾)이나 수마(睡魔) 등을 어떻게 극복하는지에 대하여 설명하고 있다.[02] 이것들은 주로 심리적인 요인으로 생기는 것 등을 정리한 것으로 보인다.

반면에 천태에서는 보다 세밀하게 수행 중에 생기는 병에 대하여 정리하고 있다. 특히『차제선문(次第禪門)』,『천태소지관(天台小止觀)』,『마하지관(摩訶止觀)』, 등에서 다양하게 분석하고 있다.

본 논문에서는 이러한 간화선에서 말하는 선병과 천태지관에서 말하는 내용들을 분석하고 대조 고찰해 보고자 한다.

---

01   홍법원편집부,『불교학대사전』, 서울 : 홍법원(1993), p.1494.

02   대한불교조계종 교육원,『간화선』, 서울:조계종출판사(2009), pp.251~281.

II. 병(病)의 원인과 간화선(看話禪)

불교의학에서는 인간의 몸과 마음의 병을 상세히 분석하고 있다. 특히 『대지도론(大智度論)』에서는 인간의 질병을 총 404가지로 분류하고 서양 의학에서 선천성 질병과 현세병으로 구분하는 것처럼 선세행업병(先世行業病)과 금세병(今世病)으로 나누었다. 그리고 금세병(今世病)은 다시 신체 질병과 마음병으로 나누고 신체질병은 다시 내병(內病)과 외병(外病)으로 나누었다.

또한 『마하지관』에서는 모든 병의 원인을 사대(四大)의 불순(不順), 음식의 무절제, 좌선(坐禪)의 부조화, 귀신의 영향, 마의 소행, 업병(業病) 등의 여섯 가지를 들고 있다.[03]

이 중에 마병(魔病)은 『대지도론』의 마음병에 속하며 업병은 선세행업병에 속하는데 둘다 난치 및 선천성 질병에 속한다. 또한 사대불순(四大不順), 음식의 무절제, 좌선의 부조화(不調和), 귀신(鬼神)의 영향 등은 『대지도론』의 신체의 질병에 속한다. 무절제한 생활 등의 원인을 제거하면 비교적 쉽게 치유된다고 한다.

우선 신체질병의 원인에 대해 『대지도론』에서는 '신체질병을 내병과

---

03 『摩訶止觀』(『大正藏』46, p.106c), "四大不順故病 二飮食不節故病 三坐禪不調故病 四鬼神得便 五魔所爲 六業起故病."

외병으로 나눈다. 안의 인연에 의해 생기는 내병은 음식을 절제하지 않거나 눕고 일어나는 일이 불규칙할 때 생긴다. 외부의 원인에 의한 외병은 춥고 더움, 전쟁, 기갈, 타락 등이라 하면서 이런 외환을 뇌(惱)라고 한다'[04]고 하였다. 그리고 『마하지관』의 사대불순, 음식의 무절제, 좌선의 부조화 등은 내병의 원인이며 외병의 원인인 귀신에 대해 『천태소지관』에서는 귀신마(鬼神魔)를 정매귀신(精魅鬼神), 퇴척귀신(堆剔鬼神), 마라귀신(魔羅鬼神)으로 나눈다.

『대반열반경』 등에서는 공포(恐怖), 우수(憂受), 우치(愚癡), 욕(欲), 진에(瞋恚), 음욕(淫慾), 아만(我慢) 등을 들었다. 『대지도론』에 '음욕, 진에, 질투, 간탐(慳貪), 우수, 포외(怖畏) 등 종종 번뇌 등이 마음병이 된다'고 하였다. 이와 같이 탐, 진, 치를 비롯한 온갖 번뇌를 총칭한 마가 마음병의 원인이 됨을 알 수 있다.[05]

이렇게 경론(經論)에서는 중생심의 번뇌 망념으로 생긴 병을 심병(心病)이라고 한다. 그렇지만 선에서는 이러한 병폐를 선병(禪病)이라고 한다.

그래서 참선수행에서 이러한 선병은 불심의 지혜의 작용을 장애하며, 도리어 번뇌 망념의 중생심으로 수많은 고통을 초래하는 업장을 짓고, 삼계에 생사윤회하는 일을 반복하게 된다.

그래서 불법수행에서 정법의 안목을 갖추지 못하고 선수행을 하는 사람은 선병(禪病)에 떨어진 환자로 취급한다.[06]

---

04 『大智度論』(『大正藏』 25, p.131b), "有二種病 一者外因緣病 二者內因緣病 外者寒熱飢渴兵刃刀杖墜落推壓 如是等種種外患名爲惱 內者飮食不節臥起無常四百四病 如是等種種名爲內病."

05 미래사회를 향한 불타의 가르침 편찬위원회, 『불타의 가르침』, 서울 : 대한불교진흥원(1997), pp.380~381.

06 鄭茂煥(性本), 「참선수행과 선병(禪病)의 문제」, 『韓國佛敎學』 제50집, 서울 : 한국불교학회(2008), pp.583~584.

간화선(看話禪)에서 가장 문제가 되는 것은 무슨 화두(話頭)를 어떻게 간(看)할 것이며 이때 발생되는 식정(識情)[07] 문제의 처리방법에 관한 것이라 할 수 있을 것이다. 간화선의 주창자인 대혜종고도 이 문제를 거론한 바 있지만 체계화된 모습은 오히려 보조(普照)에 미치지 못한다고 하겠다.

대혜나 보조가 한결같이 주장하고 권해온 것은 조주(趙州)의 구자무불성화(狗子無佛性話)이다. 간화선에서의 선병(禪病)은 바로 이 구자무불성화의 '무(無)'자(字) 화두를 간(看)할 때에 대두되는 열 가지 문제점의 처리에 관계된다. 그래서 이를 선문십종병(禪門十種病), 간화십종병(看話十種病), 십종병(十種病), 선병(禪病) 등 다양하게 부르고 있다.[08]

그래서 진각혜심(1178~1234)은 『구자무불성화간병론(狗子無佛性話揀病論)』을 지었고, 조선의 백파는 『선문수경(禪文手鏡)』에서 혜심의 『구자무불성화간병론』을 과목으로 나누어 해석하였다. 마찬가지로 중국의 무문혜개(1182~1260)나 몽산덕이(1232~1298)의 경우도 무자화두를 언급할 때마다 무자화두의 십종선병을 파사(破邪)의 대상으로 함께 언급하고 있다. 이는 대혜 이후 무자화두가 13세기 동북아시아 불교계의 중요한 수행론의 흐름 가운데 하나로 자리를 잡은 결과이다.[09]

그런데 간화선에 대한 다양한 연구가 진행되는 과정 속에서 한 가지 눈에 띄는 것은 간화선이 지닌 수행의 효과성에 대한 심리학적, 의학적 관점에서의 연구가 전무하다시피 하다는 점이다. 2011년 이후 몇 편의 논문이 발표되긴 했지만 이에 대한 연구는 이제 시작 단계라 할 수

---

07   미혹한 범부의 사량분별(思量分別)하는 마음. 전재강 역주, 『서장』, p.61.

08   崔成烈, 「看話十種病의 體系分析」, 『불교학보』제28집, 서울:동국대학교 불교문화연구원(1991), p.215.

09   인경, 『몽산덕이와 고려후기 간화선사상 연구』, 서울:명상상담연구원(2009), p.245.

있다.[10] 근래에 간화선이 현대인이 앓고 있는 우울, 불안, 분노에 대하여 탁월한 심리치료적 효과가 있음을 알 수 있는 매우 의미 있는 연구[11] 이후에 더 많은 연구결과를 기대하면서 간화선의 십종선병을 혼침(昏沈)과 도거(掉擧)[12]로 분류하여 대혜의 『서장(書狀)』과 무문혜개의 『무문관(無門

10   이필원, 「간화선과 심리치료」, 『인도철학』제44집, 서울:인도철학회(2015), pp.194~195. 이 논문에서는 국내에서 간화선과 관련된 심리학적이고 의학적연구가 어떻게 진행되었는지를 상세하게 살펴보고 있다.

11   간화선이 현대인이 앓고 있는 우울, 불안, 분노에 대하여 탁월한 심리치료적 효과가 있음을 알 수 있다. 이와 관련하여 김병수, 조기룡, 배효상은 「간화선 수행이 중, 고령자의 심리적 특성(우울, 불안, 분노)에 미치는 효과」라는 논문에서 의미있는 자료를 제시하고 있다.
   즉, 4주간이지만, 간화선 수행프로그램에 참여한, 중, 고령자들은 간화선 수행을 하고 난 후 우울과 불안(상태 불안, 특성 불안) 척도가 통계적으로 유의미하게 감소되었다. 이러한 결과는 중학생을 대상으로 하는 수식관 명상이 우울과 불안 수준을 감소시킬 수 있다는 박인숙의 연구 결과를 지지하고 있으며, 마음챙김 명상이 대학생의 우울증을 경감시킬 가능성을 시사한 이봉건의 연구 결과와 같은 맥락이라고 할 수 있다. 또한 참선 후에 대학생의 심리적 불안 반응의 회복률이 더 높게 나타난 Goleman의 연구 결과와 참선 집단이 비참선 집단에 비해 불안이 많이 감소하는 것으로 나타난 전학환의 연구 결과와 일치하는 바가 있다. 이에 간화선 수행이 현대인에게 점점 심각한 문제로 대두되고 있는 우울, 불안 등의 정신질환을 감소 또는 예방하고, 치료적 차원에서 충분한 효과가 발휘될 수 있음을 유추할 수 있다.
   그리고 간화선 수행프로그램에 참여한 중·고령자들을 대상으로 간화선 수행, 전후의 본노 척도 변화를 살펴본 결과, 분노 반응 중에서 부정적 반응인 분노 억제와 분노 표출보다는 긍정적 반응인 분노 통제를 일어나게 유도함으로써 결과적으로 중, 고령자의 분노 반응 감소에 효과적이라고 설명하고 있다. 또한 체질의학적 관점에서 우울증은 음인 집단이 양인 집단보다 간화선 수행 후 우울 척도가 더 많이 감소하는 것으로 나타나고, 불안 척도와 관련하여 양인 집단이 음인 집단보다 간화선 수행 후 불안 수준이 더 많이 감소하는 것으로 분석하고 있다.
   그리고 분노척도와 관련하여 양인 집단이 음인 집단보다 간화선 수행 후 분노 수준을 감소시키는 효과가 크게 나타나 중, 고령자의 분노 수준 감소에 효과적이라고 설명하고 있다. 불교와 사상의학 연구회 편저, 『불교와 사상의학의 만남』, pp.390~392.

12   혜달은 『대혜서』의 간화십종통통을 병통내용에 따라 지해(知解), 안주(安住), 인증(引證), 대오(待悟) 등으로 분류하고 있다. 먼저 지해는 (1)있다는 것이나 없다는 것으로 이해(하려)해서는 안 된다(不得作有無商量), (2)참으로 없는 무가 있다고 헤아려서는 안 된다(不得作眞無之無卜度), (3)도리(이치)로 알려고 해서는 안 된다(不得作道理會), (4)분별의식으로 헤아려서는 안 된다(不得向意根下思量卜度), (5)눈썹을 움직이거나 눈을 깜빡 거리는 것에 머물러서는 안 된다(不得向揚眉瞬目處垜根), (6)말에서 살 궁리를 찾아서는 안 된다(不得向語路上作活計), (7)화두 든 곳을 향해 알려고 해서는 안 된다(不得向擧起處承當)의 7가지이다. 그리고 안주는 아무 일 없는 곳에 빠져있어서는 안 된다(不得坐在無事甲裡)의 1가지이다. 또한 인증은 문자로 증거를 삼아서는 안 된다(不得向文字中引證)의 1가지이다. 마지막으로 대오는 깨닫기를 기다리는 마음을 가져서는 안 된다(不得將心待悟)의 1가지이다. 알음알이를 선병으로 보고 있는 것이 7가지이고 나머지를 3가지로 분류하고 있다. 그리고 안주를 혼침으로 지해 인증 대오를 도거로 분석하고 있다. 혜달, 「간화병통에서 본 간화수행법」, pp.387~415. 여기서는 안주인 혼침과 도거 가운데 대오를 중심으로 살펴본다.

關)』을 통하여 천태지관과의 관련성을 살펴보겠다.

1. 혼침(昏沈)과 우울증

간화선 수행자에게 있어서 혼침과 도거는 가장 경계해야할 선병가운데 하나라고 할 수 있다. 혼침은 몸과 마음을 시달리게 하여 어리석음(惛昧), 침울(沈鬱), 둔감(鈍感), 혼미하게 만들어 융통성이 있는 적극적인 활동을 못하게 하는 정신작용을 말한다.[13] 또한 마음이 작용할 때 성성(惺惺)하지 못하고 혼미하여 몽롱한 상태에 빠지게 되면 혼침이라 한다. 이 혼침이 심하면 수마(睡魔)에 빠지게 된다.[14] 이러한 수마를 『천태소지관』에서도 많이 경계하고 있다.[15]

그리고 영가현각 선사는 다음과 같이 혼침을 설명하고 있다.[16]

---

13   홍법원편집부, 앞의 책, p.1703.

14   대한불교조계종 교육원, 앞의 책, p.269.

15   천태에서는 "마음속이 어두운 것을 수(睡, 조는 것)라고 하며 이것은 다섯 가지 감각기관(眼, 耳, 鼻, 舌, 身)을 어둡게 가리고 뼈마디를 제멋대로 하여 드러누워 깊이 조는 것을 면(眠, 잠든 것)이라고 한다. 이러한 인연으로 수면의 덮개라고 하며 이는 금세와 후세의 진실로 법을 즐기는 마음을 파괴할 뿐 아니라 후세의 천상계에 태어나는 것이나 열반의 즐거움도 파괴한다. 이러한 악법은 가장 좋지 못한 것인데 그 까닭은 무엇인가. 모든 다른 덮개의 경우는 마음으로 지각할 수 있으므로 제거할 수 있으나 수면은 죽음과 같아 지각하거나 인식할 수 없고 지각할 수 없는 까닭에 소멸하기가 어렵기 때문이다." 즉 마음속이 어두워고 깊이 잠든 것을 죽음과 같은 것으로 보고 없애기가 쉽지 않다고 표현하고 있다. 그리고 실제 수행시에 만약 어두움과 수면으로 마음이 무거워진다면 곧 선진(禪鎭)과 선장(禪杖)을 사용하여 이것을 쫓아야 한다고 말하고 있다. 천태·원황 저, 남민수 역, 『좌선수행법』, pp.148~149. 따라서 수행할 때에 혼침과 수면은 거의 죽음과 같으므로 반드시 없애야 하는 것임을 알 수 있다.

16   대한불교조계종 교육원, 앞의 책, p.269.

고요하기만 하고 깨어 있지 않으면 혼침에 잠겨 있는 것이요, 깨어 있기만 하고 고요하지 않으면 생각에 얽혀 있는 것이다. 깨어 있음도 고요함도 아니라면 그것은 다만 생각에 얽혀 있을 뿐만 아니라 혼침에도 빠져 있는 것이다.

즉 고요하기만 하거나 깨어 있음도 고요함도 아닌 것을 혼침에 빠진 것으로 말하고 있다.

또한 붓다는 『두려움과 공포의 경』(맛지마 니까야 제1권 134~147쪽)에 보면 자신에게 일어난 두려움과 공포를 어떻게 극복하였는지를 볼 수 있다. 그리고 붓다가 보는 두려움과 공포의 원인을 16가지로 분류하고 있는데 그 가운데 혼침과 들뜸이 들어가 있다. 그리고 붓다는 가장 두려움이 일어날 수 있는 곳에 가서 두려움과 공포가 다가오면 두려움과 공포를 극복할 때까지 그 자세(앉아 있거나, 서 있거나, 걸어가거나, 누워있거나)를 유지하였다. 그런 후에 마지막으로 누진통(漏盡通)을 얻고 해탈하였다고 한다.[17]

이를 통해 혼침과 도거가 수행을 방해하는 두려움과 공포의 원인이 되고, 특히 혼침은 현대의 우울증과 같다고 볼 수 있다.[18]

이러한 우울증에 대해 많은 사람들은 그저 침울하고 불쾌하고 실망스럽고 불만을 느끼는 것쯤으로 생각한다. 그러나 우울증은 그 이상이다. 우울증은 반드시 인지하고 치료해야 할 심각한 질병이다. 그렇지 않으면 자살 같은 심각한 결과가 나타날 수 있기 때문이다. 특히 우울증에

17   전현수, 『마음치료 이야기』, 서울 : 불광출판사(2010), pp.116~119.

18   《현대불교》 http://www.hyunbulnews.com.

걸리면 기분이 짓눌리고 깊고 끝없는 침울함과 슬픔과 낙담에 빠진다. 모든 것이 달랠 길이 없을 정도로 부정적이고 어둡게 보인다. 전체 인구의 대략 17% 정도가 살아가면서 한 번은 우울증에 시달리는 것으로 추정된다.

이러한 우울증의 원인으로는 갖가지 감정적 스트레스를 들 수 있다. 가령 개인적이거나 직업적인 스트레스, 고독감, 불행한 사고 등이 그렇다. 또한 심각한 스트레스(큰 사고, 위험한 질병, 자연재해, 잔학한 범죄)를 극복하지 못하는 것이 주요 원인이라면, 외상 후 스트레스 장애라고 부른다. 이러한 우울증의 치료로는 약물치료 등과 더불어 마음챙김 치료법을 들 수 있다. 명상의 심리적 치료법이라고 할 수 있다.[19]

그래서 대혜는 혼침을 상당히 경계하고 있고 무문혜개도 주의를 주고 있다.

1) 서장(書狀)

먼저 대혜는 다음과 같이 혼침에 빠질 수 있는 공적함에 대하여 깊이 빠져 있어서는 안 된다고 경계를 하고 있다.

아무 일 없는 곳에 빠져있어서는 안 된다(不得坐在無事甲裏).

즉, 이 내용은 아무 일 없이 고요한 것이 곧 깨달음인줄 알고 그 곳에 안주(安住)한 것을 경계한 것이다. 그러면서 대혜는 용맹정진으로 공부

---

19   보르빈 반델로, 『마음의 병 23가지』, 김태희 옮김, 서울:교양인, pp.42~73.

가 순일무잡한 부추밀(富樞密)을 칭찬하고 있다. 그러나 공사를 보느라 바쁜 일상생활에 화두와 상응하지 못하거나 오매일여(寤寐一如)하지 못하더라도 절대 공적함에 깊이 빠져서는 안 된다고 경계하고 있다.[20] 부추밀에게 보낸 두 번째와 세 번째 서신과 진소경(陳少卿)에게 보낸 답신에서는 도리어 시끄러운 곳에서 화두를 살피라 한다. 유통판(劉通判)에게 보낸 서신에서는 시끄럽고 고요함에 한결같이 화두참구 할 것을 강조한다. 대혜가 시끄러운 곳을 제시한 것은 공적함에 빠져 있는 것에 대한 것임을 알 수 있다. 이어 고요하고 시끄러움에 한결같기를 바란다면 조주의 무자를 뚫으면 이 둘이 서로 방해롭지 않음을 알게 된다고 한다.[21] 이처럼 대혜의 간화선은 주변 여건과 무관하게 이루어지는 수행을 강조하고 있다.[22]

2) 무문관(無門關)

이와 관련하여 무문혜개는 무문관에서 오로지 고요하게 하려는 마음을 경계하면서 다음과 같이 설명하고 있다.

> 마음을 통일하고 고요하게 하려는 수행은 적정주의 침묵에 떨어진 삿된 수행이다(存心澄寂 默照邪禪).

여기서 산란한 마음을 붙잡아 마음을 맑히고 고요하게 하려는 좌선

---

20   『大慧語錄』(『大正藏』47), p.921하, "能二六時中熾然作爲之際 必得相應也未 寤寐二邊得一如也未 如未 切不可一向沈空趣寂."

21   『大慧語錄』(『大正藏』47), p.926하, "却而今要得省力靜閙一如 但只透取趙州無字 忽然透得 方知靜閙兩不妨."

22   혜달, 「간화병통에서 본 간화수행법」, 『보조사상』제29집, 서울:보조사상연구원(2008), p.394.

수행의 선병을 지적하고 있다. 그런데 좌선 수행에서 마음을 안정시키려고 하면 마음은 더욱 산란스럽게 된다.

그래서 하택신회가 북종선에서 주장하는 '산란된 마음을 수습하여 선정에 들도록 하고, 마음의 움직임을 멈추어 청정함을 간하게 하고, 마음을 일으켜 밖으로 지혜를 비추게 하고, 마음을 수습하여 안으로 깨닫도록 하게 한다(凝心入定, 住心看淨, 起心外照, 攝心內證)'는 좌선 수행법을 어리석은 자의 수행법이라고 비난하고 있다.[23]

그래서 무문혜개도 위와 같이 지적하고 있는 것이다. 그런데 무문이 지적하는 선병은 마음을 차분히 하고 고요하게 하여 맑은 물과 같이 하려는 좌선수행은 적정을 최고로 삼는 묵조의 삿된 선이며, 조작된 마음으로 의도성과 작위성에 떨어진 잘못된 선병이 된다. 앉아서 좌선해야한다는 고정관념의 좌상(坐相)에 떨어지고 고요하게 하려는 마음이 시끄러움과 고요함을 나누어 구별하는 차별심에 떨어진 선병이 된다.[24]

그래서 대혜는 고요한 것이 곧 깨달음인 줄 알고 그곳에 안주(安住)하거나 공적함에 깊이 빠져서는 안 된다고 하고 있다. 혜개도 마음을 붙잡아서 고요하게 하려는 좌선이 오래될수록 선병이 된다고 한다. 그리고 혼침에 빠져들 수 있으므로 마음은 더욱더 우울증과 같은 증세가 올 수가 있다. 그러므로 주의를 해야 하는 것이다.

---

23 돈황본 『신회어록』에 수록된 「壇語」, 「보리달마남종정시비론」, 「하택화상잠징의」 등에 언급하고 있고, 『임제록』의 시중에도 인용하고 있다 하택신회의 북종선 비판에 대해서는 정성본, 『중국선종의 성립사 연구』, 서울 : 민족사(1991년), p.526 참조.

24 鄭茂煥(性本), 앞의 논문, 「참선수행과 선병(禪病)의 문제」, pp.592~594.

2. 도거(掉擧)와 불안

도거는 마음이 고요하지 못하고 산란하게 들떠 있는 상태를 말한다. 마음이 오락가락하여 혼란스러운 상태로 번뇌망상 때문에 안정을 찾지 못하는 산란심이 그 구체적인 모습이다.[25] 그래서 도거를 불안으로 볼 수 있다.

이러한 도거를 천태는 도회(掉悔)로 표현하고 있다. 도회는 25방편(方便) 가운데 하나로 구체적인 수행에 들어가기 전에 준비하고 제거해야 될 마음의 번뇌로 산만함[掉]과 후회[悔]를 말하고 있다.[26]

그런데 이러한 불안을 해소하려는 것을 잘 보여주는 선 전통이 있다. 바로 중국 선종의 초조인 보리달마와 2조 혜가 스님과의 대화이다.

광(신광)이 말하기를 "저의 마음이 편안치 않습니다. 원하옵나니 스승께서 편안케 해주시옵소서." 스승(달마)이 말하였다 "이제 [그대]의 마음을 가지고 오면 [내] 그대를 편안케 해주겠다." [신광이] 말하기를

---

25 대한불교조계종 교육원, 앞의 책, p.269.

26 특히 『차제선문』에서는 산만함을 몸과 입과 마음의 3종류로 분류하고 있다. 몸의 산만함에는 돌아다니기를 좋아하고 각종 잡기와 놀이를 즐겨 잠시도 편안히 앉아 있지 못하는 것을 말한다. 입의 산만함에는 노래 부르거나 시 읊는 것을 좋아하고 남과 논쟁하기를 즐겨 무익한 담론이나 세속의 화제로 떠드는 것을 말한다. 마음의 산만함이란 의식과 감정이 통제되지 않아서 갖가지 문예나 세간의 기술, 좋지 않은 느낌과 관찰 등을 대상으로 닥치는 대로 생각을 일으키는 것이다. 산만한 것은 본래 출가하여 수행하려는 마음을 깨뜨리는 법이다. 마음을 잘 지켜도 선정을 얻기가 어려운데 하물며 산만하여 흩어진다면 말해 무엇 하겠는가? 산만하고 흐트러진 사람은 술 취한 코끼리나 고삐 풀린 망아지 같아서 통제할 수가 없다고 한다.
그리고 후회(悔)에는 2가지 종류가 있다. 첫째는 산만한 뒤에 생기는 후회이다. 둘째는 큰 죄를 범한 사람이 항상 두려움을 품은 채 후회의 화살이 마음에 단단하게 박혀 뽑을 수 없는 경우를 말한다. 최기표, 『譯註 次第禪門』, pp.111~113. 그래서 도회는 수행을 방해하는 마음의 덮개로 반드시 없애야 하는 것으로 설명하고 있다.

"마음을 찾았으나 찾지 못하였습니다." 스승이 말하였다. "내가 그대의 마음을 편안케 하였다."[27]

여기서 신광(神光)은 곧 혜가 스님을 가리킨다. 위의 인용문은 우리들이 무의식중에 마음이란 어떤 실체를 가정한 것에 대한 불교적 입장을 표현한 것이라고 이해된다. 그런데 보다 일상적인 의미로 파악한다면, 심리치료적 관점에서도 이해해 볼 수 있을 것이다. 즉 불안과 관련된 내용으로 볼 수 있다.

요즘 현대인들이 갖는 심리적 문제 가운데 하나가 '불안'이다.[28] 불안은 공포와는 다른 것으로 어느 순간 갑자기 불안함이 엄습하는 것으로 설명된다.[29] 그런데 이러한 불안은 살아가면서 누구나가 겪는 것 가운데 하나이다. 그 정도 심한 경우와 그렇지 않은 경우의 차이가 있을 뿐이다.[30]

불안한 사람들은 불안정이나 신경과민, 초조, 떨림, 긴장, 근육통증, 피로 등과 같은 일반적인 질환 중 몇 가지를 가진다. 또한 눈경련이나 이마의 굵은 주름, 긴장된 얼굴, 조바심, 불면, 잦은 놀람, 한숨을 들 수 있다. 불안의 다른 표시로는 땀을 흘린다든지 심장이 마구 뛰고, 감기에

27　『景德傳燈錄』卷第三(T.51, p.219c).

28　불안은 초기불교에서 말하는 5장애(五蓋)가운데 하나로, 한역으로는 도거(掉擧)라고 한다. 도거와 같이 언급되는 것이 바로 악작(kukkucca)인데, 보통 회한으로 번역된다. 니까야에서는 불안과 회한을 극복하기 위해서는 고요와 안정감을 증가시키는 명상이 적합하다고 한다. 특히 호흡 알아차림이 도움이 된다고 한다. 자세한 내용은 Anāyo Bhikkhu(2014) p.216 참조. 그리고 현대의 실존철학자이자 실존적 심리치료사인 롤로 메이(Rollo May)는 현대인이 불행한 원인으로, 공허감, 고독감, 불안을 꼽고 있다. 그리고 불안을 중세기의 흑사병에 비유하기도 한다. 김정현(2013), pp.325~326 참조.

29　안의정(2014) p.201.

30　이필원, 앞의 논문, 「간화선과 심리치료」, pp.207~209.

잘 걸리고, 손이 끈적하거나 입이 마르고, 현기증이나 어지러움, 마비가 온다. 그리고 손이나 발 등의 신체 부위가 쑤신다든지 위가 불편하고, 더위나 추위에 발작을 일으키고, 소변이 자주 마렵고, 설사를 하고, 속이 불편하며 높은 맥박과 빠른 호흡속도와 같은 증상이 있는데 이러한 증상은 심지어 휴식중에도 나타난다. 불안한 사람은 벼랑 끝에 서 있는 것 같고 조바심이 나거나 화를 잘 내게 된다. 쉽게 산만해지고 정신집중이나 잠자는 데 어려움을 겪는 수도 있다.[31]

이러한 불안을 치료하는 데에는 여러 가지가 있을 수 있다. 그런데 혜가 스님의 경우는 의학적 처방을 받았다거나 심리적 상담을 통해 불안을 치유한 것이 아니다. 불안한 상태의 마음이 본래 없음을 여실지견(如實知見)하게 됨으로써 안심(安心)을 획득하게 된 것을 볼 수 있다. 따라서 오늘날 불안 증상으로 고통받고 있는 사람에게 달마 스님과 혜가 스님 사이의 선문답은 고통의 문제를 해결하는 가장 근본적인 방법이 될 수 있을 것이다. 혜가 스님의 이 내용은 무문관 41칙 화두로 제시되고 있기도 하다.[32]

그리고 3조 승찬의 『신심명』에서 유혐간택(唯嫌揀擇) 즉 단지 좋다, 나쁘다는 생각으로 가리지 말 것을 권고한다. 그렇게 하면 마음의 병이 생기지 않는다는 것을 알 수 있다.[33]

---

31   존 H. 크리스트 외 공저, 김정자 역, 『심리불안과 자기치료』, 서울: 학지사(1998), pp.12~13.

32   이필원, 앞의 논문, 「간화선과 심리치료」, p.209.

33   3조 승찬 스님은 『신심명』에서 "[마음에] 어긋나고 맞는 것이 서로 다투니, 이것이 곧 마음의 병이 된다. 현묘한 뜻을 알지 못하니 애써 생각만 고요히 할 뿐이다"라고 가르치고 있다. 즉 자신의 마음에 맞는 것(順)은 좋아하고, 맞지 않는 것(違)은 싫어하는 것이 사람의 심리이다. 그런데 이 두 가지가 서로 부딪히기에 마음에 병이 생긴다는 의미이다. 이렇듯 마음에 병이 생겨나면 그저 생각만 가라앉히려고 하는데, 공연한 헛수고일 뿐이라는 것이다. 생각이란 본래 고요한 것이 아니기 때문이다. 그럼 어떻

1) 서장(書狀)

대혜는 이와 관련하여 다음과 같이 깨달음을 구하는 마음을 그 어느 병통 보다 빈번하고 비중있게 거론하고 있다. 다음은 그 대표적인 구절들이다.

> 다만 이 깨달음을 구하는 것이 곧 도를 장애하는 알음알이니, 다시 달리 무슨 알음알이가 있어 그대에게 장애가 되겠습니까? 필경 무엇을 알음알이라 부르며, 알음알이는 무엇을 좇아 왔고, 장애를 받는 사람은 다시 누구입니까? 단지 이 한 글귀에서 세 가지 전도됨이 있으니, 스스로 알음알이의 장애를 받음이 되었다고 말하는 것이 하나요, 스스로 아직 깨닫지 못했다고 말하며 미혹한 사람이 되길 달게 여김이 하나요, 다시 미혹한 가운데 있으면서 깨닫기를 기다리는 마음을 갖는 것이 하나이니, 다만 이 세 가지 전도가 곧 생사의 근본입니다. 곧 바로 한 생각 일어나지 않게 하여 전도된 마음이 끊어져야 비로소 깨뜨릴 수 있는 미혹도 없고, 기다릴 수 있는 깨달음도 없으며, 장애할 수 있는 알음알이도 없음을 알 것이니, 마치 사람이 물을 마시고 차갑고 따뜻함을 스스로 아는 것과 같습니다. 오래오래 하면 자연히 이와 같은 견해를 짓지 않게 됩니다.
>
> 다만 오직 이 '무' 자 화두만을 들지언정 또한 깨닫기를 기다리는 마

게 해야 하는가? 이에 대해서 승찬 스님은 유혐간택(唯嫌揀擇) 즉 단지 좋다, 나쁘다는 생각으로 가리지 말 것을 권고한다. 그렇게 하면 마음의 병이 생기지 않는다는 것으로 이해될 수 있다. 간택, 즉 분별심을 내지 않는 것은 간화선 수행에 있어서 가장 핵심적인 것이라고 할 수 있다. 그리고 간화선의 화두가 이 길로 나아가는 데 매우 효과적일 수 있다고 할 수 있을 것이다. 이필원, 「간화선과 심리치료」, pp.209~211.

음을 두지 마십시오. 만약 깨닫기를 기다리는 마음을 두면, 경계 또한 차별이며, 불법 또한 차별이며, 경계에 물든 마음도 차별이며, '구자무불성' 화두도 차별이며, 끊어지는 곳도 차별이며, 끊어짐이 없는 곳도 차별이며, 경계에 물든 마음이 몸과 마음을 미혹케 하고 어지럽혀 안락하지 못한 곳도 차별이며, 능히 허다한 차별을 아는 것도 차별이니, 만약 이 병을 제거하고자 한다면 다만 오직 이 '무' 자 화두만을 간(看)하십시오.[34]

대혜에 의하면, 스스로 분별하는 미혹(알음알이)에 걸려 있고, 따라서 아직 깨닫지 못하고 있는 미혹 중생이며, 그리하여 스스로 미혹하다 여기며 깨달음을 기다리는 마음을 갖게 된다는 것-이것이 생사(生死)라고 지칭되는 존재 오염과 불안의 근본 원인이라고 한다.[35]

그래서 깨달음에 구하고자 하는 마음을 일으키는 것은 자기 집안에 있으면서 다른 사람에게 사는 곳을 찾아 묻는 것과 같다고 한다. 그리고 오로지 생사 두 글자를 코끝에 붙여 잊어버리지 않고 머리에 붙은 불을 끄듯이 참구할지언정 깨닫고 깨닫지 못함은 상관치 말라는 것이다. 소득심을 가지고 도를 배우면 망상이 없는 가운데 참으로 망상하는 것이 되며 깨닫고자 하는 생각이 장애가 되어 영원히 깨닫지 못하기 때문에 이를 주의시킨다. 깨달음을 구하는 마음이 도를 가로막는 알음알이이며 생사의 근본이 되기 때문에 화두참구를 제외한 기타는 상관치 말라는 것

34   대혜, 『書狀』, 答宗直閣(『大正藏』47, 933b).

35   박태원, 「간화선 화두간병론(話頭揀病論)과 화두 의심의 의미」, 『불교학연구』제27호, 서울:불교학연구회(2010), pp.194~195.

이다.[36] 즉, 부처가 되려는 목적의식, 수행하기 위해서, 깨달음을 증득하고 도를 이루기 위한 생각, 생사해탈을 위해서, 중생을 구제하는 보살행을 하기 위해서, 불법을 전하기 위해서, 불국토를 건립하기 위해서, 극락왕생 하기 위해서 불법을 수행하는 사람은 모두 목적의식에 떨어진 중생으로 선병의 환자라고 할 수 있다.

부처님께서도 깨닫고자 하는 그 마음이 고통을 주고 있다고 하셨고 대혜는 거듭 거듭 의도된 마음을 가지고 깨달음을 기다린다면 미륵부처 님이 세상에 오실 때까지 화두를 참구하더라도 깨달음을 얻지 못할 것 이며 미혹함만 더해 갈 것이라고 했다.[37]

특히 보조지눌은 『간화결의론(看話決疑論)』에서 열 가지 병이란 증오 를 구하는 마음이 근본이 된다[所言十種病 以求證悟之心爲本]고 말하고 있 다. 즉 화두 참구할 때 빠지기 쉬운 병통들은 모두 깨달음을 구하는 마 음에서 비롯된다는 것이다. 지눌이 말하는 증오(證悟)를 구하는 마음은 간화 간병론에서 말하는 미혹함을 가지고 깨달음을 기다리는 마음의 병통[將迷待悟病]을 지칭하고 있다.

이에 반하여 혜심은 깨달음을 기다리는 마음의 병통[將迷待悟病]을 나머지 9가지 병통의 귀별로 파악하고 있다.[38]

보조와 혜심의 관점의 차이는 있지만, 대오병(待悟病)이 얼마나 경계 해야할 중요한 병인가에 대해서는 큰 차이는 없다고 본다.

---

36   혜달, 앞의 논문, 「간화병통에서 본 간화수행법」, p.395.

37   대한불교조계종 교육원, 앞의 책, p.258.

38   박태원, 「간화선 화두간병론(話頭揀病論)과 화두 의심의 의미」, 『불교학연구』제27호, 서울:불교학연구 회(2010), pp.171~173.

2) 무문관(無門關)

무문혜개도 이와 관련하여 비슷한 견해를 피력하고 있다.

> 깨달음을 얻으려고 나아가는 것은 불법의 도리를 상실하는 것이요,
> 후퇴하면 불법의 대의(종지)를 위배하게 된다(進則迷理. 退則乖宗). 그렇
> 다고 해서 나아가지도 않고 후퇴하지도 않으면 숨만 쉬고 있는 죽은
> 사람이다(不進不退. 有氣死人).

부처나 조사가 되려는 목적의식과 깨달음(覺)과 도법(道法), 한 소식을
얻으려는 목적의식은 깨달음을 기다리는 대오선병(待悟禪病)이다. 마조도
일이 좌선하여 부처가되려고 하는 작불(作佛)의 목적의식에 떨어진 선병
을 지적하고 교시한 것이 스승 회양이 기와장을 갈아서 거울을 만들려
고 하는 사례로 직접 보여주고 있다.

『임제어록』에도 다음과 같이 설하고 있다.

> 제방에 많은 사람들이 불법을 수행하고 깨달음을 증득해야 한다고
> 주장하고 있는데, 이것은 잘못된 것이다. 설사 수행하여 얻은 것이 있
> 다고 해도 그것은 모두 생사, 번뇌 망념으로 지은 업장이 될 뿐이다.
> 보살의 육바라밀을 비롯하여 여러 가지 많은 수행을 닦는 다고 말하
> 지만, 내가 보기에는 모두 업장을 짓는 일이다. 부처를 구하고 법을
> 구하는 일도 지옥에 떨어지는 업장을 짓는 일이다.[39]

---

39   정성본 역주, 『임제어록』, p.157.

조작된 번뇌 망념의 마음으로 부처를 구하고 수행하여 깨달음을 구하는 것은 모두 목적의식이 작용하는 작위성으로 중생심의 업장을 짓는 행위가 되기 때문이다.

무문은 '그렇다고 해서 나아가지도 않고 후퇴하지도 않으면 숨만 쉬고 있는 죽은 사람이다'라고 수행자들에게 말하고 있다.

불법 수행을 위해 정진하여 앞으로 나아가려고 하거나, 용기가 없어 물러서려고 하는 마음은 중생심의 의식적인 번뇌 망념의 작용이기 때문에 진퇴(進退), 선악(善惡), 범성(凡聖), 미추(美醜)와 같은 상대적인 차별심에 떨어지며 업장을 만든다.

그렇다고 해서 불법 수행자가 자신의 할 일도 모르고 나아가지도 못하고 물러서지도 못하는 어리석은 사람 역시 불법의 가르침을 알지 못하여 참선수행의 방향과 올바른 실천 방법을 모르는 지혜가 없는 중생이라는 말이다.

선어록에서는 정법의 안목과 반야의 지혜를 구족하지 못한 어리석은 중생의 삶을 죽은 사람(死人)이라고 표현하고 있다.[40]

그래서 중도(中道)로써 완급을 적절히 조절해야 한다는 것을 강조하고 있다.[41] 그리고 깨달음을 얻으려고 나아가거나 후퇴한다는 생각없이 오로지 무자화두를 간해야 하는 것을 알 수 있다. 그렇지 않으면 항상 불안한 마음을 가지고 있으면서 수행의 진척을 기대할 수 없을 것이다.

---

40   鄭茂煥(性本), 앞의 논문, 「참선수행과 선병(禪病)의 문제」, pp.608~612.

41   李喜益, 『無門關』, 서울 : 경서원(1985), p.510.

3. 천태지관(天台止觀)의 관점

1) 사대(四大)의 부조화(不調和)

천태에서는 혼침과 도거가 일어나는 원인에 대하여 사대의 불순과 마의 소행으로 분류하면서 고찰하고 있다. 그것은 우리가 사대의 조화를 이루지 못하고 또는 마의 작용으로 인하여 우리의 바이오리듬이 망가지면서 사대가 균형을 잃어버리면서 우울과 조증(躁症)[42]과 같은 증상이 생긴다고 볼 수 있다.

즉 모든 생명체들은 독자적인 리듬을 만들어 내고 있고, 인간의 신체에도 대자연과 공명하는 생리적인 리듬과 함께 마음의 리듬도 갖추고 있다. 그런데 요즘은 기계적인 인공환경으로 인해 인간의 신체로부터 사대를 조화롭게 하는 리듬의 소리가 파괴되고 사대가 조화롭지 못함으로서 많은 병들이 발생한다고 볼 수 있다. 그래서 사대불순(四大不順)이 일으키는 증상을 파악하려고 한 불교의학의 노력과 그 선구성도 납득할 수 있

---

42 조증은 우울증의 정반대이다. 조증에 걸린 사람들은 과도한 즐거움과 황홀함과 행복감에 빛난다. 쉴 새 없이 말을 늘어놓고 과도하게 활동적이고 충동을 제어할 수 없다. 조증환자는 잠을 자려는 욕구가 현저하게 줄어든다. 어떤 사람들은 두 시간이나 세 시간쯤 자거나 전혀 자지 않는다. 성적으로 무절제해지는 경우도 많다. 대부분의 경우는 쾌활한 조증이다. 그러나 신경과민 조증환자도 있다. 그들은 신경이 예민하고 앙칼진 상태가 되기 때문에 자기를 가로막는 사람을 두들겨 패는 일도 있다. 어수선한 조증의 경우, 환자는 완전히 뒤죽박죽이 된 자기 생각을 정리할 수 없다. 온갖 연상이 제멋대로 머릿속을 가로지른다. 질서정연한 대화는 불가능하다. 과대망상에 빠진 조증 환자는 자신이 이 사회에서 너무도 중요한 인물이어서 곧 자기 이름을 내건 토크쇼를 할 것이라고 생각한다. 만물의 법칙을 발견할 수 있다고 생각하거나 자기가 페니실린을 발명했다고 믿는다. 또 조증 환자들은 박해와 감시를 받는다고 믿기도 한다. 가령 휘발유를 대신할 혁신적 연료를 발명했기 때문에 에너지 기업들이 자기를 박해하고 감시한다는 것이다. 그런 추적 망상이 나타나면 편집증적 조증이라고 부른다. 조증 시기는 여러 주에서 여러 달까지 지속될 수 있고 그 다음에는 호전될 것이다. 보르빈 반델로/김태희 옮김, 『마음의 병 23가지』, pp.96~99.

을 것이다.[43]

먼저 천태에서는 몸은 사대의 화합에 의해서 생긴 것이고, 지(地), 수(水), 화(火), 풍(風)의 성품이 균형을 잃으면 병이 생긴다고 보고 있다. 이에 대한 내용은 『차제선문』과 『천태소지관』에 나와 있는데 문장은 동일하다. 그러므로 『천태소지관』을 통하여 그 내용을 살펴보겠다.

만약 지대(地大)가 증가하면 종기가 생기고 몸이 무거워 가라앉고 신체가 마르거나 야위는 등의 101가지 병이 생긴다. 만약 수대(水大)가 크게 증가하면 가래가 끓고 배가 팽창하며 음식이 소화되지 않고 복통과 설사가 나는 등의 101가지 병이 생긴다. 만약 화대(火大)가 크게 증가하면 오한이 들고 고열이 나며 4지의 마디마디가 모두 아프고 입에서는 기침이 나며 대소변이 막히는 등의 101가지 병이 생긴다. 만약 풍대(風大)가 증가하면 신체가 허약해져 공중에 매달린 듯하며 떨리거나 쑤시고 아프고 허파가 갑갑해지고 팽창되며 구토가 나고 숨이 가빠지는 등의 101가지 병이 생긴다. 그러므로 경전에서는 '사대 중의 하나가 모두 조화되지 않으면 101가지 병이 일어나고 사대가 조화되지 않으면 404가지 병이 일시에 일어난다'고 하셨다. 사대의 병이 일어남에는 각기 그 양상이 있으므로 좌선할 때나 꿈속에서라도 그것을 잘 살펴야 한다.[44]

---

43   川田洋一 著, 朴慶壎 編譯, 『佛敎와 醫學』, 서울: 홍법원(1993), pp.125~127.
44   『修習止觀坐禪法要』(『大正藏』 46, p.471b).

이것은 지, 수, 화, 풍의 사대가 신체에서 과도하게 증가하면 각각 101 가지 질환이 생긴다고 하고 합해서 404병의 병인을 만든다고 한다. 이 설과 관련하여 『불설불의경(佛說佛醫經)』의 인용문을 살펴보겠다.

사람에게는 4병이 있다. 첫째는 지(地), 둘째는 수(水), 셋째는 화(火), 넷째는 풍(風)이다. 풍이 증가하면 기(氣)가 일어나고, 화가 증가하면 열이 일어나며, 수가 증가하면 한(寒)이 일어나고, 지가 증가하면 역(力)이 성하게 된다. 이 4가지 병에서 404병이 일어난다.[45]

라고 설하고 있다.[46]

즉, 사대가 조화롭지 못한 것은 우리의 리듬의 파괴 등이 원인이 될 수 있고, 또한 사대의 조화를 잘 지키지 못하면 리듬의 파괴를 앞당길 수 있다고 본다. 이러한 것들이 우리의 마음에 영향을 미쳐서 각종 정신적인 질환을 유발하게 된다.

2) 마(魔)의 소행

인간의 생체리듬을 파괴하여 사대가 조화롭지 못하게 하는 것으로 천태에서는 마의 소행을 들고 있다.

마사(魔事)는 인간의 마음의 내적 번뇌를 지칭한다. 그것이 여러 가지 환경적 요인과 훈습을 통해서 우리의 마음에 저장되어 종자화 되어 있다

---

45   『佛說佛醫經』(『大正藏』17, p.737a).
46   慧命, 『마하지관의 이론과 실천』, 서울: 경서원(2007), pp.388~391.

가 수행이 진행되면서 더욱 극성적으로 나타나서 정진을 방해한다. 특히 우리 몸의 내적 저항력이 약해졌을 때 번뇌가 훈습되어 있는 귀신의 형태를 빌려 나타난다. 그리고 수행을 중도에 그만두게 퇴굴심을 내게 하고 또한 병을 얻게 한다. 이러한 것에 대한 진정한 대비책이 없다면 위험에 그대로 노출되어 그 피해를 고스란히 받게 된다.[47]

귀신과 마의 차이에 대해서 귀신은 몸을 병들게 하고 몸을 죽인다. 그리고 마는 관심(觀心)을 파하고 법신의 혜명을 파하며 삿된 생각만을 일으키고 공덕을 빼앗아버린다고 한다. 귀는 신병(身病)이고 마는 심병(心病)에 속한다. 좌선 중에 이익되는 마음을 일으켜서 삿되게 생각한다면 마는 여러 가지 사물을 보인다. 이것을 받아들여 환희의 마음을 내면 마가 오근으로부터 마음속에 들어와서 병을 생기게 한다.

『차제선문』, 『천태소지관』, 『마하지관』 등의 마사를 설하는 곳에 마가 발생하는 양상을 다소 명칭은 다르지만, 번뇌마(煩惱魔), 음마(陰魔), 사마(死魔), 천자마(天子魔)라는 4종으로 분류하고 있다.[48] 그리고 이 천자마는 마사를 문제하고 있는데, 추척귀(槌惕鬼), 시미귀(時媚鬼), 마라귀(魔羅鬼)라는 3종으로 분류하고 있다.

사대의 부조화와 우울증 및 조증(躁症)과 관련이 되는 시미귀에 대해서 『마하지관』에서 다음과 같이 설하고 있다. 시미란 12지(支)에 해당하는 동물이 자신의 시간에 차례로 출현하여 선정수행을 방해한다. 그러면 시간대별로 살펴보겠다. 인시(寅時)는 처음이 너구리고 다음이 표범이

---

47   慧命, 앞의 책, pp.460~461.

48   『摩訶止觀』(『大正藏』 46, p.115a) 내용 참조.

며 … 자시(子時)는 고양이, 쥐, 복익(伏翼, 박쥐의 다른 이름), 축시(丑時)에는 소, 바다의 게, 자라가 있다. 이것이 12시의 어느 시간에 자주 오는가를 살펴야 한다고 한다.[49]

이 귀신의 특색은 첫째로 외부로부터의 간접적인 작용이며, 또 한 가지는 12시라는 시간 리듬을 갖고 있는 것이다. 시간마다 주기성을 가지고 생체 외부에서 들어오고 있다. 외계라는 것은 구체적으로 자연계를 토대로 한 인간의 환경을 가리킨다. 환경 세계에서의 주기적인 교란의 작용과 간접적인 작용이라고 하면 환경 자체의 리듬의 변조를 고려해야 한다. 특히 낮과 밤의 리듬을 잃어버린 인공(人工) 환경은 본래 각성과 수면을 교대하는 생명체에 있어서는 나타낼 수 없을 만큼 무서운 귀신의 모습을 나타내고 있다. 또한 그러한 인공 환경의 영향은 간접적이며 서서히 생명의 율동을 망쳐 사대의 조화를 어지럽게 한다. 남북조 시대에는 동물의 모습을 빌리는 것이지만, 현대사회에 있어서는 거대한 기계의 기분 나쁜 소음은 그것이 만물의 휴식을 가져오는 심야라도 바로 귀신의 양상을 띠고 있다고 생각된다. 그것은 기계 귀신이라고 부르고 싶을 정도이다. 기계에 이끌린 메카닉한 인공 환경이 몸을 파괴하고 법신(法身)의 혜명에까지 영향을 미치고 있다.[50]

인간 생명 활동에서 신체와 감정과 지성 등에 주기적으로 나타나는 일정한 현상인 바이오리듬을 연구하는 학자들[51]은 유기적 생명체에 있어

---

49 『摩訶止觀』(『大正藏』 46, p.115a~b) 내용 참조.

50 川田洋一 著, 朴慶勳 編譯, 앞의 책, pp.120~121.

51 특히 천곡(天谷) 박사는 감정장애를 주로 하는 내인성(內因性) 정신병의 하나인 급성 조증(躁症)의 예를 들면서 다음과 같이 기록하고 있다. 즉, 오전까지 아무런 변한 것이 없는데도 갑자기 정오가 조금 지났을 무렵부터 아무런 이유없이 이해가 안 되고 기분이 나빠져 환자는 일종의 혼돈의 상태에 빠진다.

서 12시간의 리듬과 또는 하루의 리듬이 혼란하면 호르몬 계통의 혼미를 초래하고 결국에는 악성 종양의 발생으로도 이어진다고 주장하고 있다.[52]

이러한 시미귀의 대처법은 귀신이 오는 시간을 알아 그에 해당하는 짐승의 이름을 부르고, 사각의 거울을 자리의 뒤편에 걸어두는데 시미귀는 거울 속의 색상을 능히 바꿀수가 없으니 거울을 보고서 스스로 물러난다고 한다.[53] 여기서 시미귀의 이름을 부르는 것은 자신의 생체리듬에 이상이 있음을 알고 본래의 위치로 회복하는것을 의미한다.

그리고 철저하게 머리부터 발끝까지 하나하나 환하게 관하여야 한다. 즉 마는 찾아도 얻기 어렵고 또한 마음을 구하여 보아도 얻어내기 어려우니 마는 어디서부터 오는 것이며 어떤 것들을 괴롭힐 것인가? 라고 하면서 철처하게 공관(空觀)을 행하여 대처하면 없어진다고 한다.[54] 그러나 보다 궁극적인 대처법은 십승관법(十乘觀法)에 의해 마의 경계가 바로 부처님의 경계라는 것을 파악하는 것이라고 한다.[55]

또한 몹시 놀라서 얼굴 빛이 변하기도 하고 다른 것에 정신이 팔려 멍청한 모습을 보이기도 하며, 당황해 하며 헤매는 경우도 있다. 이러한 것은 하루의 리듬이 극도로 빠르게 된 때의 예이다. 이러한 증상의 빈발이 육체의 혼란을 일으키는 것은 당연하다. 반대로 하루의 리듬이 너무 지연돼버리면 극단적인 경우에 우울증이 발생한다. 우울증 환자는 사람의 목소리나 어떤 소리를 들어도 알아 들을 수 없는데 귀에 솜이라도 넣고서 먼 곳에서 듣고 있는 듯한 느낌을 가진다. 또한 사물을 보아도 유리창을 통해 보고 있는 듯하고 걷고 있어도 고무 위를 걷고 있거나 허공에 떠 있는 듯 하다고 한다. 특히 육체증상에서도 우울병은 아침에 얼굴이나 수족의 부석부석한 느낌은 수분의 낮과 밤의 이동 때문이다. 또한 체중 감소와 변비도 우울병에 수반되는 증상이다. 조울병의 증상에서도 판명되듯이 오온의 불화합과 사대불순의 밑바탕에는 생명 리듬의 변화가 위치하고 있다. 川田洋一 著, 朴慶塤 編譯, 『佛敎와 醫學』, pp.128~130.

52   川田洋一 著, 朴慶塤 編譯, 앞의 책, p.126.

53   慧命, 앞의 책, p.455.

54   『摩訶止觀』(『大正藏』46, p.116a).

55   김종두(혜명), 「천태지관(天台止觀)을 통한 심리치료법의 고찰」, 『韓國禪學』제39호, 서울: 한국선학회 (2014), pp.249~253.

이러한 것들은 달마대사와 혜가 스님의 문답에서, 불안한 상태의 마음이 본래 없음을 바르게 알게 됨으로써 안심(安心)을 하게 되는 것과 의미를 같이 하고 있다. 그리고 외부의 귀신으로 표현하는 시미귀를 잘 파악하고 대처하면서 몸의 조화와 균형을 이루고 병으로부터 벗어나면서 혼침과 도거에 빠지지 않게 된다. 이렇게 조화로운 몸과 마음으로 진리를 추구한다면 보다 명료하게 성과를 증득할 수 있을 것이다.

III. 결론

현대인들은 많은 정신적인 질병을 앓고 있다. 각종 업무와 관련된 스트레스와 과중한 업무는 사람들에게 많은 고통을 주고 있다. 이러한 압박들이 정신적인 장애를 가져와서 많은 문제를 낳고 있다. 이것에 대한 처방과 치료가 이루어지고 있지만, 환경적인 요인들로 인해 질환자가 더 늘어나고 있다.

간화선 수행자도 화두를 참구할 때 선병에 직면하게 된다. 이러한 선병에 대한 진단과 처방이 없다면 올바른 수행과 증득을 기대하기 어렵다. 그래서 혼침으로 이어지는 우울증과 도거로 이어지는 불안 등은 반드시 경계해야 된다. 이것은 천태지관에서도 마찬가지이다. 정신적인 번뇌인 마사로 인하여 오는 사대의 부조화와 파괴 그리고 우울증과 조증은 모든 수행자에게 큰 방해가 된다. 또한 사대의 조화와 섭생도 중요하다고 생각된다.

간화선과 천태지관은 화두를 참구하는 것과 공(空), 가(假), 중(中)을 일심삼관(一心三觀)하여 일념삼천(一念三千)의 실상을 증득하는 방법의 차이는 있지만, 수행의 도정에서 직면하게 되는 병(病)에 대해서는 간화선은 선병으로, 천태는 『마하지관』의 병 환경 등에서 상세히 다루고 있다. 그런데 간화선은 십종선병을 내용에 따라 지해(知解), 안주(安住), 인증(引證), 대오(待悟) 등으로 분류하고 있다. 그 열 가지 중에 7가지가 지해(知解)로 분류하고, 나머지 안주는 아무 일 없는 곳에 빠져있어서는 안 된다 [不得坐在無事甲裡]와 인증은 문자로 증거를 삼아서는 안 된다[不得向文字中引證]와, 대오는 깨닫기를 기다리는 마음을 가져서는 안 된다[不得將心待悟]의 세 가지로 구분하고 있다. 이 가운데 안주를 혼침으로, 도거를 대오로 분류하면서 혼침을 우울증, 도거를 불안으로 살펴보았다. 이에 대해 천태는 사대와 조화와 마사의 일을 통해서 우울증과 조증(躁症) 등이 발생하고 이에 대한 대처로 철저하게 공관(空觀)을 행할 것을 강조하고 있다.

그래서 간화선과 천태지관은 방법론적인 차이는 있지만, 수행의 길에서 만나는 병에 대해서, 혼침과 도거라는 관점에서 공통점과 유사점을 찾을 수가 있었다. 그러나 천태는 보다 세밀하게 분류하면서 우리 몸의 조화와 섭생을 강조하였고, 간화선은 알음알이와 사량분별을 없애면서 선병에서 벗어나는 방법을 제시하고 있다.

이러한 것들은 현대의 수행자뿐만 아니라 일반인들에게도 매우 유용하며 효과가 있는 병의 치료라고 할 수 있지만, 아직은 간화선을 통한 심리치료와 정신치료는 초기 단계에 있다고 하겠다. 앞으로 많은 연구가 필요하다고 본다.

04.
간화선의
회광반조에
관한
일고(一考)

형운亨雲

형운 亨雲

동국대학교 외래교수

삼선승가대학과 동국대학교 선학과 졸업, 동국대학교에서 문학석사 및 철학박사 학위를 취득하였다. 현재 동국대학교에서 강의하고 있으며, 대한불교조계종 교육아사리 소임을 맡고 있다. 저서로는 『달마 이전의 중국선』(정우서적, 2014)이 있으며, 논문은 「『고승전』의 '선정' 및 '삼매'에 대한 분석적 고찰」, 「고역(古譯) 경전에 나타난 '참회' 용어의 번역과 정착 과정」, 「고역(古譯) 및 구역(舊譯) 불경에 나타난 '오(悟)'의 연원 규명」, 「대혜종고의 전후제단에 관한 一考」 등 다수가 있다.

I. 들어가는 말

회광반조(廻光返照)는 중국에서 기원한 말로 중국의 세속에서는 석양(夕陽)이 낙조(落照)할 때 잠시 잔광(殘光)이 밝게 빛나는 것을 빗대어 사람이 임종하기 직전에 잠시 의식이 명료하게 돌아와 자신의 생애를 돌아보는 것을 말하며, 한국에서도 그런 의미로 세속에서 쓰고 있다.

어느 쪽에서 먼저 사용했는지 모르겠지만 불가에서도 언제부터인가 이 회광반조라는 말을 깨달음 혹은 견성(見性)의 방법으로 사용하여왔다. 선을 공부하는 사람이라면 마조(馬祖道一, 709~788)의 '일념반조(一念返照)'나 보조(普照知訥, 1158~1210) 『수심결(修心訣)』의 '일념회광견본자성(一念廻光見自本性)'의 구절을 모르는 사람은 없을 것이다. 그런데 논자는 간화선을 공부하면서 간화선은 공안을 통해 의정(疑情)을 일으켜 의단(疑團)을 타파하는 것인데 회광반조라는 수행법이 병행되는 것에 대해 의문이 생겼고, 그 의미를 분명하게 알고자 이에 대한 연구 성과를 찾아보았지만 거의 없었다. 사전류의 풀이와 인용도 몇 줄에 불과했다.

또한 대·소승 경전을 대상으로 검색해보았지만 찾을 수 없었다. 그런데 한역 경전에서는 찾을 수 없었지만, 남방 상좌부에서 경전보다 더 중요하게 여기는 『청정도론』의 한글 번역본과 『앙굿따라니까야』에서 반조라는 말을 찾을 수 있었다. 논자는 80여 개의 선어록을 대상으로 회광반조, 회광, 반조[01] 등으로 검색을 해보았는데 30여 개에서 이들 단어를 사용한 어록을 찾을 수 있었다. 이들을 바탕으로 본 논의를 전개할 것이다.

　　논자는 어록들에 사용된 회광반조의 의미를 몇 가지 의문을 갖고 추적하였다. 첫째, 회광반조는 언제부터 사용되었나? 둘째, 회광반조는 어떤 수행법인가? 셋째, 회광반조의 경전적 근거는 무엇인가? 넷째, 조사선과는 어떤 관계에 있는가? 다섯째, 간화선의 화두참구법과는 어떤 관계에 있는가? 여섯째, 한국의 간화선에는 어떤 영향을 미쳤나? 일곱째, 다른 수행법과의 관계는 어떠한가? 등이다. 이 중에서 두, 세 번째의 일부와 여섯, 일곱 번째는 지면 관계상 다음에 계속하여 고찰해볼 것이다.

01　회광은 회광반조와 같은 의미인데 빛을 돌린다는 것은 대상으로 향하고 있는 집중된 의식을 의식의 본체로 돌려 관통한다는 것이다. 여기서 빛이라고 표현한 것은 의식의 다발을 마치 렌즈로 빛다발을 하나의 초점으로 모아 강력한 열로 전환하는 것에 비유하여 근원을 관통하는 것을 의미하는 것으로 본다. 반조는 두 가지의 뜻이 있는데 하나는 밖으로 향한 마음을 안으로 돌려 살펴본다, 반성한다, 숙고한다는 의미이고, 다른 하나는 강력히 집중된 의식을 돌려 마음의 근원을 관통한다는 회광반조의 뜻이다. 강력히 집중된 의식이란 삼매와 같은 것인데 이를 통해 상대분별을 떠난 마음의 본원을 관통, 통찰하는 것이 회광반조다.

II. 회광반조의 초기 사용례와 의미

1. 초기 중국 불교의 사용례와 의미

회광반조가 중국 불교에서 처음 사용된 시기를 서지(書誌)를 통해 정확히 알아내는 것은 이 논문의 취지가 아니다. 여기서는 회광반조 혹은 반조, 회광이 사용된 선어록(禪語錄), 전등록(傳燈錄), 고승전(高僧傳) 부류를 찾아서 초기 중국 불교의 어느 인물과 관련해서 가장 먼저 사용되었는지 만을 알아보고자 하였다. 이렇게 보면 『경덕전등록(景德傳燈錄)』 제1권의 제십조(第十祖) 협존자(脅尊者)편의 게송(偈頌)에서 가장 먼저 반조라는 단어를 찾을 수 있다.

> 야사가 다시 게송을 설했다
> 스승께서 금빛 땅에 앉아
> 항상 진실한 이치를 말씀하시고
> 빛을 돌이켜 나를 비춰주시어
> 나를 삼매에 들게 하시네[02]

---

02 『景德傳燈錄』(大正藏 51, p.209상). 夜奢復說偈曰. 師坐金色地 常說眞實義 廻光而照我 令入三摩諦.

여기서 빛을 돌이킴[廻光]은 나를 비춤[照]으로써 스승이 제자를 삼매에 들게 인도하는 선법(禪法)으로 사용되었다.

두 번째 용례는 당(唐)나라 때 도선(道宣, 596~667)이 649년에 편찬한 『광홍명집(廣弘明集)』 제30권에 석지장(釋智藏, 458~522)의 봉화무제삼교(奉和武帝三敎)라는 시(詩)에서 볼 수 있다. 여기에는 회조(廻照)라고 쓰여 있다.

> 우리 황제께서 이를 체득하고서
> 묘하게 비추어 신묘한 기를 내셨다.
> 베푸는 말씀이 모두 진리로 돌아가니
> 돌이켜 비추어[廻照] 생민(生民)을 이끄셨다.[03]

양(梁) 무제(武帝)는 유·불·선 삼교가 근원이 같다고 하여 삼교를 회통하려고 하였는데 이러한 뜻으로 삼교에 대한 시를 지었다. 『속고승전』 의해편(義解編)에 의하면 석지장은 양 무제가 높이 숭상한 스님이다. 위의 시는 지장 스님이 양 무제의 삼교 시에 대해 화답한 시인데 문맥을 보면 회조가 회광반조로 쓰인 것을 알 수 있다. 지장 스님은 보리달마(菩提達磨.?~528)와 같은 시대를 살았던 고승으로 선종(禪宗) 이전부터 중국 불교에서 회광반조란 말이 사용되었음을 알 수 있다.

세 번째 용례는 『마하지관(摩訶止觀)』에서 세 번 사용한 것을 확인할 수 있다. 그 중 하나의 예를 들어 보겠다.

---

03   『廣弘明集』卷三十 (高麗藏 1081, p.671하). 梁開善寺藏法師奉和武帝三敎詩 一首 我皇體斯會, 妙鑑出機神. 眷言摠歸嚮, 廻照引生民.

수행자는 이미 마음에 네 가지 상이 있음을 알아, 마음에 따라 선악의 여러 생각이 일어날 때, 집착함이 없는 지혜로써 되비춰[反照] 관찰한다.[04]

이렇게 지의(天台智顗, 538~597)가 『마하지관』에서 반조를 사용한 것으로 보아 회광반조가 선종(禪宗)[05] 고유의 언어가 아니었던 것을 알 수 있다.

네 번째 용례는 같은 책 제30권 삼조승찬(三祖僧璨, ?~606)의 『신심명(信心銘)』에서 발견된다.

근본으로 돌아가면 뜻을 얻고
비춤을 따르면 종지를 잃나니
잠깐 사이에 돌이켜 비춰보면(返照)
앞의 공함보다 훨씬 뛰어나리라[06]

『신심명』은 주지하듯이 '도에 이르는 것은 어렵지 않다. 오직 간택하는 것을 싫어하라. 단지 미워하고 좋아하지 않으면 명확하고 분명하리라[至道無難唯嫌揀擇 但莫憎愛洞然明白]'라고 시작하여 상대 분별이 미혹의 원인이며 분별을 떠나면 도와 계합한다는 것을 밝히고 있는데 위 인용문에서 비춤(照)을 따른다는 것은 범부가 육진(六塵)의 차별 경계(差別境界)를 의심 없이 실제로 받아들이는 것을 말하고, 돌이켜 비춰봄[返照]은 자신의 본성(自性)을 자각(自覺)하는 것을 의미한다. 앞의 공(空)함이란 경계를 공으로 보는 공관(空觀)을 말한다. 따라서 비춤은 상대 분별에 떨어져 종지를 잃는 것이고, 자성을 돌이켜 비춤은 상대분별을 떠나는 것이 된다. 그리고 이 방법이 공관보다 훨씬 뛰어난 수행법이라고 말하고 있다. 그런데 이 돌이켜 비춤은 잠깐 사이[須臾]에 전광석화(電光石火)처럼 하는 것이라는 것이다. 그렇다면 반조 관법은 돈오법(頓悟法)이라고 할 수 있다. 따라서 점수법(漸修法)인 공관보다 당연히 수승한 것이다.

다섯 번째 용례는 어록에서 많이 이용되고 있는 육조혜능(六祖慧能, 638~713)대사의 다음과 같은 이야기에 담겨 있다. 이 이야기는 『전등록』 권제4의 홍인대사 1세 방계 제자인 도명(蒙山道明, 586~672)선사편과 『육조단경(六祖檀經)』 덕이본(德異本)에 같이 나온다. 여기서는 『단경』을 인용하겠다.

혜능이 말했다.

"선도 생각치 말고 악도 생각치 말라. 이런 때에 어떤 것이 명상좌(明上座)의 본래 면목인가?"

혜명(나중에 혜능의 혜자를 피하여 도명으로 개명한다)이 말끝에 크게 깨달았고 다시 물었다(『전등록』에서는 '온몸에 땀을 흘렸고 울면서 몇 차례 절하고 물었다'고 되어 있다).

"위에서 내려온 비밀한 말과 뜻 이외에 다시 비밀한 뜻이 있습니까?"

"내가 이제 그대에게 말한 것은 비밀이 아니다. 그대가 자기의 본래면목을 돌이켜 비추면[返照] 비밀함은 그대 편에 있다."[07]

위 인용문은 혜능대사가 5조의 의발을 전해 받고 떠났다는 말을 듣고 도명선사가 뒤를 쫓다가 대유령(大庾嶺)에서 혜능을 만나 의발을 빼앗으려 했으나 혜능이 바위 위에 던져놓은 의발을 들지 못하자 겁을 먹고 법문을 요청하므로 위와 같은 법문을 해 준 것에서 유래한다. 여기서 도명의 언하대오와 반조의 관계가 직접적으로 표현되지는 않았지만 둘의 관계가 충분히 암시되어 있다고 볼 수 있다. 즉 도명이 언하대오에서 증득한 비밀한 뜻이 본래면목의 반조에 기인한 것이라는 것을 말해주고 있는 것이다.

이것은 『단경』에서 "삼경에 조사당에 들어가니, 조사께서 가사를 둘러 사람이 볼 수 없게 하고서 『금강경(金剛經)』을 설하였다. '머문 바 없이 그 마음을 내라'는 구절에 이르러 나는 말끝에(言下) 바로 깨달으니 일체 만법이 자성을 여의지 않았다"[08]고 한 이야기와 같은 맥락의 이야기다. 혜능대사가 돈오(頓悟)할 때에 자신도 모르게 반조의 내관(內觀)이 일어나 자성을 본[見自性] 것이라고 추측할 수 있다.

---

07   『六祖大師法寶壇經』(大正藏 48, p.349중). 惠能云: "不思善 不思惡 正與麼時 那箇是明上座本來面目?" 惠明言下大悟, 復問云: "上來密語密意外 還更有密意否?" 惠能云: "與汝說者 卽非密也. 汝若返照 密在汝邊."

08   위의 책, p.349상. 三鼓入室, 祖以袈裟遮圍 不令人見爲說《金剛經》. 至 "應無所住而生其心" 惠能言下大悟 一切萬法 不離自性.

2. 『청정도론』에서 반조의 사용례와 의미

아함경 전체에서 회광반조, 회광, 반조를 검색해보았지만 찾을 수 없었다. 대림 스님 번역의 『청정도론』 중에 위빳사나의 마지막 단계로 반조의 항목이 있다는 것을 알고 있어 이에 대해 다시 자세히 검토하여 보니 중국 선에서 사용한 반조의 의미와 상통(相通)하는 것을 알 수 있었다.

『청정도론』에서 대림 스님은 빠알리어 paccavekkhaṇa를 반조로 번역하였다. 리스 데이비즈(Rhys davids and Stede)의 빠알리 사전에 의하면 여기서 pacca의 어근은 paṭi로 paṭi와 vekkhaṇa로 나누어 해석할 수 있다. paṭi는 against(~에 반대하여), back(뒤쪽에), towards(~을 향하여, ~에 대하여), opposite(맞은편의), respective(각자의)의 뜻을 갖고 있다. 이 뜻을 종합하면 '어떤 하나의 대상의 맞은편, 반대편을 향하여'라는 뜻으로 모아진다. 따라서 한자로 되돌린다는 뜻의 반(返)자로 번역했다는 것을 알 수 있다. vekkhaṇa는 looking at(고찰, 검사), consideration(숙고), reviewing(재조사, 재음미), reflection(숙고, 반사, 반영) 등의 뜻이 있다. 이러 뜻으로 볼 때 vekkhaṇa는 우리말로 '되살피다', '되비추다' 정도의 뜻으로 새겨진다. 한자로는 반조(返照), 반간(返看), 반관(返觀), 또 반(返)을 환(還)으로 번역할 수 있겠다. 즉 paccavekkhaṇa, 반조(返照)는 어떤 대상으로 향했던 의식을 반대로 되돌려 비춰(살펴)보는 것이므로 회광반조와 같은 뜻의 빠알리어라고 할 수 있을 것이다.

이제 반조(paccavekkhaṇa)가 『청정도론』에서 어떤 의미로 어떤 맥락에서 사용되었는지 살펴보겠다.

『청정도론』에서 반조가 사용된 곳은 약 25곳 정도이므로 모두 인용할 수는 없지만 두 가지로 요약된다. 하나는 앞에서 살펴본 대로 '숙고하다, (마음을) 살피다'는 뜻으로 사용되었다.

한 가지는 출입식념(出入息念, ānāpānassati) 혹은 위빳사나의 마지막 단계에서 볼 수 있다. 안세고 스님이 옮긴 『불설대안반수의경(佛說大安般守意經)』에는 열 가지 출입식념 수행의 단계로 '수(數)·수(隨)·지(止)·관(觀)·환(還)·정(淨)·사제(四諦)'[09]가 나오는데 이에 대해 『청정도론』에서는 '① 헤아림(gaṇanā) ②연결(anubandhanā) ③닿음(phusanā) ④안주함(ṭhapanā) ⑤주시(sallakkhaṇā) ⑥환멸(還滅, vivaṭṭnā) ⑦두루 청정함(pārisuddhi) ⑧되돌아봄(paṭipassanā)'[10]의 여덟 단계로 설명한다. 여기서 '①헤아림은 수(數), ②연결은 수(隨), ④안주함은 지(止), ⑤주시는 관(觀), ⑥환멸은 환(還), ⑦두루 청정함은 정(淨)에 해당하고 여기서 사제를 통찰하고 아라한과에 이른다. 그리고 여덟 번째 되돌아봄 단계에서 반조의 지혜를 얻어 신들을 포함한 세상으로부터 최상의 보시를 받을만한 자가 된다.'[11]

되돌아봄으로 해석한 paṭipassanā의 passanā는 관찰의 뜻이므로 반조를 말하는 것이다. 『안반수의경』에는 반조에 대한 부분이 나오지 않는다. 『청정도론』에서 "반조는 도(magga), 과(phala), 열반(nibbāna), 버린 오염원(pahīna-kilesa), 남아 있는 오염원(avasiṭṭha- kilesa)의 다섯에 대해서 일어난다"[12]고 한다. 출입식념은 선정과 위빳사나를 병행하는 수행법인데, 위빳

---

09   『佛說大安般守意經』(大正藏 15, p.164상). 安般守意有十點, 謂數息, 相隨, 止觀, 還淨四諦, 是爲十點成, 謂合三十七品經爲行成也.

10   붓다고사 지음, 『청정도론』2, 대림 스님 옮김, 울산:초기불전연구원(2004), p.105.

11   위의 책, pp.105~120 참조.

12   위의 책, p.120.

사나의 7청정(淸淨)의 일곱 번째 '지와 견에 의한 청정'의 마지막 단계인 반조가 출입식념의 마지막 단계에서 실행되는 것이다.

이렇게 보면 반조는 위빳사나 수행의 마지막 단계에서 수행의 경과인 열반과 번뇌의 끊어짐을 되살펴보고 확인하는 최종의 순간이므로 선불교에서 회광반조를 견성의 계기로 보는 것과 유사한 점이 있다고 하겠다.[13]

한편, 『앙굿따라니까야(Anguttara nikāya)』에서 반조는 유사한 내용의 다섯 가지 경에 나오는데 뜻은 위에서 살펴본 것과 같다. 한 예를 들어보고 다음 논의를 진행하겠다.

비구들이여, 만일 비구가 자신을 반조하여 '나는 안으로 마음의 사마타는 얻었지만, 위빳사나의 높은 통찰지는 얻지 못했다'라고 알게 되면, 비구는 안으로 마음의 삼매에 굳게 서서 위빳사나의 높은 통찰지를 위해 수행해야 한다.[14]

---

13 초기불교에서 열반의 체험에 근거하여 4향4과를 차제로 시설한 것에 대해 선종에서는 견성하여 즉각 성불한다고 주장한다. 그러나 선종에서도 견성이 지적 번뇌를 끊고 이치를 증득한 것이지 한 번에 정의적 번뇌 혹은 아뢰야식의 미세번뇌까지 다 끊어지는 것은 아니라는 주장도 많다. 대개 이 경우 화엄의 십지와 연계해서 설명한다.

14 『앙굿따라니까야』6, 「사마타경」, 대림 스님 옮김, 울산:초기불전연구원(2007), p.211.

Ⅲ. 조사선에서 회광반조의 사용례와 의미

1. 마조계의 사용례와 의미

『청정도론』에서 (회광)반조의 쓰임과 의미를 살펴보았는데, 이 용어가 중국에서 번역된 대·소승 경전이나 특히 선경에 쓰인 적이 없는데 어떻게 삼조 승찬대사의 『신심명』과 육조 혜능대사의 『단경』 등에 사용되었는지는 알 수 없지만, 그 뜻이 『청정도론』의 위빳사나 즉 내관법(內觀法)과 유사하다는 것을 알 수 있었다. 그리고 기록으로 보면 (회광)반조의 첫 사용은 실제 여부를 알 수 없는 협존자 게송보다는 승찬의 『신심명』에서 비롯되었다고 볼 수 있을 것이다. 그런데 상좌부에서는 반조가 위빳사나의 점차적인 수행에서 마지막 단계에서 하는 일이었는데 중국 선불교에서는 단박에 견성하는 돈오법으로 사용되었다.

　이것은 번뇌론(煩惱論)에서 출발한 초기불교의 입장과 달리 불성론(佛性論)에서 출발한 보리달마의 직지인심(直指人心) 견성성불(見性成佛)의 가르침과 혜능의 돈오선(頓悟禪)을 계승하여 조사선(祖師禪)을 구축한 마조의 어록(『馬祖語錄』)에서 확인할 수 있다.

　　일체중생이 무량겁 이래로 법성삼매(法性三昧)를 벗어나지 않고 영원히 그 가운데 있다. 그러므로 옷 입고 밥 먹으며 말을 주고받는 6근의 운용과 모든 행위가 모두 법성이다. 그러나 근원을 모르고서 이름과 형상을 쫓으므로 미혹한 생각이 허망하게 일어나 갖가지 업을 지으니 만약 한 생각 되돌아 비춰본다면[一念返照] 그대로가 성인(聖人)의 마음이다.[15]

무량겁 이래로 미혹하여 윤회를 거듭해온 중생이지만, 근원은 법성 삼매에서 벗어난 적이 없으니, 한 생각에 근원을 비춰보기만 하면 그 자리가 본래 부처의 마음자리라는 것을 깨달을 수 있다는 것인데, 여기서 한 생각이란 범부의 분별심, 즉 주관과 객관을 분리된 실체로 보는 무명을 근원으로 한 견문각지(見聞覺知)하는 육식(六識)의 활동을 이르는 말이다. 일념을 돌이킨다는 것은 밖으로만 향해왔던 의식을 그 의식을 일으키는 당체로 방향을 전환한다는 것인데 이때 당체를 응시하는 의식의 빛이 당체를 가리고 있던 생각의 장막을 관통하면 단박에 당체인 자신의 성품을 보게 되는 것이다. 이는 혜능 이래로 주창된 언하변오(言下便悟)의 조사선의 견해를 밝힌 것이다. 이후 회광반조하여 돈오한다는 조사선의 견해는 많은 제자들의 어록에서 발견할 수 있다.

비록 복과 지혜가 있고 아는 것이 많아도 구제될 수 없나니, 마음의 눈이 열리지 않았기 때문이다. 오직 여러 경계를 반연하여 생각하고 (근원)을 되돌아 비춰볼[返照] 줄 모르기 때문에 다시 불도도 보지

15　『江西馬祖道一禪師語錄(四家語錄卷一)』(卍續藏 69, p.2하), 一切衆生 從無量劫來 不出法性三昧 長在法性三昧中. 著衣喫飯 言談祇對 六根運用, 一切施爲 盡是法性 不解返源 隨名逐相 迷情妄起 造種種業 若能一念返照 全體聖心.

못하고 일생 동안 지은 악업이 모두 앞에 나타나고…[16]

『경덕전등록』 제6권의 백장(百丈懷海, 749~814)선사편에 나오는 위의 글에서 "여러 경계를 반연하여 생각하고"와 『마조어록』의 "근원을 모르고서 이름과 형상을 쫓으므로"는 같은 말이다. 범부 중생은 마음의 눈이 열리지 않아 경계와 자신의 마음은 분리되어 다른 것으로 생각한다. 그러나 견문각지(見聞覺知)하는 자신의 마음을 되돌아 비춰보면 순간 마음의 눈이 열려 자기의 불성을 보게 된다. 불성을 보게 되면 경계와 마음이 둘이 아니라는 중도불이(中道不二)의 지혜를 얻게 된다. 마조의 문하에서 사용된 예를 두 가지만 더 들어보겠다.

조사께서 말씀하시기를, '한심한 사람아! 머리를 가지고 머리를 찾는 구나' 하였다. 그대들은 말끝에서 바로 스스로 회광반조하고[言下便自 回光返照] 다시 다른 법을 찾지 말라. 이 몸과 마음이 조사나 부처와 다르지 않음을 알아서 당장에 아무 일이 없게 되면(無事) 비로소 법을 얻었다고 할 것이다.[17]

위와 같이 어록에서 임제(臨濟義玄, ?~866)는 머리를 갖고 머리를 찾는 다는 비유로써 견문각지하는 각자의 마음이 바로 불성이어서 달리 찾을

---

16 『景德傳燈錄』(大正藏 51, p.249중). 縱有福智多聞都不相救爲, 心眼未開. 唯緣念諸境不知返照 復不見 佛道 一生所有惡業悉現於前.

17 『鎭州臨濟慧照禪師語錄』(大正藏 47, p.502상). 祖師言: "咄哉, 丈夫! 將頭覓頭" 儞言下便自回光返照, 更不別求. 知身心與祖佛不別 當下無事 方名得法.

것이 없으니 말끝에서 바로 스스로 회광반조하라고 하여 회광반조가 언하(言下)에 돈오하는 조사선의 방법임을 분명히 밝히고 있다. 무사(無事)에 대해서는 "바라고 구하는 마음이 그치고, 업을 짓고자 하는 욕구조차도 버려야 하는 것"이라는 견해가 있다.[18]

> 앙산 스님이 법상에 올라 말씀하셨다. 그대들은 모두 각자 회광반조하고 나의 말을 기억하지 마라. 그대들은 시작 없는 예로부터 밝음을 등지고 어두움에 의지하여 망상의 뿌리가 깊어 단박에 뽑기가 어렵다. 그러므로 거짓으로 방편을 시설하여 그대들의 거친 업식을 없애버리고자 한다. … 그러므로 나는 석두 스님의 가게는 금방이요, 나의 가게는 잡화점이라고 한다.[19]

위에서 인용한 앙산의 어록을 보면 회광반조하는 것이 조사선의 순수한 방법이고 그 이외의 여러 가지 말은 방편에 불과하다는 것이다. 앙산(仰山慧寂, 807~883)선사는 이러한 자신의 방식을 잡화점에 석두(石頭希遷, 700~791)선사의 방식을 금방에 비유했다. 석두선사는 제자들을 회광반조로만 가르쳤다는 이야기가 된다.

---

18   이혜옥, 「임제(臨濟)의 선(禪) 사상과 수행」, 『한국선학』제23호, p.27

19   『袁州仰山慧寂禪師語錄』(大正藏 47, p.585하), 上堂: "汝等諸人各自回光返照 莫記吾言. 汝無始劫來背明投暗 妄想根深 卒難頓拔. 所以假設方便 奪汝麁識. … 所以道石頭是眞金鋪, 我這裏是雜貨鋪."

2. 석두계의 사용례와 의미

실제로 회광반조의 사용례는 마조 문하에서만이 아니라 석두의 문하에서도 찾을 수 있다. 석두의 「초암가(草庵歌)」에 다음과 같은 용례가 있다.

> 이 암자에 머물며 알음알이를 쉬노니
> 누가 가게에 앉아 뽐내며 사람을 팔려 하는가
> 빛을 되돌려 비춰보면[廻光返照] 곧 돌아오리니
> 탁 트인 신령한 자리는 등지거나 향함이 없어라[20]

위 문장에서 가게에 앉아 뽐낸다는 표현은 앞에서 언급한 앙산의 금방과 잡화점의 비유를 생각나게 한다. 이 문장에서 보면 석두의 지론(持論)은 알음알이와 의도(意圖)를 쉬고 회광반조하면 바로 불성에 계합하게 된다는 것이고, 신령한 불성의 근본 자리는 허공처럼 탁 트여서 버릴 일도 추구할 일도 없다는 것을 말하고 있다.

석두계를 대표하며 조동종(曹洞宗)을 개창한 동산(洞山良价, 807~869)의 어록에서도 회조(回照)라는 말이 사용되었는데 이 표현은 앞서 언급한 석지장이 표현과 같다.

> 일과 이치 모두 간섭하지 않고

---

20 『景德傳燈錄』 卷第三十 石頭和尙草庵歌 (大正藏 51, p.461하). 住此庵休作解, 誰誇鋪席圖人買. 廻光返照便歸來, 廓達靈根非向背.

돌이켜 비추니[回照] 그윽하고 미묘함 끊겼네

세속을 등져 아름다움 투박함 모르는데

번쩍이는 번갯불 쫓기 어렵구나[21]

위 게송은 범성(凡聖)에 떨어지지 말라는 게송인데, 회광반조하여 그 윽하고 미묘함[幽微]이 끊겼다는 것은 능소(能所)의 상대(相對)가 끊어졌다는 것이다. 세속을 등져 아름다움 투박함 모른다는 것 역시 상대를 벗어났다는 것으로 상대라는 것은 아무리 휘황찬란한 것이라 하여도 결국 쫓을 수 없는 번갯불과 같은 허망한 것이라고 하였다. 여기서 끊겼다는 것에 대해서는 다음 논문에서 자세히 살펴볼 것이다. 석두계의 회광반조의 용례에 대해서 동산의 제자 조산(曹山本寂, 840~901)의 어록에서 한 가지 더 인용하고 다음 논의를 이어가겠다.

털을 뒤집어쓰고 뿔을 머리에 이은 것이 사문타(沙門墮)다. 사문의 형식과 성인의 지위에 집착하지 말라. 감각의 작용을 끊지 않는 것이 수류타(隨類墮)다. 빛을 되돌려[迴光] 처음 마음이 자기의 본분사를 알때, 육진(六塵)을 물리치고 편안하고 고요함을 얻는다. 익숙해진 뒤에는 육진에 대해 집착하지 않는 마음을 버려라. 떨어져도 어둡지 않으니 자유롭게 맡겨라.[22]

---

21   『瑞州洞山良价禪師語錄』(大正藏 47, p.525하). 事理俱不涉, 回照絶幽微, 背風無巧拙, 電火爍難追.

22   『撫州曹山元證禪師語錄』(大正藏 47, p.534상). 披毛戴角沙門墮者. 不執沙門邊事及諸聖報位也. 不斷聲色隨類墮者. 爲初心知有自己本分事, 廻光之時, 擯出色聲香味觸法, 得寧證. 則成功勳後, 却不執六塵. 墮而不昧, 任之無礙.

위의 인용문은 조산의 가풍 중 하나인 3종타(三種墮)를 설명하는 대목이다. 여기서 타(墮)는 '떨어지다'라는 뜻인데 이는 반어법(反語法)으로 처염청정(處染淸淨)의 무애자재(無礙自在)를 얻기 위한 과정이다. 사문은 중생을 제도하기 위해 기꺼이 짐승으로 태어날 각오를 가져야 하고, 자신이 사문이라든가 성과(聖果)를 얻었다든가[尊貴墮] 하는 상(相)을 버려야 한다. 일상생활에 필요한 지각 작용을 억제[隨類墮]할 필요도 없다는 것이다. 여기서 회광반조는 이를 통해 처음으로 마음이 자기 본분사를 알게 되고, 육진을 벗어나 편안하고 고요함[寧謐]을 증득하는 관법으로 사용되었음을 알 수 있다.

지금까지 살펴본 대로 회광반조는 남종(南宗) 조사선의 두 계통인 마조와 석두의 문하에서 모두 사용한 관법이었음을 확인할 수 있었다. 논자는 북종의 문헌에서는 찾지 못하였는데 추후의 연구가 필요한 부분이다.

IV. 간화선에서 회광반조의 의미

1. 초기 간화선에서 화두 의정과 회광반조의 관계

대혜(大慧宗杲, 1089~1163)의 스승인 원오(圜悟克勤, 1063~1125)의 『원오심요』

를 보면 조사선의 흐름을 간명하게 밝히고 있다.

> 달마 스님이 육종(六宗)으로 외도(外道)를 규정짓자 천하가 태평하여
> '나는 하늘이고 너는 개다'로 낙착됐으니, 이는 헤아리고 다져서는 알
> 수 없는, 민첩한 신기(神機)이다. 마침내 양(梁)나라에 갔다가 위(魏)나
> 라로 가서는 또다시 부처님 교설밖에 따로 행하고 오직 마음[心印]만
> 을 전하는 도리를 말씀으로 드러내보였다. 6대에 걸쳐 가사를 전하며
> 지적한 도리가 분명하였고, 조계대감(曹谿大鑑) 스님에 이르러선 언설
> 에도 통하고 종지에도 통함을 자세하게 드러내보였다.
> 오래도록 이렇게 지내오자 바른 안목을 갖추어 크게 해탈한 종장들
> 이 격식을 변동하고 막힌 길을 틔웠다. 사람들로 하여금 이름과 모습
> 에 걸리거나 이론과 말에 떨어지지 않게 하여, 우뚝하게 살아있어서
> 씻은 듯 자유로운 묘한 기틀을 내놓았다. 그리하여 드디어는 방(棒)을
> 휘두르고 할(喝)을 내지르며, 말로써 말을 무찌르고 기틀로 기틀을 빼
> 앗으며, 독으로 독을 쳐부수고 작용으로 작용을 타파함을 보게 되었
> 다.[23]

혜능의 언하대오를 기점으로 하여 언하에 돈오하는 돈오선이 주창되
었고 혜능의 제자들인 마조와 석두의 문하들에 의해 조사선이 선양되었

---

23 『원오심요』(상), 합천: 장경각(2003), pp.41~42. 원문은 『佛果克勤禪師心要』(大正藏 47, p.456상) 達磨六
    宗與外道立義 天下太平翻轉我天爾狗, 皆神機迅捷, 非擬議思量所測. 泊到梁游魏 尤復顯言敎外別
    行單傳心印. 六代傳衣所指顯著, 逮曹谿大鑑詳示說通宗通. 歷涉旣久具正眼大解脫宗匠變格通塗. 俾
    臣滯名相不墮理性說, 放出活卓卓地. 脫灑自由妙機 遂見行棒行喝, 以言遣言 以機奪機, 以毒攻毒,
    以用破用.

다. 그런데 이 조사선이 성립할 수 있었던 근거는 회광반조의 관법이라고 말할 수 있다. 조사들의 방과 할과 격외(格外)의 언행(言行) 끝에서 제자의 근기(根機)와 기연(機緣)이 맞으면 단박에 회광반조가 되어 견성할 수 있었던 것이다.

그런데 보리달마 이후 600여 년이 지난 송대(宋代)에 오자 조사선의 기풍(氣風)은 쇠약해졌다. 이때의 상황을 허운 대사는 '송대 이후 사람들의 근기가 하열(下劣)해져서 알려주어도 성과를 이루지 못했다. 비유해 말하자면 일체를 놓아라[放下一切], 선도 악도 생각하지 말라[善惡莫思] 해도 도무지 놓지 못하고, 선을 생각하지 않으면 악을 생각하는 식이 되었다고 설명하고 있다. 이어서 이 쇠약해진 선풍(禪風)을 진작(振作)하고자 조사들은 어쩔 수 없이 독(毒)으로 독을 공격하는 법을 채택하여, 학인들에게 공안(公案)을 참구하게 하거나 화두를 보라고 가르쳤던 것이다'라고 간명하게 공안 참구의 배경을 밝혔다.[24]

공안의 참구에서 일어나는 의정(疑情)에 주목하여 이 의정을 의단(疑團)으로 키워 계교(計較) 없이 몸과 마음이 한 덩어리[打成一片]가 된 상태에서 문득 의단이 타파되면 견성한다는 것이 간화선법이다. 어떻게 의정이 견성에 이르게 하는지에 대해서는 잠시 박태원의 견해를 인용하고 논의를 이어가겠다.

의심을 챙긴다는 것은, '모르는 것을 알려고 애쓰는 마음'도 아니고, '의심하는 마음의 집중력을 간수해 가는 일'도 아니다. 그것은 바로

---

24   허운 지음, 『참선요지』, 월서 편저, 서울:아침단청(2012), p.35~36 참조.

이 '규정짓지 아니하는, 경계 미확정의 마음 상태'를 챙겨 가는 것이며, 그 결과 자연스럽게 모든 분별적 규정에 말려들지 않는 국면을 수립하여 유지해 가는 것이다. … '의심의 무규정적 국면'을 챙겨 분별적 구성 체계에 휘말려 들지 않는 마음자리를 열고, 그 마음자리를 오롯하게 간수해 가다보면, 그 자리를 지키는 힘이 충분해졌을 때, 문득 분별심에서 말끔히 해방된 지혜와 자비의 존재 국면[佛性·自性·自性 淸淨心·本性]이 온전히 드러난다. 돈오하여 견성한 것이다.[25]

타성일편이라는 말에서 타(打)는 접두어로서 어떤 일을 하다는 뜻이다. 예컨대, 끽반(喫飯)은 타반(打飯)으로도 쓰인다. 일편은 박태원이 말한 무규정성의 의심이 온통 몸과 마음을 의심 하나로 뭉치게 하여 주객의 이원적 대립이 끊어지는 것을 의미한다. 의정을 일으켜 의단을 거쳐 타성일편이 되어 주객 이분의 상태에 근접하게 되면 스스로 혹은 어떤 기연에 접했을 때, 의단이 터지면서 본원적으로 상대가 끊어진 불성의 자리와 계합하게 되는 것이다. 이때 회광반조가 무의식적으로 이뤄진다고 보아야 할 것이다.

간화선 이전 조사선에서도 좌선을 통해 공안을 참구하였지만, 언하변오(言下便悟)하는 회광반조의 돈오선법(頓悟禪法)으로 귀결되었다. 이후 사람들의 근기가 떨어져 화두의 의심을 통해 타성일편의 과정으로 가는 점수적인 간화선으로 중심이 옮겨지게 되었지만, 간화선에서도 회광반조하는 조사선법은 소멸되지 않았다. 『대혜어록』을 보면 회광반조가 다섯

25   박태원, 「화두를 참구하면 왜 돈오 견성하는가」, 『철학논총』 제58집, 경산: 새한철학회(2009), p.64.

번 나오는데 그중 두 가지는 앞에서 언급한 대유령에서 혜능대사가 도명선사에게 법문을 하는 것이다.(卷第二十五 答李參政, 卷第二十六 答趙待制) 대혜선사가 혜능의 대유령 법문(汝若返照自己本來面目 密意盡在汝邊是也)에서 회광반조의 예를 든 것은 중국선종에서 회광반조의 근거를 그곳에서 기원하는 것으로 생각하고 있다고 볼 수 있다. 『대혜어록』에서 대혜는 회광반조를 두 가지 방식으로 사용하고 있다.

일상생활의 번뇌 속에서 여러 가지 뜻과 같지 않은 일들이 곧 중생의 병이고 한순간 돌이켜 비추는 것[一念回光返照]이 곧 부처라는 약입니다. 만약 부처에 대해서도 중생에 대해서도 곧장 분별을 내지 않으면 병이 나아서 약이 필요 없는 것이니, 비로소 방거사가 말한 '일상생활의 일에 다름이 없고, 오직 내 스스로 내키는 대로 어울린다, 하나하나를 취하지도 않고 곳곳에서 어긋남이 없다'에 계합할 것입니다.[26]

이속에 이르러서는 번뇌도 생각할 필요가 없고, 불법도 생각할 필요가 없습니다. 불법과 번뇌가 모두 바깥의 일입니다. 그러나 또 바깥의 일이라는 생각을 해서도 안 됩니다. 다만 돌이켜 자신을 살펴보되[回光返照], 이렇게 생각하는 것은 어디로부터 오며, 행위할 때에는 무슨 모양이 있으며, 행위가 갖추어지면 내 마음의 뜻을 따라 상세하고 빠짐이 없으며 모자라거나 지나침이 없으니, 바로 이러한 때에는 누구

26　『대혜보각선사어록』4, 김태완 옮김, 서울:소명출판(2011), p.53. 원문은『大慧普覺禪師法語』(大正藏 47, p.893상), 日用塵勞中 種種不如意事 是衆生病 一念回光返照 是佛藥. 苟能於佛於衆生 直下不生分別 則病痊藥除, 始契得 龐公所謂 日用事無別, 唯吾自偶諧, 頭頭非取捨 處處勿張乖之語矣.

의 은덕을 입어서 이와 같이 공부합니까? 오래오래 하다 보면 마치 활쏘기를 배우는 경우처럼 저절로 과녁에 들어맞게 될 것입니다.[27]

위에서 첫 번째 인용문은 마조가 표현한 대로 '일념회광반조'라고 하여 돈오적인 표현으로 썼다는 것을 알 수 있다. 그런데 두 번째에서는 '돌이켜 자신을 살펴보되, 이렇게 생각하는 것은 어디로부터 오며, 행위할 때에는 무슨 모양이 있으며…'라고 하여 결국 화두로 연결하고 있다. 대혜의 간화선에서 회광반조는 언하변오의 돈오와 화두 참구의 점수 두 가지 방법[28]으로 사용하고 있다는 것을 알 수 있다.[29]

2. 몽산 간화선법에서 화두의정과 회광반조의 관계

회광반조법이 간화선과 본격적으로 결합된 양상은 『몽산법어(蒙山法語)』에서 발견된다. 『대혜어록』에서는 대개의 서신이 화두를 간하는 내용이

---

27 『대혜보각선사어록』5, 김태완 옮김, 서울:소명출판(2011), p.166. 원문은 『大慧普覺禪師法語』(大正藏 47, p.927상), 到這裏不用作塵勞想, 亦不用作佛法想. 佛法塵勞都是外事. 然亦不得作外事想. 但回光返照, 作如是想者從甚麼處得來, 所作所爲時 有何形段, 所作旣辦 隨我心意無不周旋 無有少剩, 正恁麼時 承誰恩力 如此做工夫? 日久月深 如人學射自然中的矢.

28 화두참구를 점수법이라고 한 것은 돈오라고 하는 것은 육조대사의 언하변오(言下便悟)에서 온 것으로 보기 때문이다. 이후 조사의 언행으로 말미암아 변오할 것을 추구하는 선풍을 조사선으로 불렀다. 이에 비해 화두참구법(간화선)은 의정을 돈발하여 타파하는 방식이므로 점수라고 한 것이다. 이는 각오(覺悟)와 각오 이후의 상태가 돈오돈수인지 돈오점수인지를 가리는 문제가 아니라 수행의 방법이 언하에 즉각 깨닫는 것을 추구하는 것인지 화두를 매개로 하는 것인지를 비교하여 구분한 것이다. 이에 따라 조사선과 간화선이 구분된다고 본다.

29 대혜가 회광반조를 화두참구법으로 이용한 것은 회광반조 본의와는 다른 것으로 방편으로 사용한 것으로 보아야 한다.

며, 회광반조가 화두와 결합할 때는 화두를 시작하는 단계에서 제시되
는데『몽산법어』에서는 화두의정과 회광반조가 항상 같이 나오는 것으
로 보아 몽산(蒙山德異, 1231~?)은 두 가지를 결합한 새로운 선법을 터득하
고 가르쳤음을 알 수 있다. 몇 가지 예로서 밝혀보겠다.

참선의 오묘한 맛은 정신이 또렷이 깨어 있는데 있다. 영리한 사람은
먼저 공안을 점검하여 올바르게 의심이 생기게 하는데 급하지도 느
슨하지도 않게 화두를 챙겨 세밀하게 마음을 돌이켜서 그 자리를 보
면[廻光自看] 쉽게 큰 깨달음을 얻어 몸과 마음이 편안하고 즐거워질
것이다.[30]

의심 덩어리만 나날이 크게 하여 오고 가며 앉고 눕는 모든 삶 속에
서 오로지 이 '없다'라는 말만 챙겨 세밀하게 마음의 빛을 돌이키면
그 자리를 스스로 보게 된다[廻光自看].[31]

의심이 아주 깊어지면 '다른 사람은 누구인고?'라는 것만 챙겨 마음
의 빛을 돌이켜서 그 자리를 보아야만 하느니라[廻光自看].[32]

---

30 『몽산법어』, 원순 역해, 서울 : 법공양(2013), p.21. 夫參禪 妙在惺惺이라. 靈利者 先於公案點檢하여 有
正疑인데 不急不緩提話頭하여 密密廻光自看則易得大悟하여 身心安樂하리라.

31 『몽산법어』, 원순 역해, 서울 : 법공양(2013), p.35. 從敎疑團이 日盛케하여 於二六時中四威儀內에 單單
提箇無字하여 密密廻光하면 自看이라.

32 『몽산법어』, 원순 역해, 서울 : 법공양(2013), p.47. 疑得盛이면 却提撕他是阿誰하여 廻光自看하라.

화두를 의심하지 않는다면 이것이 큰 병이 된다. 모든 인연을 다 버리고 오고 가며 앉고 눕는 모든 사람 속에서 오로지 화두만을 챙겨 마음의 빛을 돌이켜서 그 자리를 보라[廻光自看].[33]

『몽산법어』에는 회광자간(廻光自看)이란 용어를 일관되게 쓰고 있는데 비추는 것(照)과 살피는 것(看)은 유사한 뜻이지만 살피는 것은 좀 더 점수적인 표현이라고 볼 수 있고, 간화선의 간과 맥락을 같이한다고 할 수 있다. 그런데 여기서 주목할 것은 몽산선사는 화두 참구를 통해 의정이 일어나서 삼매에 든 다음에 의정을 일으킨 당체를 순식간에 되비추는 수행법을 제시했다는 것이다. 적어도 몽산 이후부터 회광반조는 간화선 법에서 화두에 병합되어 사용되었던 것이다.

이에 대해서 김형록(金炯錄, 印鏡)은 "몽산을 비롯한 중국 임제종의 양기파(楊岐派)는 한결같이 화두가 없는 단순한 묵조(默照)는 혼침(昏沈)이거나 도거(棹擧)라고 말한다. 곧 화두가 없이는 회광자간도 불가능하다는 입장을 취한다. … 만약 단순하게 회광자간(廻光自看)만이 있다면, 그것은 조동선(曹洞禪)과 유사해진다"[34]고 말한다.

그런데 이렇게 말하면 간화선이 조사선보다 우월하다는 것이 된다. 대중의 근기가 떨어져 조사선을 따라오지 못해 방편으로 간화선을 시설한 것이다. 간화선은 기본적으로 조사선의 입장을 버린 적이 없다. 지금도 선사의 상당법문은 조사선의 방식으로 이뤄지는 경우가 많다. 다만,

---

33   『몽산법어』, 원순 역해, 서울:법공양(2013), p.67. 若不疑言句가 是爲大病이니라 仍要盡捨諸緣하고 於四威儀內二六時中에서 單單提箇話頭하여 廻光自看하라.

34   金炯錄(印鏡),「蒙山德異의 禪思想」, 동국대학교 박사학위논문(1999), pp.179~178.

조사선으로 견성한다는 것이 워낙 어렵기 때문에 화두의 참구로 의정을 돈발(頓發)하게 하고 타성일편이 되어 화두가 타파될 때 무의식적으로 회광반조가 이루어지게 한 것이다. 그런데 몽산은 중간 단계에서 의식적으로 회광반조하는 방법을 도입한 것으로 볼 수 있을 것이다. 이는 결국 실수(實修)의 문제이다. 실참(實參)에서 시도되고 증명될 문제이다.

다음 논문에서는 들어가는 말에서 언급한 대로 회광반조가 성취되는 과정에 대해 좀 더 깊이 있는 이론적 연구를 진행하겠다.

V. 결론

이제까지 회광반조가 중국 불교에서 사용된 예를 중심으로 몇 가지 측면에서 고찰하였는데 각 부분에서 도출된 것을 결론으로 정리하겠다.

Ⅱ장 1에서는 중국 불교에서 회광반조가 사용된 기원에 대해 인물과 관련해서 찾아보니 『경덕전등록』 제1권의 제십조(第十祖) 협존자(脅尊者) 편의 게송에서 가장 먼저 반조라는 단어를 찾을 수 있었다. 두 번째 용례는 『광홍명집(廣弘明集)』 제30권에 석지장의 봉화무제삼교(奉和武帝三教) 라는 시(詩)에서, 세 번째는 천태지의 대사의 『마하지관』에서, 네 번째는 삼조승찬대사의 『신심명』에서, 다섯 번째 용례는 대유령에서 혜능대사가

도명선사에게 한 법문에서 찾을 수 있었다. 이렇게 보면 회광반조(回光, 回照, 返照)라는 용어는 보리달마 이전부터 중국 습선승(習禪僧) 사이에서 사용되었으며, 또한 『마하지관』에서 사용된 것으로 보아 선종 고유의 언어가 아니었던 것을 알 수 있었다.

Ⅱ장 2에서는 상좌부(上座部)의 핵심 논서(論書)인 『청정도론』 중에 나오는 반조(paccavekkhaṇa)가 회광반조의 반조와 상통하는 용어임을 밝혔다. 반조는 위빳사나 7청정(淸淨)의 마지막 단계에서 도과(道果)의 성취 이후에 도, 과, 열반을 되살펴보는 것으로 특히 끊어진 번뇌와 남아 있는 번뇌를 확인하는 것이다. 따라서 반조가 열반과 번뇌의 끊어짐을 되살펴보고 확인하는 최종의 순간에 일어나는 일이므로 선불교에서 이것을 견성의 계기 혹은 방법으로 사용한 것은 유사성이 있음을 밝혔다.

Ⅲ장 1에서는 마조계의 회광반조 사용례와 의미에 대해 논했는데, 혜능의 돈오선, 조사선을 확립한 마조는 '한 생각 돌이켜 비춰본다면 그대로가 성인(聖人)의 마음이다[一念返照 全體聖心]'라고 하여 반조관법으로 돈오할 것을 가르쳤다. 여기서 한 생각이란 범부의 분별심, 즉 주관과 객관을 분리된 실체로 보는 무명을 근원으로 한 견문각지(見聞覺知)하는 육식(六識)의 활동을 이르는 말이다. 일념을 돌이킨다는 것은 밖으로만 향해왔던 의식을 그 의식을 일으키는 당체로 방향을 전환한다는 것인데 이때 당체를 응시하는 의식의 빛이 당체를 가리고 있던 생각의 장막을 관통하면 단박에 당체인 자신의 성품을 보게 되는 것이다. 조사의 언행 끝에서 회광반조하여 돈오할 것을 가르치는 것이 조사선이다. 여기서는 마조 문하의 백장, 임제, 앙산의 어록에서 사용례를 제시했다.

Ⅲ장 2에서는 석두계의 회광반조 사용례와 의미를 밝혔다. 「초암가」

에서 석두는 알음알이와 의도(意圖)를 쉬고 회광반조하면 바로 불성에 계합하게 되며, 신령한 불성의 근본 자리는 허공처럼 탁 트여서 버릴 일도 추구할 일도 없다고 하였다. 동산은 회광반조하면 능소(能所)의 상대(相對)가 끊어져 상대를 벗어나게 되며, 상대의 세계는 결국 쫓을 수 없는 번갯불과 같은 허망한 것이라고 하였다. 조산은 빛을 되돌려 처음 마음이 자기의 본분사를 알 때, 육진(六塵)을 물리치고 편안하고 고요함을 얻지만, 익숙해진 뒤에는 육진에 대해 집착하지 않는 마음도 버리고 자유롭게 맡기라고 하였다.

이와 같이 회광반조는 남종(南宗) 조사선의 두 계통인 마조와 석두의 문하에서 모두 사용한 관법이었음을 확인할 수 있었다. 논자는 북종의 문헌에서는 찾지 못하였는데 추후의 연구가 필요한 부분이다.

Ⅳ장 1에서는 초기 간화선에서 화두의정과 회광반조의 관계를 고찰했다. 공안의 참구에서 일어나는 의정(疑情)에 주목하여 이 의정을 의단(疑團)으로 키워 계교(計較) 없이 몸과 마음이 한 덩어리[打成一片]가 된 상태에서 문득 의단이 타파되면 견성한다는 것이 간화선법이다. 그런데 간화선을 정립하여 제창한 대혜의 어록에 회광반조가 각기 다른 방식으로 사용되었다.

한 번은 마조가 표현한 대로 일념회광이라고 하여 돈오적인 표현으로 쓰였고, 다른 한 번은 '돌이켜 자신을 살펴보되, 이렇게 생각하는 것은 어디로부터 오며, 행위할 때에는 무슨 모양이 있으며…'라고 하여 결국 화두로 연결하고 있다. 대혜의 간화선에서 회광반조는 언하변오(言下便悟)의 돈오(頓悟)와 화두 참구의 점수(漸修) 두 가지 방법으로 사용하고 있다는 것을 알 수 있다.

Ⅳ장 2에서는 몽산 간화선법에서 화두 의정과 회광반조의 관계를 살펴보았는데, 회광반조법이 간화선과 본격적으로 결합된 양상은 『몽산법어』에서 발견되었다. 『대혜어록』에서는 대개의 서신이 화두를 간하는 내용이며, 회광반조가 화두와 결합할 때는 화두를 시작하는 단계에서 제시되는데 비해 『몽산법어』에서는 두 가지를 결합한 새로운 선법을 터득하고 가르쳤음을 알 수 있었다. 즉, 몽산은 회광자간(廻光自看)이란 용어를 일관되게 쓰고 있는데, 몽산선사는 화두 참구를 통해 의정이 일어나서 삼매에 든 다음에 의정을 일으킨 당체를 순식간에 되비추는 수행법을 제시했던 것이다.

이렇게 회광반조의 초기 사용례부터 간화선에 이르기까지의 사용례와 의미를 고찰해보았다. 결국, 회광반조는 선종 성립 이전부터 습선자가 행하던 돈오적 관법으로 혜능 이래로 조사선의 관법이었지만, 간화선 성립 초기에는 조사선의 관법과 화두를 이끄는 방법으로 병행되었고, 적어도 몽산 이후에는 간화선에 통합되어 화두삼매에서 극적으로 의식을 전환해 견성에 이르는 관법으로 변용되었다는 것이 이 연구의 결론이다.

본 연구의 계획에는 중국에 이어서 한국 선사들의 어록을 조사하는 작업과 회광반조의 원리에 대한 탐구 그리고 관련된 경전과 선법에 대한 비교 연구까지 포함되어 있었지만, 지면의 한계가 있어 후속 논문에서 다룰 것이다.

05.

고려 시대 간화선의 수용과 그 특징에 관한 고찰

영석映昔

영석 映昔

동국대학교(경주) 겸임교수

운문사승가대학 대교과를 졸업했다. 동국대학교에서 「진각국사 혜심의 『禪門拈頌』」 주제로 박사학위를 받았다. 대전 보문고 교법사와 포교원 포교연구실 사무국장, 동국대 불교학술원 연구교수를 역임했다. 또 동국대학교 경주캠퍼스 불교문화대학 겸임교수 및 초빙교수를 역임했다. 연구 논문으로는 「『화엄경현담중현기』와 『분양송고』에 관한 고찰」, 「『설두송고』에 관한 고찰」, 「간화선의 수용과 그 특징에 관한 고찰」, 「19세기 수선결사의 계승-소림통방정안과 설두봉기의 선교결사」 등이 있다.

I. 들어가는 말

한국에 선이 전래되고 전개됨에 있어서는 중국과 소통하면서 서로 영향을 주고받았다. 교류하면서 수용하는 것으로 그친 것이 아니라 독자적인 선수행 풍토가 이루어졌으며 한국 선종의 법통을 형성하였다. 그러므로 중국과 한국, 이원적 조명을 통해서 그 흐름과 내용을 이해해야 할 것이다. 이를 위해서 본고에서는 선사상을 수용한 인물을 중심으로 시대별로 나누어 정리하여 연계해보고자 한다.

먼저, 신라 하대 산문선으로부터 고려대에 이르기까지 산문의 초기에 드러나는 제 산문의 사상적 경향을 정리하여야 할 것이다. 다음으로 고려 중·초기[01]에 원응국사(圓應國師) 학일(學一, 1052~1144)과 혜조국사(慧照國師) 담진(曇眞, 생몰연대 미상), 대감국사(大鑑國師) 탄연(坦然, 1070~1159) 등의 선승들에 의하여 승과고시를 기반으로 선종이 부흥하게 되는 점을 살펴보아야 할 것이다. 이어, 12세기 말에 성립된 수선사(修禪社) 선풍을 토대로 수선하여 13세기 이후 원(元)으로 유학하여 간화선(看話禪)을 도입하게 되는 선승들을 정리해보고자 한다. 14세기 이후는 특히 이들의 활약을 통하여 확립된 간화선에서 한국 선종의 정체성을 찾을 수 있다.

---

01   고려의 시대 구분은 역사학에서 다양하나 본고에서는 시대별로 선사상의 차이점을 밝히고자 하므로 논지 전개의 편의를 위하여 12세기, 13세기, 14세기 등 선법의 전환기를 중심으로 임의 분류하는 바이다.

이에 대한 많은 선행 연구물[02]이 있다. 특히 대한불교조계종 종헌종법의 전문(前文)에 거론하고 있는 바, 종조론에서도 이러한 내용을 채택하고 있다.[03] 또한 보조국사(普照國師) 지눌(知訥, 1158~1210)로부터 비롯된, 수선사계에서 개척한 간화선의 수용과 전개에 대한 사상적 정체성 확립에 근거하는 성과물이 다수 있다. 다른 방면으로는 원 간섭기 이후 수선사 선풍의 변화에 지대한 영향을 끼친 몽산덕이(蒙山德異, 1231~1308)와 저술에서 엿볼 수 있는 그의 선사상적 경향과, 태고보우(太古普愚, 1301~1382), 나옹혜근(懶翁惠勤, 1320~1376), 백운경한(白雲景閑, 1299~1374) 등 여말삼사(麗末三師)의 선사상 중 특히, 임제계 간화선의 수용에 대한 것이다. 이것은 고려 말의 선종계의 경향일 뿐만 아니라 조선 시대로 이어지는 사상적 특징이 된다.

고려 말 한국 선사상은 대혜계 석옥청공(石屋淸珙, 1272~1352)의 간화선법에 기반하는 임제계 간화선이다. 그 특징을 이해하기 위해서는 조사선과 간화선의 근본적 이해는 물론, 보조지눌(普照知訥, 1158~1210)에 의해 성립된 간화선의 전통과 태고보우에 의해 도입된 간화선의 전통과 시대적 배경을 중심으로 이해해야 할 것이다.

이와 같은 사상적 기반으로 태고보우에 의해 형성된 선수행 전통의

02   서윤길, 「고려 임제선법의 수용과 전개」, 『보조사상』 8집(1994), pp.11~45 ; 최연식, 「고려말 간화선 전통의 확립과정에 대한 검토」, 『보조사상』37집(2012), pp.187~225 ; 조명제, 「고려후기 『몽산법어』의 수용과 간화선의 전개」, 『보조사상』제12집(1999), pp.233~261 ; 조명제, 「고려후기 『선요』의 수용과 간화선의 전개」, 『한국중세사연구』제7호(1999), pp.104~140 ; 조명제, 「고려말 원대 간화선의 수용과 그 사상적 영향-몽산, 고봉을 중심으로-」, 『보조사상』제23집(2005), pp.137~178 ; 최용운, 「보조지눌의 간화선관에 내재된 문제점 연구」, 『보조사상』제23집(2005), pp.137~178 ; 허흥식, 「몽산덕이의 보설과 나옹 보설과의 관계」, 『서지학보』26집(2002), pp.41~68.

03   대한불교조계종 교육원 편, 『曹溪宗史:고중세편』, 서울 : 조계종출판사(2004).

영향으로, 수선의 지침서가 『치문(緇門)』이나 『선원청규(禪苑淸規)』로 대체되었다. 그러나, 조선 시대에 이르러서는 『수심결(修心訣)』, 『권수정혜결사문(勸修定慧結社文)』, 『계초심학인문(誡初心學人文)』, 『고려판 선원청규』 등으로 변하게 된다. 이것은 수선에 있어서의 사상적 변화임을 알 수 있다. 또한 수선결사에서 편찬된 간화선의 지침서인 『선문염송집(禪門拈頌集)』과, 진각국사(眞覺國師) 혜심(慧諶, 1178~1234)의 문인 각운선사(覺雲禪師)의 『선문염송설화(禪門拈頌說話)』는 이후 조선 시대에도 선사상을 기반으로 하는 다양한 주기(註記)가 편찬되어, 각 선문에서 선사상의 정체성을 확립하고자 한 것으로 볼 수 있다. 또한 이것을 통하여 산문의 사상적 특징을 서로 비교하고 또 논파하는 '선리의 논쟁'이라는 과정이 전개되었다.

II. 임제의 조사선 유입

1. 조사선으로서의 임제선

한국 선수행의 대표적인 수행방법인 간화선은 '조사선에서의 선문답'에서 비롯된 화두를 참구하는 수행법이다. 그러나 한국 선종에서는 오가칠종(五家七宗)의 조사선으로서의 임제종과 임제계 대혜종고(大慧宗杲,

1089~1163)에 의하여 주창된 간화선의 차이점과 수용에 대한 견해가 혼재되어 있다고 사료된다. 여기에서는 사상적 혼란과 수행법에 있어서의 오류를 범할 수 있는 많은 문제가 파생할 수 있다. 따라서 그 맥락을 임제의 조사선과 간화선법이 수용되는 과정에서 먼저 살펴보고자 한다. 다음으로 시기별로 나누어 주창되는 선법은 누구에 의해서 어떠한 과정으로 정착되는지 개관하고자 하는데 이것은 현재의 선수행적 정체성을 확보하는 데에 중요하다.

이러한 선법이 혼재되기 시작하는 기점인 구산선문이 정립된 이후, 즉 12세기 고려에 가지산문의 원응국사 학일로부터 사굴산문의 혜조국사 담진, 거사불교를 꽃피운 이자현(李資玄, 1061~1125)으로 이어지는 초기를 먼저 분류해 보고자 한다. 이어 13세기 수선사 보조국사 지눌과 진각국사 혜심의 선법을 주시할 필요가 있겠다. 아울러 14세기 몽산덕이의 사상적 영향을 받은 선승들을 중심으로 살펴보고자 한다.

일반적으로 조사선은 육조혜능(六祖慧能, 638~713)으로부터 시작되어 마조도일(馬祖道一, 709-788)에 의하여 대성하게 되었으며 그의 제자 백장회해(百丈懷海, 749~814), 황벽희운(黃檗希運, ?~850), 임제의현(臨濟義玄, ?~867)선사 등에 의해 크게 발전했다. 오가칠종의 가풍으로 번창한 조사선은 본래성불, 부처님의 깨달음과 조사의 깨달음이 다르지 않음, 스승과 제자와의 선문답이나 방과 할 등의 기연, 언하변오(言下便悟), 일상 실천의 강조 등으로 요약할 수 있다. 조사선은 경전이나 언어 문자에 적힌 내용보다는 스승과 제자와의 직접적인 경험을 통하여 체득하는 것이 특징이다. 즉, 선(禪)은 문자나 경전에 의지하지 않는다는 입장, 불법의 진수로서 경전 밖에 별도로 전해오는 진리라는 것, 곧바로 인간의 마음을 직시하는 경험으로 견성성불(見性成佛)한다는 것 등이다.

조사선을 상징하는 법문 중 마조의 '즉심시불(卽心是佛)'과 '평상심시도(平常心是道)'라는 말에서 알 수 있듯이 선(禪)이란 일상에서 벗어나는 일이 아니다. 따라서 조사선은 특별히 좌선을 하거나 화두를 드는 것이 아니라, 자신이 본래 깨달은 부처임을 자각하는 수행인 것이다. 이것은 제3자에게 전달되는 구조로서 제시해주는 화두를 토대로 참구하는 간화선과의 차이가 있다. 즉 양자간의 직접적인 전달방식이요, 조사의 기량에 의한 방법이었다.

그러나 송대에 이르러서는 조사들의 선문답과 법어에 대해 독자적인 견해로 대구하는 형식의 송고문학(頌古文學)이 병행하였다. 이것은 의심을 불러일으켜 직관적으로 깨달음에 이르게 하는 본래의 의미를 상실하고 화두를 사량으로 이해하려는 의리선적 경향에 빠질 수 있는 것이었다. 대혜는 이러한 폐단에 대하여 옛 조사들의 말씀을 화두로써 깨달음에 이르는 '간화(看話)'라는 보다 적극적인 선법을 펼쳤다.

임제선사와 제자들의 당말(唐末) 활동 가운데 분양선소(汾陽善昭, 947~1024)의 법을 이은 자명초원(慈明楚圓, 987~1040)은 호남지역에서 도량을 일으켰고, 제자 황룡혜남(黃龍慧南)·양기방회(楊岐方會)에 이르러서는 널리 사대부가 귀의하여 강서에서 종지를 재편하게 되었다. 그중 황룡혜남은 당나라 중기 마조도일의 홍주종(洪州宗)의 선사상을 드날리며 『사가록(四家錄)』을 편집해서 강서에서 교세를 펼쳤다. 양기방회와 그 제자들은 양쯔강 북쪽의 사조산(四祖山), 오조산(五祖山) 등 마조 이전의 옛 도량을 재건하여 달마 이래의 고칙(古則)의 종합에 힘써 조주(趙州)의 무자(無字) 화두에 의한 견성체험(見性體驗)의 체계화에 성공하였다. 그러나 양기방회계 원오극근(圓悟克勤. 1063~1135)은『벽암록(碧巖錄)』의 제창으로 인하여 문자선의 경향이 일어나게 되었다. 그에 대해 그의 제자 대혜종고는『벽암록』의 판목(版木)을 불태워버리고 좌선과 묵조(默照)에 치우친 경향을 비판[04]하면서 새롭게 간화선의 체계를 확립하게 되었던 것이다. 북송 말부터 남송대에는 수도를 중심으로 하는 제도불교로서 오산십찰(五山十刹) 제도가 도입되었고, 황룡파(黃龍派)가 법계가 단절되자 양기파(楊岐派)는 임제선의 주류로서 대혜계 양기파에서 입내설법(入內說法)하게 되면서 간화선의 체계가 확립되었던 것이다.[05]

대혜종고는 선주(宣州) 영국현(寧國縣) 사람으로 속성은 해(奚)씨이며 송(宋)의 철종원우(哲宗元祐) 4년(1089) 11월 10일생이다. 동산(東山) 혜운원(慧雲院)에서 삭발하여 17세 때 구족계를 받고 대양산(大陽山)에서 조동종(曹洞宗)의 종지(宗旨)를 배웠다. 27세 때 담당문준(湛堂文準)이 열반에 즈음하여 원오극근에게 배울 것을 권했다.[06] 대혜는 원오를 참문하여 '동산수상행(東山水上行)'에 계합하지 못하다가, '훈풍자남래(薫風自南來) 전각미량생(展閣微涼生)'에 홀연히 깨달은 바가 있었다.[07] 다시 '유구무구여등기(有

04　묵조선이라는 조동선의 치우친 경향을 지적한 것이며 '본래부처' 사상을 파기하는 용어가 아니다. '본래부처' 사상은 나말여초의 산문선에서도 수용하여 조사선 사상을 드날린 것으로 보이는 것으로 제산문으로 조동선이 유입되는 것이다. 또한 일연의『중편조동오위』나『선문삼가염송집』에서 조동종의 선사상에서 '본래부처' 사상을 수용한 것으로 보이나『선문삼가염송집』은 전해지지 않으므로 자세히 알 수 없다.

05　石井修道,「緒言」,『宋代禪宗史の研究』, 東京: 大東出版社(1987), pp.vi~vii.; 金東華,『禪宗思想史』, 서울: 寶蓮閣(1985), p.412.

06　『大慧普覺禪師語錄』卷6(『대정장』47, 836c) "從曹洞諸老宿游 旣得其說 歎曰 是果佛祖意耶 去之謁準湛堂 準識師眉睫間 久謂之曰 子談說皆通暢 特未可以敵生死 吾今疾革 他日見川勤 當能辦子事 勤卽圜悟師也"

07　"어떤 스님이 운문 스님에게, '어느 곳이 모든 부처님의 나온 곳입니까?' 라고 묻자 운문은 '동산이 물위로 간다'라고 대답했다. 그러나 나라면 그렇게 이야기하지 않겠다. '어느 곳이 모든 부처님의 나온 곳

152　간화선 수행

句無句如藤崎)'를 참구하여 대오하였다.[08] 그가 체계화한 간화선법은 조사들이 행하였던 기연과 문답에서 제시하는 종지를 효과적으로 실현하기 위하여 조사들의 수단에 대신하여 화두를 간하도록 한 것이다.

대혜 이후 간화선은 한국을 비롯한 동북아시아에 널리 전해진 수행 방법이다. 그러나 조사의 선문답에서 비롯되는 화두에 대하여서는 견해에 혼란이 있는 현실이다. 간화선은 조사들의 본래면목(本來面目)에 대한 언행인 선문답을 대신해서 깨침의 관문이라는 화두로 철저하게 의심으로 참구해 나아가는 선법이다. 일상의 일이었던 조사선의 선문답이 간화선에서는 자성에 눈을 뜨게 하는 활로로써 정형화된 것이 화두이다.

조사선에서도 조사가 던지는 한마디 말 끝에 바로 깨닫지 못할 경우에는 조사의 어구에 의심을 통해서 깨치는 구조가 있다. 또한 간화선에서도 말끝에 바로 깨침을 강조하고 있다. 조사선과 간화선은 조사들이 제자들에게 질문을 하든지 선지식이 제자에게 화두를 주든지 그 순간 본래면목을 깨치도록 하는 것이며, 깨침이 이루어지지 않을 때는 의심해 들어가는 것이다. 여기에서는 의심이라는 방법은 공통적이지만 그 차이점[09]을 이해해야 할 것이다.

입니까?'라고 누가 묻는다면 '훈풍이 스스로 남쪽에서 불어오니 전각이 서늘하구나'라고 대답하겠다."

08 "어느 날 원오의 '유구무구(有句無句)가 마치 등나무가 나무를 의지한 것과 같다"는 물음에 대혜는 되묻기를, "스님께서 오조 회상에서 이를 물었는데 오조께서 뭐라고 하셨습니까?"라고 하였다. 원오는 웃고 답을 하지 않자, "스님께서 당시 대중이 있는 데서 물으셨는데 지금 말한들 무엇이 방해가 되겠습니까?" 하였다. 원오가 부득이 말하기를 "내가 오조께 그렇게 물었는데, 오조께서는 '본뜰래야 본뜰 수 없고 그릴래야 그릴 수 없다'고 말씀하셨느니라. 내가 또 묻기를 '나무가 넘어지고 등나무가 마를 때는 어떠합니까?'라고 물으니 오조께서 '서로 따라 오느니라'라고 하였느니라."

09 서윤길, 「고려 임제선법의 수용과 전개」, 『보조사상』 8집(1994), pp.11~45 ; 최연식, 「고려말 간화선 전통의 확립과정에 대한 검토」, 『보조사상』 37집(2012), pp.187~225 ; 조명제, 「고려말 원대 간화선의 수용과 그 사상적 영향-몽산, 고봉을 중심으로-」, 『보조사상』 제23집(2005), pp.137~178 ; 최용운, 「보조

2. 고려 중·초기 임제선의 유입

간화선 전통의 성립과정을 살펴보면, 한국 산문의 초창기에 중국 조사선의 전통이 전래되었음을 인지할 필요가 있다.[10] 산문선의 개창조들은 대부분 마조도일 계통인 홍주종의 제자들에게 조사선의 선법을 전수받아 귀국하여 형성된 것이다. 그러나 각 산문은 여기에서 그치지 않고 지속적으로 입당구법승(入唐求法僧)들에 의해, 혹은 중국 조사와의 교류를 통해 새로운 선사상의 도입에 노력을 한 것을 주의하여 살펴보아야 한다.[11] 나말 여초에 완성된 산문은 수행법에서의 새로운 시도와 모색을 하였다는 것을 입증하는 내용이다. 고려대에 이르러 개창조로부터 산문을 계승한 선사들은 중국으로부터 청원행사계 혹은 법안종계의 선법을 다양하게 수용하고 있는 것도 보인다.[12]

12세기 초에 이르러 대각국사(大覺國師) 의천(義天, 1055~1101)은 입송하여 삼장을 수집하고 귀국하여 『신편제종교장총록(新編諸宗教藏總錄)』을 편찬하였다. 또한 교종계의 혁신과, 선종을 천태종으로 개창하려고 시도하였기 때문에 선종은 다소 위축되었다. 그러나 의천에 의해 『능엄경』으로 능엄도량을 개설하고 주석서를 정리하여 크게 펼친 영향으로 12세기

지눌의 간화선관에 내재된 문제점 연구」, 『보조사상』제23집(2005), pp.137~178.

10   이 시기는 중국 조사선의 성립시기인데 주로 마조계 홍주종이 주류를 이룬다.

11   산문의 사상적 변화는 원류라 할 수 있는 중국 선종에서의 사상적 변화를 반영하는 것이다. 동국대학교 불교문화연구원, 『韓國禪思想研究』, 동국대학교 출판부(1884) 산문선 도표에서 중국선종의 사상 유입과정을 일목요연하게 볼 수 있다.

12   이점숙(영석), 『혜심의 『선문염송』 연구』, 동국대 박사학위논문(2010)에서 산문선의 유입과 사상적 변화에 관하여 논지를 정리한 바 있다.

에 접어들어 가지산문의 원응학일과 사굴산문의 혜조담진, 묵암탄연 그리고 거사불교를 꽃피운 이자현 등을 통한 선종이 부흥할 수 있었다.

임제종의 선법이 전래된 것과 관련해서는 『경덕전등록(景德傳燈錄)』 권12, 『전법정종기(傳法正宗記)』 권7, 『천성광등록(天聖廣燈錄)』 권13에 의하면 임제의현의 법을 이은 22명의 제자 중 '신라국 지리산화상'이 있다. 이는 신라인이 분명하나 구체적으로 누구인지 언제 귀국하였는지 불분명하다. 그 후 고려 광종대 양산사 정진국사(靜眞國師)가 입당하여 곡산도연(谷山道緣)의 법을 받아왔다고 한다.[13] 이와 달리 『속전등록(續傳燈錄)』 권9 「동경정인원도진정조선사조(東京淨因院道臻淨照禪師條)」에 의하면, 임제계 부산법원(浮山法遠, 991~1067)의 법을 이은 정인도진(淨因道臻, 1012~1093)에게 '고려에서 3명의 승(僧)이 와서 취학(就學)하고 정인(淨因)은 근기에 따라 개도(開導)하였으며 모두 종지(宗旨)에 계합하였다'는 기사가 있다.[14]

이 '삼승(三僧)' 중 1인으로 추정되는 사람은 고려의 혜조국사 담진이다. 의천이 입송(入宋)하였을 무렵(1076~1080) 입송하여 임제의 선법을 배웠던 것이다. 귀국후 예종(睿宗)으로부터 국사의 지위를 받고 광명사(廣明寺) 등에서 법을 펴다가 순천 계족산(鷄足山)으로 자리를 옮겨 정혜사(定慧寺)를 세우고 여기에서 입적하였다. 그의 법을 계승한 자 중에는 이자현, 대감국사 탄연 등이 있다.

대감국사 탄연은 속성은 손(孫)씨이며 밀양 사람이다. 8세부터 글과 시와 글씨에 능하여 15세에 명경생(明經生)이 되었다. 숙종이 번저(藩邸, 임

13   李能和, 『朝鮮佛敎通史』下, p.948.; 동국대학교 불교문화연구원, 원문개정판 『朝鮮佛敎通史』7, 동국대학교출판부, p.552.

14   『續傳燈錄』卷9 "高麗使三僧來就學 師隨根開導皆契宗旨"(『大正藏』51, 519c)

금이 왕위에 오르기 전에 거처하던 집)에 있을 적에, 그를 불러 예종을 모시게 하였다. 19세에 궁에서 나와 경북산(京北山) 안적사(安寂寺)에서 출가하였으며 광명사의 혜조국사 담진에게 참학하여 심요(心要)를 받았다. 36세 되던 해(1105) 대선(大選), 1106년에 대사(大師), 1109년에 중대사(重大師), 1115년에 삼중대사(三重大師), 1121년(예종 16)에 선사(禪師), 1131년(인종 9) 대선사(大禪師)가 되었고, 1145년(인종 23) 왕사(王師)에 책봉되었다. 그는 임제종의 황룡혜남의 법을 이은 육왕개심(育王介諶, 1080~1148)과 교류를 맺었다. 『보한집(補閑集)』에서는 그가 『사위의송(四威儀頌)』과 『상당어구(上堂語句)』를 써서 광리사(廣利寺, 현 아육왕사) 육왕개심에게 보내니 찬탄하고, 의발(衣鉢)을 전했다고 한다.[15] 1148년 단속사에 가서 1159년(의종 13) 90세에 입적하니 국사(國師)로 추봉, 대감(大鑑)이라 시호하였으며 1172년에 단속사에 비를 세웠다.

이 무렵의 담진은 송에서 유학하면서 부산법원에게 선법을 받고 정인사의 주지로 주석하여 사상적 흐름에 깊은 영향을 받았다. 또한 예종 13년 안화사 주지로 있으면서 송에 유학하여 익힌 선법을 펼쳤는데, 이것은 고려에 임제선풍을 조직적이고 체계적으로 활성화시키는 큰 계기가 되었다. 그 후 담진의 법을 이은 제자들이 왕사나 국사에 오르면서 담진 문하의 선승들은 불교계를 이끄는 주된 흐름을 형성하게 되었다.

---

15   단속사 탑비문에서는 '법을 인가하고 서신을 보냈다'고 전하고 있다. 이것으로서 육왕개심의 법을 이었다고 단정할 수는 없다. 탄연은 혜조로부터 임제선법을 계승한 제자로 보는 것이 무난하다.

Ⅲ. 보조지눌의 간화선 수립

고려 무신집권기에 보조지눌의 선법 체계가 성립된 과정과 그 계승에 대한 선행 연구는 많다. 먼저, 보조지눌은 임제의 사상을 수용하거나 계승한 흔적은 없다고 본다.[16] 지눌은 대혜의 어록을 열람하고 간화선 수행으로 깨쳤으며, 그가 제시한 삼문(三門) 수행 중 경절문은 대혜의 간화선을 독자적으로 수용하여 수행 체계를 정립한 것이며 특징이라고 할 수 있다. 보조지눌의 선사상은 조사선으로서의 임제종이라고 할 수 없으며 간화선이 처음 수용된 사례이다.

그는 8세 때 제 산문 중 사굴산문(闍崛山門)의 종휘(宗暉)에게 출가하였으나 일정한 스승을 따르지 않고 정진했다. 1182년(명종 12)에 승과에 합격하였으며 이 무렵 보제사(普濟寺) 담선법회(談禪法會)에 참석했다가 동료들과 함께 후일 결사(結社)를 약속하고 평창(昌平) 청원사(淸源寺)에 머물면서 『육조단경(六祖壇經)』을 열람하던 중 '진여자성(眞如自性)이 생각을 일으키는 것이므로 비록 육근(六根) 견문각지(見聞覺知)가 있을지라도 만상(萬像)에 물들지 않으니 진성(眞性)은 항상 자재(自在)하다'는 대목에서 큰 깨달음을 얻었다. 1185년에는 예천 하가산(下柯山) 보문사(普門寺)에서 3년간 대장경을 열람했는데, 이때 『화엄경(華嚴經)』, 「여래출현품(如來出現

---

16   한기두, 『한국선사상연구』, 일지사(1991) p.405.

品)』과 이통현(李通玄)의 『화엄경합론(華嚴經合論)』을 보다가 '거듭 신심(信心)을 일으켜 경의 오묘한 이치를 찾아내고 깊이 숨어있는 난해한 뜻을 드러내어 제가(諸家)의 설(說)과 비교하여 더욱 정통하였다. 이에 따라 전해(前解)가 점점 밝아져 항상 마음을 원돈관문(圓頓觀門)에 두었다'고 하니, 이것이 두 번째 깨달음이었다. 1190년 몽선(夢船), 득재(得才)와 함께 팔공산(八公山) 거조사(居祖寺)로 옮겨가 정혜결사(定慧結社)를 실행하고 『권수정혜결사문』을 반포하였다. 정혜결사를 시작한 지 8년 만에 수많은 납자들이 결사에 동참하였으나 1197년에 거조사를 떠나 지리산 상무주암(上無住庵)으로 은둔하여 오로지 수행정진하다가 『대혜어록(大慧語錄)』을 보다가 '선부재정처(禪不在靜處)하며 역부재료처(亦不在鬧處)하고 부재일용응연처(不在日用應緣處)하며 부재사량분별처(不在思量分別處)니라. 연(然)이나 제일(第一)에 부득사각정처(不得捨却靜處)와 료처(鬧處)와 일용응연처(日用應緣處)와 사량분별처(思量分別處)하고 참(參)하여야만 홀연히 눈이 열려서 바야흐로 이것이 바로 옥리사(屋裏事)임을 알 수 있다'라는 구절에 이르러 세 번째 깨달음을 얻었다. 보조지눌은 세 차례 깨달음의 계기를 선적을 통하여 얻고 조계의 선지를 원사하였다고 자술하고 있다. 그 후 결사를 새로 시작하고자 제자 수우(守愚)를 보내 송광산(松廣山) 길상사(吉祥寺)를 중창하게 했다.

1200년(신종 3) 정혜결사를 길상사로 옮기고 이후 11년간 결사를 실천하였다. 결사의 정신은 산림에 은거하며, 정혜쌍수(定慧雙修)에 힘쓰고 예불전경(禮佛轉經)으로 노동운력하며, 인연 따라 어느 곳에서나 성품 단련에 힘을 쓰며 진인조사(眞人造士)들의 길을 본받자는 취지와 함께 대혜종고의 간화선법을 닦았다. 지눌은 『금강경』과 『육조단경』, 『화엄신론』과

『대혜어록』으로 성적등지문(惺寂等持門)·원돈신해문(圓頓信解門)·간화경
절문(看話徑截門)의 3문을 세워 정혜쌍수를 가르쳤다. 그의 저서로는『권
수정혜결사문』1권,『진심직설(眞心直說)』1권,『수심결』1권,『계초심학인
문』1권,『원돈성불론(圓頓成佛論)』1권,『화엄론절요(華嚴論節要)』3권,『간
화결의론(看話決疑論)』1권,『법집별행록절요병입사기(法集別行錄節要并入私
記)』1권,『염불요문(念佛要門)』1권,『육조단경발문(六祖壇經跋文)』1편(이상
은 현존함),『상당록(上堂錄)』1권,『상당가송(上堂歌頌)』1권,『목우자시집(牧
牛子詩集)』1권(이상은 전하지 않음) 등이 있다. 1210년 3월 입적 후 수선사
북쪽에 탑을 세워 사리를 안치하고 국사로 추증되어 시호는 불일보조(佛
日普照)이며, 김군수(金君綏)가 비문을 지었다.[17]

보조지눌은 정치세력과 밀착하여 비롯된 교단의 여러 가지 폐단과
선종과 교종 간의 대립을 비판하며 결사운동을 추진하였다. 수선결사에
서 제시한 실천체계로서의 삼문(三門)은 성적등지문·원돈신해문·간화경
절문인데 그중 간화경절문은 대혜종고의 간화선에 영향을 받았으며 화
두를 들고 바로 질러가는 간화선 수행의 방법이다. 그는『간화결의론』과
『절요사기』에서 간화선 수행의 필요성과 무자화두를 들 때 생길 수 있는
문제점에 대하여 자세히 언급하고 있다. 보조지눌이 펼친 수선사 간화선
의 철학적인 기초는 하택신회, 대혜, 이통현 등의 이론을 원용한 것이었
으며 그의 사상은 진각혜심에 이어졌다.

보조지눌에 의한 대혜종고의 간화선 선양으로 인하여 고려의 선승
들은 간화선에 관심을 가지게 되었고 13세기 말경에는 원의 간화선 선

---

17   이지관,『校勘譯註 歷代高僧碑文』5: 高麗篇(4), 伽山佛教文化研究院(1997).

사들과 직접적인 교류를 갖게 되었다. 특히 14세기에는 '여말삼사'라 칭하는 백운경한, 태고보우, 나옹혜근 등의 활약으로 간화선은 불교계의 주류적 흐름으로 자리잡게 되었다. 고려 후기 간화선의 전개 과정에 대한 연구와 검토는 지속되고 있는 실정이다. 이 가운데에는 태고보우와 나옹혜근의 무자화두 참구는 보조지눌, 진각혜심으로부터 계승되어 환암혼수(幻庵混修, 1320~1392), 목암찬영(木庵粲英, 1328~1390)에게까지 이어져 12~14세기에 걸친 간화선의 주류적 전통으로 확립된 것이다.

IV. 몽산덕이의 간화선과 그 영향

1. 몽산덕이의 선사상

고려 후기에 있어서 몽산덕이(蒙山德異)의 사상과 그의 연보에 나타난, 그와 교류를 가지고 사상적 영향을 받은 고려의 선승들에 대하여 살펴볼 필요가 있다. 『몽산화상법어약록(蒙山和尙法語略錄)』(이하 『몽산법어』)에 의하면 그가 보이는 간화선 수행 방법에 있어서의 체계를 크게 세 가지 정도로 요약할 수 있다. 첫째, 발심과 수선의 방법으로서 화두의 제시, 둘째, 공부의 장애와 점검, 셋째, 깨달음의 경계와 오후(悟後)의 점검이라는 체

계이다.[18]

먼저, 몽산덕이의 발심 과정은 '발심하여 생사대사를 도모하는 수행자가 아직 깨닫지 못했을 경우는 글을 읽지도 말고, 예식 때가 아니면 경전도 읽지 말 것'을 권고한다.[19] 수선의 본질은 "왕성하게 작용하되, 바른 체성이 한결같아서 종횡으로 묘함을 얻고 일마다 걸림이 없는 것"[20]이다. 또 "참선의 묘함은 성성(惺惺)에 있다"[21]고 하여 적적(寂寂)보다 성성(惺惺)을 강조하고 있다.

화두의 제시에서 그가 깨달음을 얻은 계기가 된 화두는 조주의 '무자화두'이므로, '他是阿誰[그는 누구인가]'[22] 화두를 제외하고는 '무자화두'를 중심으로 화두 제시를 하고 있다.

둘째, 공부의 장애와 점검에 관하여 그는 화두 드는 법을 알면 점검하여 의심을 일으키되, 이때 너무 급하게도 너무 느슨해져 게으르지도 않는 수행을 권하였다. "너무 긴장하면 색심(色心)이 동해서 병이 나고 너무 늘어지면 화두를 잊게 된다"고 하였다. 또한 "만약 마음 씀이 급하면

---

18   황금연, 「蒙山德異선사의 간화선수행에 관한 고찰」, 『보조사상』 36집(2011.8). 이외에도 간화와 염불에 대한 내용도 포함할 수 있다.

19   『蒙山和尙法語略錄』, 「晥山正凝禪師示蒙山法語」, 智異山神興寺重刊本(中宗31년(1536)), p.1. "此後 只看箇無字 不要思量卜度 不得作有無解會 且莫看經敎語錄之類"
       참고 문헌은 그 刊記에 嘉靖十五年丙申孟夏日智異山神興寺重刊, 조선총독부고서분류: 古朝21, 16張: 四周單邊, 半郭 15.2×11.7cm. 9行 17字로 되어있다.

20   『蒙山和尙法語略錄』, 「休休庵主坐禪文」, 智異山神興寺重刊本(中宗31년(1536)), p.33. "熾然作用 正體如如 縱橫 得妙事事無礙 謂之坐禪"

21   『蒙山和尙法語略錄』, 「蒙山和尙示古原上人」, 智異山神興寺重刊本(中宗31년(1536)), p.12. "夫參禪妙在惺惺"

22   『蒙山和尙法語略錄』, 「蒙山和尙示惟正上人」, 智異山神興寺重刊本(中宗31년(1536)), p.18. "所謂參究者 當疑釋迦彌勒是佛因甚 猶是他奴畢竟 他是阿誰"
       『無門關』 卷1(『大正藏』48, 298c) "東山演師祖曰 釋迦彌勒猶是他奴 且道他是阿誰"

곧 육단심(肉團心)이 요동쳐 혈기가 조화롭지 않는 등 병이 생긴다"라고 하였다. 이외에도 "만약 언구를 의심하지 않는다면 이것이야말로 큰 병이다"[23]라고 하였다.

셋째, 깨달음의 경계와 이후 점검에 관하여 깨달음이 가까운 때가 되면 "마음으로 깨닫기를 기다리지도 말며, 다른 이가 천착해주기를 기다리지도 말고 사량하고 헤아리지도 말며 알음알이로 알려고 하지도 말고 오직 화두만 보라"[24]고 한다. 이때 온갖 의심이 절박하게 일어나 마치 댓돌이 맞듯 맷돌이 맞듯이 하나가 되어 '아' 하는 한 소리에 바른 눈이 활짝 열려 밝아지면 능히 '집에 이른 말'과 '기연(機緣)에 맞춰 제시하는 말'과 '화살과 창끝이 서로서로 맞부딪치는 것 같은 말'을 체득하고 차별한 기연을 알아 전부터 지녀왔던 일체의 의심과 장애가 마치 얼음이 녹듯해서 남음이 없게 된다.[25] 이 경지는 동정일여(動靜一如)하고 오매(寤寐)에 성성(惺惺)하여 화두가 현전하기를 마치 물에 비친 달이 여울진 물결 속에서도 활발발(活潑潑)한 것처럼 건드려도 흩어지지 않으며 쓸어버려도 없어지지 않아 내면은 고요하여 흔들리지 않고, 밖으로는 흔들어도 동요하지 않는 경지[26]라고 하였다.

---

23 『蒙山和尙法語略錄』, 「蒙山和尙示聰上人」, 智異山神興寺重刊本(中宗31년(1536)), p.22. "若不疑言句 是爲大病"

24 『蒙山和尙法語略錄』, 「蒙山和尙示惟正上人」, 智異山神興寺重刊本(中宗31년(1536)), p.20. "不得將心 待悟 不要求人穿鑿 不要思量卜度 不要求解會 但提話頭看"

25 『蒙山和尙法語略錄』, 「蒙山和尙示惟正上人」, 智異山神興寺重刊本(中宗31년(1536)), p.20. "衆疑逼發 築着磕着噴(口+力)地一聲 正眼開明 便能下得到家語 投機語 箭鋒相拄語 識得差別機緣 前來所有一 切疑礙 氷消無餘"

26 『蒙山和尙法語略錄』, 「蒙山和尙示聰上人」, 智異山神興寺重刊本(中宗31년(1536)), p.25. "無此過者 動 靜一如 寤寐惺惺 話頭現前…"

그리고 이후 점검에 관하여, "부디 적은 깨달음에 만족하지 말고 다시 선지식을 찾아가서 입실의 경지까지 나아가 일대사인연(一大事因緣)을 깨달아 사무쳐야 한다"[27]고 하였다.

깨달은 뒤 선지식을 통한 점검 과정은 "이미 현묘함을 다했다면, 또 다시 물러나 자취를 감추고 보양(保養)하여 역량을 온전히 갖추되, 일대장경과 유교·도교의 모든 전적들을 다 보아 다생의 습기를 녹이고 연마해 청정하여 끝이 없으며, 원만히 밝아 걸림이 없어야 한다"[28]라고 하였다.

점검이 없을 경우에 대하여 "만약 옛날에 행해온 길을 완전히 바꾸지 못하면, 문득 평범한 무리로 떨어져 다시 혹 말할 때는 깨달은 것 같다가 경계를 대하면 도리어 미혹해져서 말을 내뱉으면 취한 사람과 같으며 행위가 속인과 같아 기틀의 숨어있고 드러남을 모르고 말의 바르고 삿됨을 알지 못하여 인과를 무시하여 없다고 하니, 지극히 큰 폐해가 되리라"[29]라고 하고 점검의 중요성을 설하고 있다.

또 공부를 마친 사람은 "이 일을 깨달아 마친 사람은 생사의 언덕에서 능히 거친 것을 바꾸어 세밀하게 하며, 능히 짧은 것을 바꾸어 긴 것으로 만들 수 있어 지혜광명 해탈로 일체 법을 내는 삼매왕을 얻을 것이다. 이 삼매 때문에 의생신(意生身, 뜻대로 태어날 수 있는 몸)을 얻고, 향후에 능히 묘응신(妙應身)과 신신(信身, 믿음의 몸)을 얻을 것이니, 도가 큰 바다와

27　『蒙山和尙法語略錄』,「蒙山和尙示惟正上人」, 智異山神興寺重刊本(中宗31년(1536)), pp.20~21. "法法圓通 得昇堂已 切忌小了 更來指汝 進步入室 了徹大事"

28　『蒙山和尙法語略錄』,「蒙山和尙示聰上人」, 智異山神興寺重刊本(中宗31년(1536)), p.26. "旣盡玄妙 又要退步 韜晦保養 力量全備 看過藏敎儒道諸書 消磨多生習氣 淸淨無際圓明無礙"

29　『蒙山和尙法語略錄』,「蒙山和尙示聰上人」, 智異山神興寺重刊本(中宗31년(1536)), p.26. "其或換舊時 行履處未盡 便墮常流 更若說時 似悟對境 還迷出語 如醉人作爲似俗子 機不識隱顯 語不知正邪 撥無因果 極爲大害"

같아 들어갈수록 더욱 깊어질 것이다"[30]고 하며, "우리 종문에 부처를 뛰어 넘고 조사를 뛰어 넘는 계략이 있다고 하지 말라"[31]고 하였다.

2. 몽산덕이의 영향을 받은 선승

몽산덕이의 연보[32]에 의하면 충렬왕 21년(1295) 요암원명장로(了庵元明長老), 각원상인(覺圓上人), 각성상인(覺性上人), 묘부상인(妙孚上人) 등 8인의 도우(道友)가 고려에서 가서 함께 머물렀다고 한다. 이듬해(1296) 중부상인(中孚上人) 등 4인의 도우(道友)는 고려로 귀국하였다고 한다. 그해 겨울 만수상인(萬壽上人)이 입국하였으며, 내원당(內願堂) 대선사 혼구(混丘, 1251~1322)와 정녕원공주(靖寧院公主) 묘지(妙智), 명순원공주(明順院公主) 묘혜(妙惠), 전도원수(前都元帥) 상락공(上洛公) 김방경(金方慶, 1212~1300), 시중(侍中) 한강(韓康), 재상(宰相) 염승익(廉承益)·김흔(金昕)·이혼(李混), 상서(尙書) 박경(朴卿)·유거(柳椐) 등이 편지를 보내어 이에 문답하였다고 한다. 충렬왕 24년(1298) 상인을 통하여 수선사 만항(萬恒, 1249~1319)은 덕이본 『육조대사법보단경』을 입수하였다. 충선왕에게 선(禪)을 강의한 수선사 만항은 몽산덕이에게 게송을 지어 보내고 점검을 받았는데, 몽산은 그

---

30 『蒙山和尙法語略錄』,「蒙山和尙示聰上人」, 智異山神興寺重刊本(中宗31년(1536)), p.27. "了事者 生死岸頭 能易麤爲細 能易短爲長 以智光明解脫 得出生一切法 三昧王 以此三昧故 得意生身 向後能得妙應身信身 道如大海 轉入轉深"

31 『蒙山和尙法語略錄』,「蒙山和尙示聰上人」, 智異山神興寺重刊本(中宗31년(1536)), p.27. "莫說宗門中有超佛越祖底作略"

32 허흥식,「蒙山德異의 行績과 年譜(資料 解題)」,『韓國學報』20, 일지사(1994), pp.222~224.

를 찬탄하고 고담(古潭)이란 호를 지어주었다. 『몽산어록』에 실린 「고담화상법어(古潭和尙法語)」는 바로 만항의 것이다. 또 충렬왕 때 사간을 역임한 동안거사(動安居士) 이승휴(李承休, 1224~1300)는 몽산으로부터 오조법연(五祖法演, 1024~1104)의 "그는 누구인가"라는 화두를 받아 감격하고 게송을 지었다고 한다.[33] 충렬왕 26년(1300) 수선사 만항에 의해 덕이본『육조대사법보단경』을 간행하였다. 충렬왕 34년(1308)에는 몽산의 제자 철산소경(鐵山紹瓊)이 고려에 입국하였다. 충정왕 2년(1350)에는 나옹혜근이 휴휴암을 방문하였다는 기사가 『나옹화상행장(懶翁和尙行狀)』에 있다. 공민왕 13년(1364)에는 진각국사(眞覺國師) 설산천희(雪山千熙, 1307~1382)가 휴휴암 진영에서 방광을 보게 되는 신이를 경험하였다. 이후 조선 시대에 이르기까지 몽산의 저술이 간행되었다.[34]

몽산덕이에 의한 영향력은 이후에도 지속되어 수선사 제10세 사주(社主) 혜감국사(慧鑑國師) 만항(萬恒)은 수선사를 일으키기 위하여[35] 몽산의 선법을 도입하는 노력을 하였다. 그는 전술(前述)한 바와 같이 몽산덕이와 문게(文偈)를 나누어 고담(古潭)이라는 호를 받은 바 있으며, 덕이본『육조단경』, 『몽산법어』 등을 수용하여 간화선을 대중화시키고자 하였다.

각진국사(覺眞國師) 복구(復丘, 1270~1355)는 수선사 13세로서 이달충

33　印鏡, 『蒙山德異와 高麗後期禪思想硏究』, 서울 : 불일출판사(2000), pp.87~89 참조.

34　조선 초 세종 7년(1432) 간기에 의거하면 『蒙山和尙六道普說』의 초판이 간행되었으며, 성종 8년(1472)에 간기에 의거, 『蒙山和尙法語略錄諺解』가 간행되었다. 나아가 중종 21년(1526) 碧松野老가 斷俗寺에서 『直註道德經』을 간행하고 발문을 쓰기도 하였는데 조선 시대에 '삼교일치설'에 의거하는 데에 일조를 더하는 듯하다.

35　수선사 사주로서 진명국사(眞明國師) 충경(冲鏡, 1191~1271), 원감국사(圓鑑國師) 충지(冲止, 1226~1293)는 친원적 경향을 띠었으며 결사정신의 퇴조와 수선사의 사세가 약화되었다. 이후 수선사 7세 자정국사(慈靜國師), 8세 자각국사(慈覺國師), 9세 담당국사(湛堂國師)의 경우 이름만 「국사전탱액」과 「송광사사원사적비(松廣寺嗣院事蹟碑)」에 나타나고 있다.

(李達衷)이 지은 비문만『동문선(東文選)』에 남아 전해지고 있다. 그 내용은 원오국사(圓悟國師)에게 출가하여 수학하고 승과에 급제하였으며, 자각국사(慈覺國師)에게도 수학하였다. 백암사, 월남사 등에서 수행하다 만년에 불갑사에 주석하였으며 1352년에 왕사에 책봉되고 백암사에서 입적하여 유골을 불갑사에 옮겨 탑을 세우고 5년이 지난 뒤 비를 세운 사실이 전해진다. 공민왕의 즉위 직후 1352년에 70세의 고령이었으나 왕사로 책봉[36]되었다. 그가 몽산덕이의 사상적 경향을 짐작할 수 있는 것으로는 그의 문도인 강화도 선원사(禪源寺) 식영연감(息影淵鑑)으로부터 환암혼수가 참학하여『능엄경』의 25가지 방편수행을 수학한 바 있다. 선원사는 철산소경이 주석한 곳이기도 하므로 만항 이후에도 몽산의 선풍이 지속되었던 것으로 짐작할 수 있다. 그러나 직접적으로 몽산덕이와 철산소경의 법을 계승했는지에 대해서는 더 자세하게 연구해야 할 바이다.

원명국사(圓明國師) 충감(沖鑑, 1274~1338)은 1304년 대덕 8년에 몽산덕이의 법계인 철산소경을 만난 뒤 함께 귀국하여 3년간 고려에 머물게 하였다. 철산소경은 충렬왕과 숙정원비에게 보살계(菩薩戒)를 주었으며 왕실뿐만 아니라 사족에 이르기까지 대승계(大乘戒)를 주었다. 충감은 그 뒤 용천사(龍泉寺) 주지로 있으면서『선문청규(禪門淸規)』를 받아들여 이를 실행하였으며, 뒤에 선원사(禪源寺)의 주지가 되어 15년간 불법을 널리 펼쳤다.

이외에도 몽산덕이의 간화선법과 대혜의 선법에 대한 차이점을 인식

36　『東文選』권118「王師大曹溪宗師一卭正令雷音辯海弘眞廣濟都大禪師覺儼尊者贈諡覺眞國師碑銘」
　　; 朝鮮總督府 編,『朝鮮金石總覽』上, 亞細亞文化社(1976)

하고 원에서 유학하고 귀국한 '여말삼사'에 의해 대혜의 간화선적 성향으로부터 몽산의 성향으로 한국선종의 사상적 경향을 결정하게 된 것이다.

3. 임제계 간화선의 전통과 태고보우의 계승

선행 연구에 의한 바, 수선사의 간화선에 대한 인식으로 몽산덕이의 간화선이 수용되고 또, 수선사를 중심으로 수용된 몽산의 간화선과 '여말삼사'를 중심으로 하는 몽산의 간화선의 사상적 특성을 비교해 볼 필요가 있다.

고려 충렬왕 이후 한국의 선종은 가지산문(迦智山門)과 천태종의 묘련사(妙蓮寺) 계열과 법상종(法相宗) 계통이 부각하게 된다. 원의 간섭기 이후 수선사가 퇴조하면서 간화선의 흐름은 가지산문 계통으로 전개되었다. 여기에 가지산문계인 보각국사(普覺國師) 일연(一然, 1206~1289)은 사상적 변화를 일으켜 수선사의 사주가 되고 1249년에는 남해 정림사(定林社)에서 『선문염송』을 열람하고 『선문염송사원(禪門拈頌事苑)』을 저술하기도 하였다.

일연의 제자 보감국사(寶鑑國師) 혼구(混丘, 1250~1322)는 몽산이 보낸 '무극설'의 이치를 터득하고 자호를 무극노인(無極老人)이라 하였다.

특히, 고려 말 공민왕대에는 원에 유학하여 간화선으로 인가받은 주요 인물의 사례가 다양하다. 그중 선종계가 아닌 설산천희(雪山千熙)도 원에 유학하고 간화선을 전해왔다. 그는 58세 되던 해, 1364년 원에 유학하던 중 항주의 휴휴암에서 몽산덕이의 신이한 행적을 보게 되었고 유품을 계승하여 전법하였다고 한다.[37] 그는 이어 1366년에는 만봉시울(萬峯時蔚, 1303~1381)을 참문하고 인가를 받아 귀국하였다.[38] 13세기 말 몽산 덕이의 선사상이 고려에 널리 알려졌기 때문에 가능했던 것으로 볼 수 있다. 귀국하자 신돈(?~1371)으로부터 추선이 되어 국사에 책봉되었으나 신돈 실각 후 천희는 물러나고 태고보우가 등용되었다.

태고보우는 무자화두의 참구를 강조하고 유심정토(唯心淨土)의 입장에서 염불화두법을 권하였다.[39] 그는 서른일곱 살에 오매일여(寤寐一如)가 되고, 서른여덟 살 때 활연히 대오하였다. 그러나 "참선하려면 모름지기 조사의 관문을 뚫어야 하고 도를 배우려면 마음길이 끊긴 데까지 가야 한다. 마음길이 끊어질 때 바탕이 그대로 드러나니 물을 마시는 사람만이 차고 따뜻함을 스스로 안다. 그 경지에 이르거든 아무에게나 묻지 말고 바로 본분종사(本分宗師)를 찾아 기연을 다 털어내보라"고 하여, 본분종사의 가풍에 따라 화두를 타파한 뒤, 바른 깨달음인지 아닌지를 본분종사로부터 결택받기 위하여 1352년원 하무산 석옥청공으로부터 인가를 받았다. 깨달음을 이룬 후 본분종사로부터 가풍을 계승하고[40] 인가를 강조한 점도 몽산 선풍의 영향이라고 할 수 있다. 그 후 공민왕 즉위 직후 1356년에 왕사가 되었다. 그는 9산문을 하나의 선문으로 통합하고 체제를 개편하여 원융부(圓融府)를 설치하였고 『선원청규』에 의거하여 선

---

37   최연식, 「고려말 간화선 전통의 확립과정에 대한 검토」, 『보조사상』 37집(2012), P.195, 彰聖寺 眞覺國師碑

38   전게서.

39   유심정토관의 실천으로서 염불화두법은 원대 몽산덕이의 경향으로서 고려 간화선에 영향을 미친 것이므로 태고보우와 나옹혜근의 염불화두법도 이와 같은 맥락에서 볼 수 있다.

40   『蒙山和尙法語略錄』, 전게서, pp.68~69, "了事者生死岸頭能易蠶爲細能易短爲長以智光明解脫得出生一切法三昧王以此三昧故得意生身向後能得妙應身信身道如大海轉入轉深"

문을 운영하려고 하였다. 이에 공민왕도 또한 통제를 강화하려는 의도에서 장려하게 되었다. 실제로 태고보우의 발문과 함께 『선원청규』의 실행을 의미하는 간행이 있었다.[41] 그는 몽산의 간화선의 수행체계를 확립하였으므로 그 선풍은 간화선 수행체계이며 이와 같은 인가와 법통이라는 전통이 간화선에서 확립되었던 것이다.

태고보우에 이어 나옹혜근, 백운경한 등에 의해서 깨달은 뒤 선지식을 통한 점검 과정으로서 중국 선문의 종사에게 참문하여 인가를 받고 석옥청공의 법을 계승하게 되었는데 입원(入元) 유학의 선사들은 몽산덕이의 영향으로 깨달은 뒤 본분종사를 찾아가 인가를 받는 정통을 세웠던 것이다.

인가받는 경위 중 나옹혜근은 스물일곱 살에 크게 깨치고 원에 머물면서 1361년 평산처림(平山處林)에게 가사와 불자와 함께 그의 선법을 전해 받았으며, 인도의 선지식 지공(指空)에게 가사와 불자 및 범어로 쓴 서신을 받았으며, 신광사(神光寺) 주지를 맡게 되었다.

백운경한도 크게 깨달은 뒤 석옥청공의 법을 받았다. 그는 금속활자본인 『직지심체요절(直指心體要節)』의 편저자이기도 하다. 산문의 주류적 흐름을 계승한 것으로 보이지 않으나 스스로의 회고에서 1351년 54세에 원에 유학하여 지공과 석옥청공의 가르침을 받았다. 귀국 후 1353년 정월 『증도가(證道歌)』의 구절을 암송하다가 깨달음을 얻고 석옥청공의 가르침에 부합하였음을 편지로 보냈다. 이에 석옥청공으로부터 전법게(傳

---

41 『太古和尙語錄』卷下「玄陵勅刊百丈淸規跋」(『韓佛全』6권,694a) "今聖君矜信於斯 命使流通" 국왕의 뜻을 받들어 『선원청규』를 실행하였다.(『牧隱文藁』卷1「麟角寺 無無堂記」,(『韓國文集叢刊』第4冊 pp.2~3))

法偈)를 받았다. 공민왕은 1357년 초치하고자 하였으나 노병을 이유로 응하지 않았으며 1365년 나옹이 신광사를 물러나자 다시 초청하여 3년 여 주석하였다. 그는 조사선으로서 갖추고 있는 색, 성, 언어로써 법을 보이고 사람을 보이는 법어가 『백운화상어록(白雲和尙語錄)』에 강조되어 있다.[42] 그의 어록에서는 석옥청공에게 무자화두를 묻고 무심무념의 진종에 계합하였음을 나타내고 있어 다양하게 법을 펼쳤으나 결국 무심무념의 종지에 이를 것을 강조한 점을 볼 수 있다.[43]

1370년 광명사에서 공부선을 개최하였을 때 나옹혜근, 설산천희, 백운경한 등이 주관한 것을 미루어 대혜로부터 몽산덕이 등으로 전개된 간화선이 불교계의 주류임을 알 수 있다.[44]

고려 후기 간화선의 전개과정에 대한 연구와 검토는 지속되고 있는 실정이다. 이 가운데에는 태고보우와 나옹혜근의 무자화두 참구는 환암혼수, 목암찬영에게까지 이어져 12~14세기에 걸친 간화선 주류의 전통이 확립된 것이다.

---

42 『白雲和尙語錄』卷上「祖師禪」 "又云 山花開似錦 澗水碧於藍 此等言句 皆是祖師禪 具色聲言語 宗師家 或以言語示法示人者···"(『韓佛全』6권, 654b)

43 최연식, 「고려말 간화선 전통의 확립과정에 대한 검토」(『보조사상』37집, 2012) pp212~213에서는 백운경한의 선법에 대하여 조사선이라고 명시하고 있으나 이것은 무자화두를 통한 조사의 무심의 경지에 계합한 것이므로 조사선이라고 단언하여서는 안 되며 간화선법을 통한 조사선 사상의 실현으로 보아야 할 것이다. 따라서 '여말삼사'는 모두 간화선법을 실현한 선사로서 이해할 수 있다.

44 주맹인 나옹혜근과 백운경한 등의 3구, 공부10절, 3관, 화두 수시 무심 등의 내용이 제시되었던 것을 미루어 짐작할 수 있다.

V. 맺는 말

한국선종사의 흐름을 이해하고 시대에 따른 수용의 과정을 단적으로 이해하는 데에는 많은 제약이 따른다. 그것은 선법이 전래되고 발전하는 데에 있어 중국과의 소통을 통하여 서로 영향을 주고 받았기 때문이다. 이를 위해서는 당시대의 정치·사회적 배경, 국제적 교류와 사상적 정립에 따르는 다양한 저술과 교단 내의 사상적 경향을 거시적으로 분석하고 사상적 특징을 드러내는 방법이 필요하다. 먼저, 중국 선종의 경향을 국제적 정세를 통하여 고려대에 유입되는 선사상의 산문선에서 수용하는 과정과 고려 중기의 승과고시에서 선종이 부각되는 점을 간과하여서는 안 된다. 그 다음은, 이를 통하여 12세기 선종의 경향과 12세기 말 ~13세기에 성립된 수선사의 결사가 성립된 사실이다. 그리고 14세기 초에 이르러 '여말삼사'로 일컫는 선사들의 활약은 한국 선종에 있어서 중요한 사상적 변화이면서 동시에 사상적 결실이라 할 수 있을 것이다. 여말(麗末)에 삼사를 통하여 드러나는 선사상은 결국 암울하고도 침체된 조선 시대에 혜명을 잇게 한 것이다. 이에 고려 시대의 조사선 수용과 간화선의 수용과정은 한국적 선수행 풍토와 그 정체성을 밝히는 데에 많은 선행 연구가 있다. 선행 연구를 종합하여 보면, 특히 종조론과 아울러 보조지눌로부터 비롯된 수선사계에서 개척한 간화선의 수용과 전개에 대한 사상적 정체성 확립에 근거하는 성과물이다.

본고에서는 다른 방면으로 13세기 말 수선사를 중심으로 송으로부터 선적을 유입하여 수용된 간화선과, 원 간섭기 이후 수선사 선풍이 변하게 되면서 몽산덕이 등의 선사상과 교류한 사실은 13세기, 14세기의 중요한 선사상적 분기점이 되었다는 것을 살펴보았다. 14세기 몽산덕이 등을 탐방하고 유학한 많은 고려의 선승들은, 본분종사의 가풍으로 화두를 참구하여 의심이 끊어지지 않도록 하고, 화두를 타파한 뒤에는 본분종사를 찾아가 묻고 바른 깨달음인지 아닌지를 결택받는 간화선의 수행체계를 확립하게 된 것이다. 간화선 수행전통과 아울러 삼교일치사상의 수용은 여말 선종계의 동향일 뿐만 아니라 14세기 말경에 이르기까지 선문에 큰 영향을 끼치게 되었다.

여말 대혜계 석옥청공의 간화선의 유입 이전에는 보조지눌의 수선지침서 『수심결』, 『정혜결사문』, 『계초심학인문』과 진각혜심의 『선문염송집』 등이 간화선 수행의 지침이 되었으나, 태고보우에 의하여 『치문』이나 『선원청규』로 대체되었다가, 나옹혜근의 영향력에 기반하여 다시 『수심결』, 『정혜결사문』, 『계초심학인문』, 『고려판 선원청규』 등으로 대체된 것을 통해서도 선종계의 사상적 변화에 대하여 알 수 있다. 선 전통이 계승되는 가운데에서도 사상적 변화는 계속 이어져 수선결사에서 편찬된 『선문염송』과 진각혜심의 문인 각운선사에 의해 염송설화가 조선 시대에 이르기까지 각 산문의 선사상을 기반으로 다양한 시각에서 주기(註記)가 편찬되었다. 주기에 대한 논쟁은 곧 사상의 잣대를 세우는 것이어서 각 산문의 사상적 특징을 드러내는 것이지만 이에 대한 연구는 다음으로 미룬다.

06.
혜심의
「구자무불성화간병론
(狗子無佛性話揀病論)」
찬술 배경과
내용 분석

자현玆玄

자현 玆玄

중앙승가대학교 교수

동국대와 성균관대에서 석사학위를 받은 후, 성균관대학교 동양철학과(율장)와 동국대학교 미술사학과(건축) 그리고 고려대학교 철학과(선불교)와 동국대학교 역사교육학과(한국 고대사) 및 국어교육학과(불교 교육)에서 각각 박사학위를 취득했으며, 미술학과의 박사과정을 수료했다. 동국대학교 강의전담교수와 능인대학원대학교 교수를 지냈다. 현재 중앙승가대학교 불교학부에서 교수와 불교학연구원장으로 재직 중이며, 월정사 교무국장과 조계종 교육아사리 그리고 《불교신문》 논설위원과 한국불교학회 법인이사 및 상하이 푸단대학교 객원교수 등을 맡고 있다. 한국연구재단 등재지에 160여 편의 논문을 수록했으며, 40여 권의 저서를 발간했다. 저서 가운데 『불교미술사상사론』은 2012년 학술원 우수학술도서, 『사찰의 상징세계(상·하)』는 2012년 문광부 우수교양도서, 『붓다순례』(2014)와 『스님의 비밀』(2016), 『불화의 비밀』(2017), 『스님, 기도는 어떻게 하는 건가요』(2019)는 각각 세종도서에 선정되었다. 또 『백곡 처능, 조선불교 철폐에 맞서다』는 2019년 불교출판문화상 붓다북학술상을 수상했으며, 제7회 영축문화대상을 수상했다.

I. 서론

혜심(慧諶, 1178~1234)은 지눌(知訥, 1158~1210)의 수선사(修禪社) 결사(結社)를 계승한 2대 사주로 최이(崔怡, 최충헌의 아들이며 최우崔瑀에서 개명) 무신세력의 돈독한 관계와 후원 속에서 수선사의 위치를 반석 위에 올려놓는 인물이다. 또 사상적으로는 지눌의 간화 경절을 계승·발전하여 확립시키고, 선어록의 총서인『선문염송(禪門拈頌)』30권을 편찬·간행하여 고려 선불교를 일신하고 통일시키려는 모습을 보인다는 점에서 주목된다.

본고는 혜심의 선사상과 관련해서, 가장 핵심적인 문헌인「구자무불성화간병론(狗子無佛性話揀病論)」에 관해 검토한 것이다.「간병론(揀病論)」은 지눌이 대혜종고(大慧宗杲)의 영향 하에서, 조주(趙州)의 무자(無字) 화두에 십종병(十種病)이 발생할 수 있음을 지적한 부분을 혜심이 부연한 저술이다. 즉 혜심은 지눌이 강조점을 둔 부분을 술이부작(述而不作)해서 지눌을 계승하는 동시에 자신의 선사상을 온축하고 있는 것이다.

지금까지「간병론」과 관련해서는 이덕진·정성본·김호귀·김방룡이[01] 소논문 안에서 부분적인 연구를 진행한 것이 있다. 그러나 이는 연구의

---

01   李德辰,「看話禪의 '拘子無佛性'에 대한 一考察-大慧宗杲·普照知訥·眞覺慧諶을 중심으로」,『禪學』 1호, 韓國禪學會(2000);鄭性本,「眞覺國師 慧諶의 看話禪 연구」,『普照思想』23집, 普照思想研究院 (2005);김호귀,「白坡亘璇의 [無字揀病論科解]에 대한 고찰」,『禪學』18호, 韓國禪學會(2007);김방룡, 「眞覺慧諶의 禪思想 체계와 불교사적 의의」,『禪學』40호, 韓國禪學會(2015).

필요에 따른 부분 검토이므로 「간병론」의 전체적인 것은 아니었다.

본고에서는 먼저 「간병론」의 배경으로서, 지눌의 혜심에 대한 인가(印可) 과정에서 「간병론」의 핵심이라고 할 수 있는 간화십종병이 등장한다는 점을 제시했다. 즉 혜심의 인가에는 십종병과 관련된 측면이 존재하는 것이다.

지눌의 저술 중 간화십종병이 언급된 것은 『법집별행록절요병입사기(法集別行錄節要并入私記, 이하 『절요사기』)』이다. 그러나 이와 관련해서 내용적으로 주목되는 저술은 유작인 『간화결의론(看話決疑論)』이다. 그런데 이 문헌은 지눌의 입적(1210) 후 혜심이 우연히 발견해서 혜심의 주도로 1215년에 간행된다. 즉 혜심의 영향관계가 고려될 수 있는 개연성이 존재하는 것이다. 그런데 여기에 혜심 선사상의 핵심적인 찬술이 「간병론」이라는 점을 고려한다면, 혜심과 관련해서 무자화두 간화십종병이 매우 유의미한 구조로 상속되고 있다는 것을 알게 된다.

특히 「간병론」은 혜심에 의해서 『간화결의론』 『원돈성불론(圓頓成佛論)』과 함께 간행되고 있다는 점. 그리고 〈보조국사비명(普照國師碑銘)〉에는 〈진각국사비명(眞覺國師碑銘)〉과 달리 혜심에 대한 인가나 수선사의 승계에 대한 두드러진 기록이 일체 존재하지 않는다는 점에서 더욱 그렇다. 이런 점에서 볼 때, 「간병론」은 혜심의 지눌 계승이라는 상징성 및 수선사에서의 권위적인 위상을 확고하게 정립하는 문헌이라는 측면 역시 존재한다고 하겠다.

이상과 같은 「간병론」의 배경 이해를 바탕으로 제III장에서는 「간병론」의 구조와 간화십종병의 항목에 대한 내용을 본격적으로 검토해보게 된다. 이를 통해서 드러나는 것은 지눌과 혜심이 십종병의 재정립을 통해서 간화 경절의 체계를 보다 명확히 확립하려고 했다는 점. 그리고 이들이 주장한 선의 깨달음이 미(迷)에서 오(悟)의 변화 즉 속(俗)에서 성(聖)의 전환이 아닌 오(悟)와 성(聖)의 항상함에 대한 자기반조라는 점을 알 수 있게 된다.

이러한 「간병론」에 대한 종합적인 검토를 통해, 지눌과 혜심의 관계 및 「간병론」에 대한 보다 분명한 입각점을 수립할 수 있다. 이는 수선사의 정립 및 안정기와 관련된 고려선불교의 사상적인 변화를 인지하도록 해준다. 이런 점에서 본고는 충분한 연구의의를 확보한다고 판단된다.

II. 「구자무불성화간병론」의 배경

1. 〈진각국사비명〉과 「간병론」

혜심과 지눌의 인연 및 일종의 인가 상황은 이규보(李奎報)가 왕명으로 찬술해 1235년 건립된[02] 〈혜심비문〉를 통해서 확인된다. 이에 따르면 지

---

02   〈眞覺國師碑銘〉(같은 〈碑文〉이 『東國李相國文集』35, 「碑銘·墓誌」, 〈曹溪山第二世故斷俗寺住持修禪社主贈諡眞覺國師碑銘 幷序〉와 『東文選』118, 「碑銘」, 〈曹溪山第二世故斷俗寺住持修禪社主贈諡眞覺國師碑銘 幷序〉로 수록되어 있음).

눌은 혜심이 수선사(修禪社)로 참례(參禮)차 오기 전날 밤 운문종(雲門宗)의 제4세인 설두중현(雪竇重顯, 980~1052)[03]이 절로 들어오는 꿈을 꾸었다고 한다.[04] 이는 혜심이 중현의 후신이라는 종교적인 상징을 내포한다. 물론 선문의 조사인 중현이 윤회하여 혜심이 되었다는 것에는 논리적인 비약이 존재하지만, 두 인물의 성향이 비슷한 것은 사실이다. 이는 크게 세 가지에서 확인되는데, 첫째 먼저 유학을 배운 후 불교로 전향한다는 점, 둘째 시문에 능하다는 점, 셋째 중현이 70여 제자를 제접해서 운문종을 중흥시킨 것처럼, 혜심 역시 지눌 이후의 수선사를 반석 위에 올려놓는다는 점[05]이 그것이다.[06] 만일 이와 같은 공통점이 아니었다면, 굳이 임제종이 아닌 운문종 승려인 중현을 혜심과 대비시키지는 않았을 것이다.

중현의 꿈은 지눌과 혜심의 첫 인연인 동시에, 혜심이 전법(傳法)의 대상으로 충분한 불연(佛緣)을 갖춘 인물이라는 점을 분명히 한다. 〈혜심비문〉에는 혜심의 인가와 관련된 내용으로 다음의 두 가지 일화가 기록되어 있다.

①하루는 (普照)國師를 따라가고 있었는데, 國師가 다 떨어진 짚신 한 짝을 가리키며 말했다. "신은 이곳에 있는데, 신을 신었던 사람은

---

03 『續傳燈錄』2, 「明州雪竇重顯禪師」(『大正藏』51, 475a-c); 이점숙, 「『雪竇頌古集』에 관한 考察」, 『淨土學研究』13집, 韓國淨土學會(2010), pp.271~274쪽.

04 〈眞覺國師碑銘〉, "先是, 國師夢雪竇顯禪師入院, 心異之, 明日師來參, 由是益奇焉."

05 〈眞覺國師碑銘〉에는 慧諶에 대하여 "禪門正眼이며 肉身菩薩"이라는 언급이 있어 주목된다.

06 이점숙, 「『雪竇頌古集』에 관한 考察」, 『淨土學研究』13집, 韓國淨土學會(2010), pp.271~274; 柳田聖山, 「禪と文學」, 『雪竇頌古の世界』, 東京: ぺりかん社(1997), pp.79~85; 이동준, 「高麗 慧諶의 看話禪 研究」, 서울: 東國大 博士學位論文(1993), pp.7~13; 최은희, 「교육의 관점에서 본 眞覺國師 慧諶의 一生」, 『東아시아佛教文化』17집, 東아시아佛教文化學會(2014), pp.244~269.

어디에 있는가?" (혜심이) 대답했다. "어찌하여 그때에 相見하지 않았습니까?" (이에) 國師가 大悅하였다.[07]

②또 (국사가 대중들에게) 趙州의 狗子無佛性話(頭)를 들어 보이고는, 계속해서 大慧(宗)呆 老師의 (無字 話頭에 대한 看話禪) 十種病에 대해 물었다. 대중이 대답이 없으니, (이에) 師가 대답해서 말하였다. "三種病人이라야 바야흐로 그 뜻을 解得할 것입니다." 國師가 말했다. "三種病人은 어느 곳을 향하여 出氣하는가?" 師가 손으로 窓門을 한 번 내리쳤다. (이에) 國師가 "呵呵"하며 大笑했다. 方丈(室)로 돌아간 뒤 다시금 (혜심을) 은밀히 불러 더불어 대화해 보고는 기뻐하며 말했다. "내가 이미 너를 얻었으니, (지금) 죽어도 恨이 없다. 너는 마땅히 佛法을 自任하는 것으로써 本願을 바꾸지 말도록 하라."[08]

인용문 중 ①은 남종선의 본래완성적인 면모를 나타낸다. 이는 미추와 시공을 초월한 본질적인 완전성에 대한 측면을 잘 나타내주기 때문이다. 그러나 ①은 격외의 사유가 끊긴 초절적인 의미를 분명하게 드러내고 있지는 않다. 이 때문에 두 사람의 문답은 ②의 두 번째 사건을 기다리게 된다. 즉 ②가 지눌의 실질적인 인가 내용인 것이다.

②에서 지눌은 간화십종병에 대해서 언급하고 있다. 간화십종병은 대혜종고가 무자화두를 드는 과정에서 발생하는 8가지 병통에, 지눌이

---

07 〈眞覺國師碑銘〉, "(又)一日隨國師行 國師指一破鞋云 鞋在遮裏 人在什麼處 答曰 何不其時相見 國師大悅."

08 같은 碑文, "又擧趙州狗子無佛性話 因續擧大慧呆老十種病問之 衆無對 師對曰 三種病人 方解斯旨 國師曰 三種病人 向什麼處出氣 師以手打窓一下 國師呵呵大笑 及歸方丈 更密召與話 乃喜曰 吾旣得汝 死無恨矣 汝當以佛法自任 不替本願也"

전설(前說)을 참조하여 2가지를 더한 것으로『절요사기(節要私記)』에 수록되어 있으며,『간화결의론』에는 다소 다른 형태가 확인된다.[09] 즉 무자화두를 드는 방법과 관련된 열 가지의 병통에 대한 것을 지눌은 공개적으로 대중에게 물은 것이다. 이에 대해서 혜심은 삼종병인만이 이를 꿰뚫어 알 수 있다고 답한다.

삼종병인이란『경덕전등록(景德傳燈錄)』권18「복주현사사비선사(福州玄沙師備禪師)」나 권25의「천태산덕소국사(天台山德韶國師)」항목 등에서 확인되는 '맹(盲)·농(聾)·아(瘂)'의 삼종 장애인을 말한다.[10] 즉 혜심은 감각기관이 결핍되어 있는 부족한 장애인이어야 간화십종병을 해득할 수 있다는 역설적인 언급을 하고 있는 것이다. 혜심의 장애인 언급은 본래 구족된 본래면목은 여읠 수 있는 것이 아니므로, 장애인조차 가능한 것임을 드러낸 답변이다. 그러므로 이는 장애인만 된다는 의미가 아닌 장애인도 가능한 본질이 본유적인 본래면목이라는 것을 가리킨다. 이와 같은 관점은 이후 혜심이 전개하는 간화선 사상의 핵심인 '대오지심(待悟之心)의 배척'과 같은 측면을 통해서 충분히 변증될 수 있다.[11] 이런 점에서 본다면, 혜심의 견해는 지눌의 간화십종병을 무력화시키는 답변이 되는 셈이다.

이에 지눌은 삼종병인이 숨 쉬는 곳에 대해서 재차 묻는다. 이는 혜

---

09   『法集別行錄節要幷入私記』,(『韓佛全』4, 765c) ;『看話決疑論』,(『韓佛全』4, 735a).

10   『景德傳燈錄』18,「福州玄沙師備禪師」(『大正藏』51, 346b), "只如盲聾瘂三種病人" ;『景德傳燈錄』25,「天台山德韶國師」(『大正藏』51, 407c), "問如何是三種病人" 等.

11   이동준,「慧諶 看話禪에서의 待悟之心의 문제」,『韓國佛敎學』17집, 韓國佛敎學會(1992), pp.475~490 ; 정명옥,「慧諶의 話頭參究法-法語와 書答, 그리고 그 속의 禪詩를 중심으로」,『禪學』10호, 韓國禪學會(2005), pp.100~102.

심이 언급한 삼종병인에게 특수성이 존재하는지에 대한 확인으로, 혜심이 삼종병인을 특화해서 인식하고 있는지를 판단하는 측면이다. 즉 선의 본래완성에 입각한 보편성에 문제가 없는지에 대한 판단인 셈이다. 그러자 혜심은 창문을 내리치는 것으로 격외(格外)의 도리를 주창하면서 지눌의 이런 우려가 사족(蛇足)일 뿐임을 분명히 한다. 끝으로 지눌이 큰 소리로 껄껄 웃는 것은 혜심의 선지를 인정한다는 의미이다.

이후 지눌은 혜심을 방장 즉 주지실로 따로 불러서, 지견의 면밀한 부분을 확인한 후 "내가 이미 너를 얻었으니, (지금) 죽어도 한이 없다[吾旣得汝 死無恨矣]"라는 말로 인가한다. 이 말은 『논어(論語)』 「리인(里仁)」의 "아침에 도를 들으면 저녁에 죽어도 좋다[朝聞道 夕死可矣]"[12]라는 말 이후로 동아시아에서 '여한이 없다'는 의미로 사용되는 상투어이다. 그러므로 이를 인가의 의미로 보아도 무방하며, 그 이후의 "불법을 자임하는 것으로써 본원을 바꾸지 말라[佛法自任 不替本願]"은 수선사에 대한 부촉으로 이해해도 큰 문제는 없다. 왜냐하면 혜심의 입장에서는 지눌의 인가와 더불어 수선사의 2세가 되는 당위성도 강조할 필요가 있기 때문이다. 실제로 연이은 〈혜심비문〉에는 혜심이 31세가 되는 1208년에 지눌이 혜심에게 수선사를 물려주고 규봉(圭峯)으로 물러나려 했으나, 혜심이 지리산으로 숨어버렸다는 내용이 기록되어 있다.[13] 이러한 사석(嗣席)의 내용이 연이어 수록되어 있다는 점에서, ②는 지눌의 혜심에 대한 인가임에 분명하다.

---

12   『論語』, 「里仁第四」, LY0408.

13   〈眞覺國師碑銘〉, "泰和戊辰 欲命師 卽退安圭峯 師固辭 遂去智異山 絶跡滅影者數載"

②는 지눌이 대중의 지도에 무자화두 및 간화십종병을 사용했다는 점, 그리고 이것이 혜심의 인가와 직결된다는 점을 분명히 한다. 이는 혜심이 이후 간화 경절과 관련해서 「간병론」을 찬술하는 것과 무관할 수 없다. 즉 혜심의 「간병론」에는 지눌의 간화 경절에 대한 계승과 확산, 그리고 자신의 인가에 대한 변증의 의미가 아울러 내포되어 있는 것이다. 특히 이는 "佛法自任 不替本願"이라는 기록 속에서 다시 한번 더 반추된다고 하겠다.

2.『법집별행록절요병입사기』의 간화십종병

지눌의 무자화두와 관련된 간화십종병은 앞서 언급한 것처럼『절요사기』와『간화결의론』에 기록되어 있다. 이 중 지눌의 생전 찬술이며 항목이 완전한『절요사기』의 해당 부분을 제시해 보면 다음과 같다.

> 어떤 僧侶가 趙州에게 묻기를 "狗子에게는 佛性이 있습니까? 없습니까?" 하니, (趙)州가 답하기를, "無"라고 하였다. 이 (無라는) 한 글자는 許多한 惡知와 惡覺을 꺾어 버리는 器仗이다. (그러므로 이 '無'자는) ①有·無의 無라는 판단으로 얻을 수 없고, ②道理의 판단으로 얻을 수 없으며, ③意의 根源을 통한 思量과 짐작해서 헤아리는 것으로 얻을 수 없고, ④눈썹을 치켜 올리고 눈을 깜박이는 방식으로 얻을 수 없으며, ⑤語路上에서 活計를 찾아서는 얻을 수 없고, ⑥無事의 안에서 떠다녀서도 얻을 수 없으며, ⑦擧起處를 향해서도 얻을

수 없고, ⑧文字 中에서 引證하는 것으로도 얻을 수 없다. (그러므로) 다만 十二時 中의 (行·住·坐·臥) 四威儀 안에서 時時로 提撕하고 時時로 擧覺하여, '狗子還有佛性也無? 云無'라는 (화두가) 日用에서 不離토록 하여, 점검함이 이와 같아야만 工夫를 짓게 된다.

牧牛子는 말한다. "이 法語는 다만 八種病만을 밝힌 것이다. 이에 前後所說을 검토해보면, ⑨'眞無의 無'와 ⑩'迷로 悟를 기다림' 等 二種이 더 있다. 故로 (이를) 合하면 (총) 十種病이 이루어진다.[14]

위의 인용문 중 "목우자" 이전 기록은 종고의 『대혜보각선사서(大慧普覺禪師書)』 권26 「답부추밀(答富樞密, 季申)」 부분을 거의 그대로 인용한 것이다.[15] 이런 점에서 지눌은 종고의 무자화두의 강조와 문제의식을 긍정하고 있음을 알게 된다. 즉 지눌 역시 조주 무자화두가 전미개오(轉迷開

---

14 『法集別行錄節要幷入私記』, (『韓佛全』4, 765c), "僧問趙州 狗子還有佛性也無 州云無 此一字子 乃是摧許多惡知惡覺底器仗也 不得作有無會 不得作道理會 不得向意根下思量卜度 不得向揚眉瞬目處朵根 不得向語路上作活計 不得颺在無事甲裏 不得向擧起處承當 不得向文字中引證 但向十二時中四威儀內 時時提撕 時時擧覺 狗子還有佛性也無 云無 不離日用 試如此做工夫 牧牛子曰 此法語 但彰八種病 若檢前後所說 有眞無之無 將迷待悟等二種 故合成十種病也"

15 『大慧普覺禪師書』26, 「答富樞密(季申)」(『大正藏』47, 921c), "僧問趙州 狗子還有佛性也無 州云無 此一字子 乃是摧許多惡知惡覺底器仗也 不得作有無會 不得作道理會 不得向意根下思量卜度 不得向揚眉瞬目處探根 不得向語路上作活計 不得颺在無事甲裏 不得向擧起處承當 不得向文字中引證 但向十二時中四威儀內 時時提撕 時時擧覺 狗子還有佛性也無 云無 不離日用 試如此做工夫看"
이외에 宗杲가 無字 話頭의 病痛을 제기하는 대표적인 내용은 『大慧普覺禪師語錄』 卷30에도 수록되어 있는데(「答張舍人狀元(安國)」, 『大正藏』47, 941b, "如僧問趙州 狗子還有佛性也無 州云無 只管提撕擧覺 左來也不是 右來也不是 又不得將心等悟 又不得向擧起處承當 又不得作玄妙領略 又不得作有無商量 又不得作眞無之無卜度 又不得坐在無事裏 又不得向擊石火閃電光處會 直得無所用心 心無所之時 莫怕落空 這裏却是好處 驀然老鼠入牛角 便見倒斷也"), 이는 『看話決疑論』의 네 번째 문답 중에 유사한 내용으로 수록되어 있다(『韓佛全』4, 735a, "如僧問趙州狗子還有佛性也無 州云無 只管提撕擧覺 左來也不是 右來也不是 不得作有無會 不得眞無之無卜度 不得作道理會 不得向意根下思量卜度 不得向揚眉瞬目處 探根不得向語路上作活計 不得颺在無事裏 不得向擧起處承當 不得文字中引證 不得將迷待悟 直須無所用心 心無所之時 莫怕落空 這裏却是好處 驀然 老鼠入牛角 便見倒斷也").

悟)의 인식전환을 완성하는 작업가설적인 방편 중 최고라는 점을 인정하고 있는 것이다.[16]

다만 지눌은 종고의 8종병에 전설(前說)의 둘을 더하여 십종병으로 만들고 있다. 이 두 가지 역시 다음에 제시한 것과 같이 종고의 무자화두와 관련된 다른 언급에서 살펴진다. 그러나 종고의 설이기는 하지만, 지눌이 '10'이라는 숫자에 내포하는 완결성을 통한 자기조리를 확보하려고 시도하고 있다는 점은 주목된다. 즉 지눌은 종고의 문제의식을 통합적이고 비판적으로 계승하여 진일보시키고 있는 것이다.

실제로 인용문에는 종고의 8종병 언급 다음에 마지막으로 2종병이 부기되어 있는 것으로 나타나지만, 간화십종병을 부연해서 설명하고 있는 혜심의 「구자무불성화간병론(狗子無佛性話揀病論)」에는 이 두 가지가 각각 ②와 ⑩으로 들어가 있다. 이는 십종병을 만들면서 전체적인 구조를 지눌이 재편했음을 의미한다. 즉 간화십종병은 종고가 제시한 문제의 기반 위에서, 지눌이 집대성을 통해 재편한 가치인 것이다.

지눌이 삽입한 2종병의 첫째는 '조주 무자를 진무(眞無)로 보아서도 안 된다는 것'으로 『대혜보각선사어록(大慧普覺禪師語錄)』 권30에 수록되어 있는 내용이다.[17] 그리고 둘째는 '미(迷)·오(悟)에 대한 본질적인 문제를 지적하는 것'인데, 이는 같은 『어록』 권19에서 살펴진다.[18]

---

16   『看話決疑論』, (『韓佛全』4, 733a), "於禪門話頭參詳徑截悟入之門 一一全揀佛法知解之病也 然話頭無字 如一團火 近之則燎却面門故 無佛法知解措着之處 所以云此無字 破惡知惡解底器仗也 若有能破所破 取捨揀擇之見 則宛是執認言迹 自擾其心"

17   『大慧普覺禪師語錄』30, 「答張舍人狀元(安國)」(『大正藏』47, 941b), "又不得作眞無之無卜度"

18   『大慧普覺禪師語錄』19, 「示淸淨居士(李提擧獻臣)」(『大正藏』47, 891b), "趙州狗子無佛性話 喜怒靜閙處 亦須提撕 第一不得用意等悟 若用意等悟 則自謂我卽今迷 執迷待悟 縱經塵劫 亦不能得悟"

이 중 첫째는 종고가 ①에서 제기하고 있는 유·무의 문제를 넘어서는 내용인 동시에 위진현학(魏晉玄學) 이래의 신도가(新道家)적인 '무(無)' 인식[19]과의 변별을 시도하는 측면이다. 즉 진무(眞無)를 중시하는 도가(道家)보다 높은 경지·경계로서 선불교적인 관점의 천명이라고 하겠다. 이 때문에 지눌은 이를 유·무의 문제를 다루는 ①의 다음 항목인 ②로 편입시킨 것으로 이해된다.

둘째의 미(迷)·오(悟) 문제는 ①에서 ⑨까지의 모든 문제가 비단 문제일 수만은 없다는 본질적인 완성에 대한 역설적 환기이다. 즉 간화와 관련된 병통들 역시 무(無)자와 마찬가지로 작업가설적인 방편의 허상에 불과하다는 문제의 본질회귀를 천명하는 것이다. 선(禪)에서 버려지고 부정되는 것이 있다면, 이는 본래완성의 본체론을 지향하는 완전한 선일 수 없다. 이런 점에서 지눌이 미(迷)·오(悟) 문제를 부각한 것은 자체로 간화의 모든 병통을 일소하는 탁견이라고 하겠다. 또 이는 지눌을 계승한 혜심의 핵심 사상인 '대오지심(待悟之心)의 배척'과 직결될 수 있다는 점에서 주목된다.

병통의 가짓수란 관점에 따라서 8도 될 수 있고 10도 될 수 있으며, 그 이상도 얼마든지 가능하다. 이런 점에서 단순한 가짓수를 늘리는 것은 무의미한 분석적 행위에 불과하다. 특히 선불교 중에서도 간화 경절을 주장하는 지눌로서는 이와 같은 악순환의 고리를 단절할 필요가 존재한다. 이것이 바로 ⑩의 미(迷)·오(悟) 문제를 통한 선의 본래완성을 배경으로 하는 궁극적인 본질로의 회귀가 아닌가 한다.

종고는 무자화두를 강조하고 이와 관련될 수 있는 8가지 경우 수의

---

19   이재권, 「王弼의 本無論」, 『東西哲學研究』 72권, 韓國東西哲學會(2014), pp.87~102.

병통을 제시했다. 그러나 이는 범주 구분에서는 다소 미진한 면이 존재
한다. 이 때문에 혜심은 「간병론」에서 고인(古人)의 관점에 입각해 간화십
종병을 ❶유심(有心) ❷무심(無心) ❸어언(語言) ❹적묵(寂默)의 네 가지 범
주로 구분하게 된다.[20] 이러한 혜심의 네 가지 범주에 맞추어 『절요사기』
의 십종병 항목을 대입해보면 다음과 같다.

물론 이 중에서 ⑩의 미(迷)·오(悟) 문제는 최종적인 완결이라는 점에
서, ❹에 포함되는 동시에 전체를 아우르는 차원에서 네 가지의 범주 밖
에 존재하는 이중성을 내포한다.

또 혜심의 범주론을 통해서 확인되는 것은 무(無)자를 통한 간화 경
절의 방식이 마음의 문제와 언어·문자 및 적묵의 문제를 넘어서 있다는
점. 그리고 이것은 본성의 미발(未發)적인 본래완성을 직시하는 가장 적
실한 방편이라는 점을 분명히 해준다. 즉 무(無)자는 모든 이발(已發)적인
판단을 무력화하는 화두 타파를 위한 최고의 수단인 셈이다.

이는 혜심이 「간병론」의 마지막 결론 부분에서 다음과 같이 언급하

---

20   「狗子無佛性話揀病論」, (『韓佛全』6, 70b), "廣而言之 則有十種病 略而言之 則不出有心(第三張)無心語
      言寂默"

고 있는 것을 통해서 분명해진다.

> 그러므로 古人이 말하였다. '有心으로 求하는 것도 不可하고 無心으
> 로 得하는 것도 不可하며, 語言로 造하는 것도 不可하고 寂默으로
> 通하는 것도 不可하다.' (다시금) 簡略하게 이것을 말해보면, 思議와
> 不思議를 不出하므로 道가 되는 所以이며, 左來도 옳지 못하고 右來
> 도 옳지 못하다. 또 道는 이렇게 해도 얻지 못하고, 이렇게 하지 않아
> 도 얻지 못하며, 이렇게 하고 이렇게 하지 않아도 모두 얻지 못한다.
> (그러므로) 곧 明明히 看破하고 明明히 現示하는 것이다.[21]

혜심은 여기에서 간화십종병의 네 가지 범주분류가 고인의 전설(前
說)에 입각한 것임을 밝히고 있다. 또 이에 대한 부연으로, 어떤 모색도
화로 속에 눈이 내리는 것처럼 용납될 수 없음을 분명히 하고 있다. 이는
『간화결의론』의 첫 번째 문답에서, "무자화두는 하나의 화단(火團)과 같
아 가까이하면 그 불이 얼굴을 태워버린다. (그러므로) 불법(佛法)의 지해
(知解)를 붙여 둘 곳이 없다"라는 언급과 상통한다.[22] 즉 어떠한 판단조건
에서든 본성에 대한 직각(直覺)은 불가하다는 점을 혜심은 「간병론」을 통
해 제시하고 있는 것이다.

---

21 같은 책, "故古人云 不可以有心求 不可以無心得 不可以語言造 不可以寂默通 略而言之 則不出思議
不思議 所以道 左來也不是 右來也不是 又道 伊麼也不得 不伊麼也不得 伊麼不伊麼惣不得 則明明
地揀破 明明地現示"

22 『看話決疑論』, (『韓佛全』4, 733a), "(然)話頭無字 如一團火 近之則燎却面門故 無佛法知解措着之處"

Ⅲ. 혜심의 「간병론」 찬술과 내용 검토

1. 지눌의 십종병과 혜심의 「간병론」

십종병은 무자화두를 화두의 대명사와 같은 의미로 전제해서, 그 위에 건립되는 문제점을 파척(破斥)하는 측면이다. 십종병은 『절요사기』 외에도 다소 불완전한 형태이지만 『간화결의론』의 첫 번째 문답에도 수록되어 있어 주목된다.

『간화결의론』은 『원돈성불론』과 함께 지눌의 입적 후인 1215년, 혜심에 의해서 지눌의 유고(遺稿)로 간행된다.[23] 지눌의 입적이 1210년 3월 27일이라는 점에서 본다면,[24] 이는 5년 뒤에 간행된 것을 알 수 있다. 혜심은 발간사에서, 『간화결의론』과 『원돈성불론』을 작은 상자에서 발견해 간행한 것이라고 적고 있다.[25]

지눌이 입적한 뒤 어느 시점에 혜심에게 우연히 발견된 지눌의 유고. 그리고 이것이 수선사의 2대 사주인 혜심의 주도로 간행되었다는 것은

23　『看話決疑論』,「跋」(『韓佛全』4, 737b), "時貞祐三年乙亥(1215)五月日無衣子 慧諶 跋"
　　이때 「狗子無佛性話揀病論」도 함께 간행된다. 이동준, 「高麗 慧諶의 看話禪 研究」, 서울:東國大 博士學位論文(1993), p.9.

24　〈松廣寺佛日普照國師碑銘〉, "三月二十日示疾凡八日而終"

25　『看話決疑論』,「跋」(『韓佛全』4, 737b), "乃著圓頓成佛論 看話決疑論 遺草在箱篋間 近乃得之 傳示大衆 時有錫齡社主希蘊 聞之大悅 力請流通"

이 두 책과 관련해서 혜심의 관점이 다소간 인입(引入)될 수 있는 개연성을 환기한다. 수선사의 간화선적인 부분을 지눌보다는 혜심과 관련해 이해하는 연구도 존재한다는 점에서,[26] 이와 같은 추론 역시 나름의 타당성을 확보한다. 그러나 자료가 부족한 상황에서 이것을 단정할 수는 없으므로, 가능성을 열어 놓는 정도로 차치하는 것이 타당하다.

『간화결의론』은 간화선의 우수성과 관련된 총 5개의 문답으로 구성되어 있다. 이 중 첫째 문답에 십종병이 등장한다. 〈지눌비문〉에는 혜심에 대한 전법의 기록이 존재하지 않는다. 이에 비해서 〈혜심비문〉에는 앞서 검토한 것처럼, 지눌의 혜심에 대한 인가가 십종병과 관련된 논의 속에서 이루어지고 있다.

또 혜심의 찬술 문헌으로는 문인 진훈(眞訓) 등과 함께 편찬하는 『선문염송집(禪門拈頌集)』 30권이 대표적이지만, 그의 선사상과 관련해서 가장 집약적인 저술은 단연 「간병론」이다.[27] 즉 혜심은 간화십종병과 관련해서 인가를 득하고, 십종병이 첫 번째로 언급되어 있는 『간화결의론』을 우연히 발견해서 간행하며, 선사상과 관련된 가장 중요한 문헌으로 「간병론」을 남기고 있는 것이다. 이는 지눌과 혜심의 관계 속에서 선의 핵심이 십종병임을 알게 한다. 즉 혜심의 「간병론」은 간화 경절을 강조하는 문헌인 동시에 혜심이 지눌의 법계를 온당하게 계승한 인물임을 분명하

---

26   李德辰, 「慧諶의 禪思想에 대한 研究-知訥과의 연관관계를 중심으로」, 『哲學研究』 20집, 高麗大學校 哲學研究所(1997), pp.126~139 ; 이상미, 「無衣子의 禪思想에 대한 一考察」, 『漢文古典研究』 8집, 韓國漢文古典學會(2004), pp.353~361 ; 趙明濟, 「13世紀 修禪社의 현실 대응과 看話禪」, 『禪學』 1호, 韓國禪學會(2000), pp.34~36 ; 최은희, 「교육의 관점에서 본 眞覺國師 慧諶의 一生」, 『동아시아佛教文化』 17집, 東아시아佛教文化學會(2014), pp.256~258.

27   이상미, 「無衣子의 禪思想에 대한 一考察」, 『漢文古典研究』 8집, 韓國漢文古典學會(2004), pp.360~361.

게 천명하는 찬술인 것이다.

2.「간병론」의 특징과 전반부 항목 검토

『절요사기』의 간화십종병은 종고의 8종병에 지눌이 2종병을 추가한 형
태로 되어 있다. 그런데 혜심의 「간병론」에는 이와 달리 십종병의 순서가
보다 체계적으로 재정립되어 있어 차이가 있다. 십종병을 언급하고 있는
다른 문헌인『간화결의론』의 체계가 「간병론」과 유사한 중간 단계와 같
은 양상을 보이고 있다는 점에서, 재정립한 인물은 지눌로 판단되는 것
이 맞다. 그러나 『간화결의론』이 혜심이 주도적으로 간행하는 문헌으로
혜심의 영향이 고려될 수 있다는 점에서, 혜심에 대한 부분 역시 완전히
배제하기는 어렵다. 즉 여기에는『간화결의론』에 대한 혜심의 영향관계
에 대한 연구가 존재해야 하는데, 이 부분은 현존하는 자료만으로는 단
정하기가 쉽지 않다. 또 본고의 논지와도 거리가 있으므로 여기에서는
이를 지적하는 정도에서 차치하고자 한다.

　다음으로 혜심은 「간병론」에서 종고의 주장과 지눌의 삽입 부분을
분명하게 구분하지 않고 혼재해서 기록하고 있다. 이는 십종병을 차례로
언급함에 있어서 처음에는 "故大惠揀云"이라고 하지만, 이후에는 일률적
으로 "故揀云"이라고만 하고 있는 것을 통해 확인된다.[28] 즉 "故揀云" 안
에 종고와 지눌이 뒤섞여 있는 구조가 만들어져 있는 것이다. 이는 물론

28　　「狗子無佛性話揀病論」, (『韓佛全』6, 69c-70b).

지눌이 제시한 2가지 병통 역시 원출전은 종고라는 점에서 혜심이 이렇게 처리했을 개연성도 존재한다. 그러나 이와 동시에 혜심이 지눌을 간화선의 확립자인 종고와 같은 위상으로 판단했을 가능성도 된다는 점에서 주목된다.

혜심의 「간병론」은 크게 두 부분으로 분절된다. 전반부는 혜심이 조주 무자화두를 제시하고서, 이에 대한 다양한 접근 가능성을 여러 선사들의 말을 인용하면서 제기하는 부분이다. 이는 후반부의 종고와 지눌에 의한 십종병 제기의 타당성을 강조하기 위한 배경이 된다.[29] 이 전반부에서 등장하는 선사들은 오조법연(五祖法演)[30]·진정극문(眞淨克文, 1025~1102)[31]·황벽희운(黃檗希運)[32]·석두희천(石頭希遷)[33]이다.[34] 이 부분에서의 내용적인 핵심은 조주 무자가 단순히 유·무의 대립적인 무가 아니라는 점,[35] 그리고 이것이 선의 목적을 위한 가장 효율적인 수단이라는 점[36]의 두 가지이다. 수선사의 2대 사주인 혜심에게는 무자화두의 문제 해소

---

29 李德辰, 「看話禪의 '拘子無佛性'에 대한 一考察-大慧宗杲·普照知訥·眞覺慧諶을 중심으로」, 『禪學』 1호, 韓國禪學會(2000), p.204.

30 『古尊宿語錄』22, 「黃梅東山演和尙語錄」(CBETA68, 147c), "趙州露刃劍 寒霜光焰焰 更擬問如何 分身作兩段";『大慧普覺禪師普說』22, 「姜機宜請普說」(CBETA59, 838b), 等.

31 『古尊宿語錄』45, 「眞淨禪師語」(CBETA68, 949a), "言有業識在 誰云意不深 海枯終見底 人死不知心";『大慧普覺禪師普說』3, 「行者德新請普說」(CBETA59, 888b), 等.

32 『古尊宿語錄』1, 「大鑑下三世」(CBETA68, 9c), "又云 若踏佛階梯 無情有佛性 若未踏佛階梯 有情無佛性"

33 「揀病論」에 언급되어 있는 石頭와 慧朗의 問答과 완전히 같은 것은 현존하지 않으며, 『傳燈錄』의 다음과 같은 구절이 가장 유사하다.
『景德傳燈錄』14, 「行思禪師第二世-前石頭希遷法嗣」(『大正藏』51, 311b), "問如何是佛 石頭曰 汝無佛性曰 蠢動含靈又作麼生 石頭曰 蠢動含靈却有佛性 曰慧朗爲什麼却無 石頭曰 爲汝不肯承當"

34 「狗子無佛性話揀病論」, (『韓佛全』6, 69b·c).

35 같은 책, 69a, "汎參道俗 看此話始終問答 隨言定旨 決定作有無之無"

36 같은 책, "趙州亦擧狗子 答云爲他有業識在 言似隨他 意不在此 或云好箇狗子上 不可用佛性二字染汚"

와, 지눌 이래로 수선사에서 새롭게 제시하는 간화 경절의 방법론의 정립과 안정을 제시할 필요가 존재했다.[37] 그런데 여기에서도 이러한 두 가지 문제의식이 모두 읽혀지는 것이다.

「간병론」의 전반부가 간화 경절의 방법론과 관련된 정립을 위한 필연성 제기 부분이라면, 후반부는 이에 대한 실질적인 대안과 구조를 제시하는 측면이다. 그러므로 혜심은 뒤쪽의 처음에 다음과 같이 조주 무자에 대한 다양성의 문제와 사해(邪解) 파척(破斥)의 필연성을 천명하는 모습을 보이게 된다.

'趙州가 말하기를 '無'라고 하였다'는 것 等 邪解가 不可勝數가 된다.[38]

혜심이 사해 파척의 핵심 주장으로 삼는 것은 종고와 지눌에 의한 간화십종병이다. 혜심은 바로 이 십종병에 대해 주석하므로서 수선사 안에서의 권위적인 당위를 변증하고, 또 간화 경절의 방법론을 보다 분명하게 정립하려고 시도하는 것이다.

혜심이 제시하는 간화십종병의 구조는 ①~④ // ⑤ / ⑥~⑩으로 되어 있다. 또 혜심은 마지막에서 ⑤~⑩이 떨치기 더욱 어려운 병통임을 적시한다. 즉 총 10가지로 되어 있지만, ①~④가 상대적으로 가볍고 ⑤~⑩이 더 극복하기 어려운 병통이라는 말이다. 이와 같은 구조인식을 바탕으로, 먼저 ①~④까지를 제시해보면 다음과 같다.

37   김방룡, 「眞覺慧諶의 禪思想 체계와 불교사적 의의」, 『禪學』 40호, 韓國禪學會(2015), pp.207~210.

38   「狗子無佛性話揀病論」, (『韓佛全』6, 69b), "故州云無 如此等邪解不可勝數"

(無자 화두에 대한 邪解가 범람하기) 때문에 大惠가 (그 문제점을) 揀擇하여 말하였다. [①(조주의 '無' 자는) 有·無의 無라는 판단으로 얻을 수 없다]고.

이미 不許하여 정할 수 없다면, 또 錯計로 말한다. '有·無에 떨어지지 않는다면 이것은 眞無의 無일 것이다'라고. 『金剛三昧經』에 설해진 것과 같이, "만약 無를 여의고 有를 取하거나 有를 버리고 空을 쫓으면 眞無가 아니다"[39]라는 것과 같다. (이렇게 되면) 이제는 비록 '有를 여의고 空이 있는 것이 아니므로 이와 같이 諸法의 眞無를 얻는다'에서 처럼 差排할 것이 두려워진다. 그러므로 (지눌은) 말하였다. [②(조주의 '無' 자는) 眞無의 無라고 짐작해서 헤아리는 것으로는 얻을 수 없다]고.

이미 不許하여 정할 수 없다면, 또 玄妙한 道理에 의한 판단을 짓게 된다. 그러므로 (大惠가) 揀擇하여 말하였다. [③(조주의 '無' 자는) 道理의 판단으로 얻을 수 없다]고.

이미 不許하여 정할 수 없다면, 또 머리를 숙이고 냉철하게 앉아서 意着으로 깊이 살피게 된다. 그러므로 (大惠가) 揀擇하여 말하였다. [④(조주의 '無' 자는) 意의 根源을 통한 思量과 짐작해서 헤아리는

---

39 『萬善同歸集』3, (『大正藏』48, 983c), "金剛三昧經云 若離無取有 破有取空 此爲妄空 而非眞無"; 『金剛三昧經論』上, (『大正藏』51, 967b), "如其離無取有破有取空 此爲妄空而非眞無"

것으로는 얻을 수 없다고.[40]

　여기에서는 먼저 조주의 무자화두는 유무의 대립적인 가치로서 판단될 수 있는 것이 아니며, 그렇다고 진무(眞無)도 아님을 분명히 하고 있다. 진무는 언뜻 이해하기에는 유무의 상대적인 가치를 초월한 근원으로 인식될 개연성이 존재한다. 그러나 이 역시 유무와 대립하는 가치로서의 또 다른 진무일 뿐이라는 점을 환기할 필요가 있다. 즉 여기에는 관점의 확대라는 차이는 존재하지만, 대립적인 문제는 또 다른 층위에서 순환하고 있는 것이다. 그러므로 진무는 무(無) 자의 적실한 해법이 될 수 없다. 이와 같은 인식 때문에 혜심은 지눌이 제기한 진무의 병통을 유무의 다음에 배치하고 있다. 이런 점에서 본다면, ①과 ②는 상대적인 사고를 용납하지 않는 것임을 알게 된다.

　다음으로 ③과 ④는 무자화두가 이치적인 판단이나 그 어떠한 깊은 사유로도 접근할 수 없는 인식체계의 검토 대상이 아니라는 점을 분명히 하고 있다. 무(無) 자는 본래완성의 편만(遍滿)함에 대한 자각 수단인 활구(活句)이다.[41] 이런 점에서 실체의 제한적인 부분일 수밖에 없는 인식체계의 범주 안에 무(無) 자는 존재할 수 없다. 혜심은 이와 같은 자신의 주장을 다음의 구절을 통해서 한 번 더 정리해주고 있다.

40　「狗子無佛性話揀病論」, (『韓佛全』6, 69b·c), "故大惠揀云 不得作有無之無 旣不許伊麼定 又錯計云 不落有無 是眞無之無 如金剛三昧經云 若離無取有 捨有從空而非眞無 今雖離有而不存空 如是乃得諸法眞無 恐如此差排 故云不得作眞無之無卜度 旣不許伊麼定 又作玄妙道理會 故揀云 不得作道理會 旣不許伊麼定 又低頭冷坐 着意搜尋 故揀云 不得向意根下 思量卜度"

41　鄭性本,「眞覺國師 慧諶의 看話禪 硏究」,『普照思想』23집, 普照思想硏究院(2005), pp.85~90 ; 천봉 (정명옥),「慧諶 話頭參究法」,『禪學』10권, 韓國禪學會(2005), pp.93~96.

앞에서 이미 (조주의 '無'자는) 有·無와 眞無의 無로는 판단할 수 없음을 말하였다. 또 道理와 思量으로도 정할 수 없음을 분명히 하였다.[42]

혜심의 이 구절은 또한 십종병 중 ①~④까지가 하나의 단락을 구성하고 있다는 점을 명백히 한다.

다음으로 ⑤는 작용의 문제를 다루고 있다. 화엄의 성기론(性起論)과 같은 본래완성에 대한 인식을 확립하게 되면, 철학적인 초점은 본체가 아닌 작용의 문제로 넘어가게 된다.[43] 이것은 홍주종(洪州宗)의 '평상심시도(平常心是道)'나 '행주좌와(行住坐臥) 어묵동정(語默動靜) 개진(皆眞)'이 전체작용(全體作用)과 작용시성(作用是性)으로 발전·전개되는 것을 통해서 분명한 판단이 가능하다.[44] 그러나 혜심은 이와 같은 측면 역시 또 다른 가설에 의한 제한을 수반하는 영역이기 때문에 혁파대상일 뿐임을 분명히 하고 있다. 이는 "순목(瞬目)·양미(揚眉)"를 병통의 한 가지로 파악하는 다음의 구절을 통해서 명백해진다.

또 눈을 깜빡깜빡 거리는 이치로도 이것을 얻을 수 없다는 것을 인식하게 된다. 문득 古德의 말을 떠올리면, '눈을 깜빡이고 눈썹을 치켜 올리는 곳이 明明한 佛祖의 기틀이다'라고 하였고, 또 '어떤 이가 묻기를 〈(달마) 西來意?〉하니, 답하기를 〈마땅히 면밀한 作用을 觀하

---

42   「狗子無佛性話揀病論」, (『韓佛全』6, 70a), "前旣不許有無眞無會 又不許作道理思量定"

43   華嚴의 法界와 性起의 遍滿을 넘어선 禪의 문제의식은 『看話決疑論』의 첫째 문답의 핵심이기도 하다.

44   鄭性本, 『中國禪宗의 成立史 硏究』, 서울 : 民族社(2000), pp.865~868 ; 야나기다 세이잔, 『禪의 思想과 歷史』, 추만호·안영길 옮김, 서울 : 民族社(1992), pp.135~138 ; 廉仲燮, 「中國哲學的 思惟에서의 '理通氣局'에 관한 考察」, 『東洋哲學硏究』 50집, 東洋哲學硏究會(2007), pp.334~335.

라)고 하였다. 이에 〈어떠한 것이 면밀한 作用입니까?〉 하자, 〈눈을 뜨고 감는 일이다〉[45]라는 등이 典據가 된다. 그러므로 (大惠가) 揀擇하여 말하였다. ⑤[(조주의 '無' 자는) 눈썹을 치켜 올리고 눈을 (깜빡이는) 방식으로도 얻을 수 없다]고.[46]

선불교에서 "순목(瞬目)·양미(揚眉)"는 말할 수 없는 경계를 표현하는 가장 간단하고 최고로 가까이 인접해 있는 최소한의 표현이다. 그러나 이 역시 『노자(老子)』 제1장의 "말로 형상화된 도는 늘 그러한 원래의 도가 아니다[道可道 非常道]"[47]나, 제25장에서 "나는 그 이름을 알지 못한다. (해서) 자(字)를 붙여 '도(道)'라하고, 억지로 이름을 지어 '대(大)'라 한다"[48]고 한 것처럼, 부득이한 측면 역시 또 다른 틀이 됨은 어찌할 수 없다. 이런 점에서 본다면, 무(無) 자 역시 또 다른 마찬가지라는 비판을 면하기 어렵다. 그러나 종고와 지눌 그리고 혜심은 무(無) 자를 세우는 것을 통해 세움을 무너트리는 선교방편으로 삼고 있다. 이는 『간화결의론』의 첫 문답에서, "(이것이 종고가) '이 무(無) 자는 악지(惡知)와 악각(惡覺)을 꺾어 버리는 기장(器仗)이다'라고 말한 소이(所以)이다.[49] 만약 능파(能破)와 소파

---

45   引用文과 정확하게 일치하는 것은 없지만, 다음과 같은 구절은 다수 존재한다.
     『景德傳燈錄』4,「北宗神秀禪師」(『大正藏』51, 231c), "問曰 如何是祖師西來意 師曰 何不問自己意 曰如何是自己意 師曰 當觀密作用 曰如何是密作用 師以目開合示之"

46   「狗子無佛性話揀病論」, (『韓佛全』6, 70a), "又認着眼眨眨(第二張) 理會不得底爲是 便引古德云 瞬目揚眉處 明明佛祖機 又有問西來意 答云當觀密作用 云如何是密作用 以目開合視之等爲據 故揀云 不得揚眉目處榇根"

47   『老子王弼註』,"第1章:指事造形, 非其常也."

48   『老子』,"第25章:吾不知其名, 字之曰道, 强爲之名曰大.";『老子王弼註』,"第25章:名以定形, 混成無形, 不可得而定, 故曰不知其名也. 夫名以定形, 字以稱可."

49   『大慧普覺禪師語錄』26,「答富樞密(季申)」(『大正藏』47, 921c), "僧問趙州 狗子還有佛性也無 州云無 此

(所破) 및 취사간택(取捨揀擇)의 견(見)이 있다면, 이것은 언적(言迹)에 잘못 집착하여 스스로 그 마음을 어지럽히는 것이다"고 한 것을 통해서 분명해진다.[50] 이는 용수가 『회쟁론(廻諍論)』에서 "(모든) 언어(言語)는 자체(自體)가 없다. (그러므로) 설한 바 또한 무체(無體)이다"라고 말한 것과 유사한 의미이다.[51] 실체가 없으므로 모든 언적(言迹)은 잘못된 집착이 된다. 그러나 '낙서금지'라는 말이 낙서를 금지시키기 위한 선교방편으로써 그 자체가 낙서의 의미를 가지지 못한다고 규정하는 것처럼, 간화 경절에서는 무(無) 자가 바로 이와 같은 역할을 부여받고 있는 것이다.

혜심은 ⑤의 아래에 다음과 같은 글을 부기하여 ①~⑤까지를 한 번 더 분리시키고 있다.

앞에서 理路와 義路는 不許됨을 살폈다.[52]

이는 이치와 의미가 모두 끊겼다는 뜻이다. 이 구절은 앞에서 ①~④까지를 분절시키고, 이후 ⑩의 뒤에 나오는 문장에서 ⑤~⑩을 하나의 범주로 묶고 있는 것과는 다른 이질적인 서술이다. 즉 혜심의 「간병론」에서 ⑤는 전반부와 후반부에 모두 속하는 이중성적인 의미를 내포하고 있는 것이다. 이는 "순목(瞬目)·양미(揚眉)"라는 본질표현에 있어서 가장

一字子 乃是推許多惡知惡覺底器仗。"

50 『看話決疑論』, (『韓佛全』4, 733a), "所以云此無字 破惡知惡解底器仗也 若有能破所破 取捨揀擇之見 則宛是執認言迹 自擾其心"

51 『廻諍論』全1卷, 「偈上分第二」(『大正藏』32, 14a), "言語無自體 所說亦無體"

52 「狗子無佛性話揀病論」, (『韓佛全』6, 70a), "審前不許理路義路"

지근한 방식에 대한 혜심의 고뇌에 따른 서술로 판단된다.

3. 「간병론」의 후반부에 대한 검토

「간병론」 항목의 후반부는 ⑥~⑩까지와 그 관련 내용을 포괄한다. 먼저 ⑥에서 혜심은 언구(言句)에 의지하거나 무사(無事)에 빠지는 것을 지적하고 있다.

> 또 인식의 作用을 취하는 것도 不許하면, (반드시) 沒滋味한 言句上에서 疑心을 일으키게 된다. 문득 圓悟(克勤)의 말을 떠올리면, "言句를 의심치 않는 것이 大病이 된다"고 하였다(典據임).[53] 그러므로 (大慧가) 揀擇하여 말하였다. ⑥[(조주의 '無'자는) 語路上에서 活計를 찾아서는 얻을 수 없다고.

> 이미 不許하여 정할 수 없다면, 또 計算하여 말한다. '理路와 義路가 이미 모두 허락되지 않았으니, 물리쳐 버리고 마음을 쓰는 것은 無事함만 같지 않다'라고. 德山(宣鑑)이 이와 같이 말한, "마음에는 일이 없고 일에는 마음이 없으니, 虛이면서 靈하고 空이면서 妙하다"[54]는 等이 典據가 된다. 그러므로 (大慧가) 揀擇하여 말하였다. ⑦[(조주

---

53 『大慧普覺禪師普說』2, 「姜機宜請普說」(CBETA59, 841a), "圓悟先師曰 可惜你死了不能得活不疑 言句是爲大病", 等.

54 『景德傳燈錄』15, 「德山宣鑑禪師」(『大正藏』51, 317c), "汝但無事於心無心於事"

의 '無' 자는) 無事의 안에서 떠다녀서도 얻을 수 없다]고.[55]

여기에서 언구 즉 언로는 일반적인 말이 아니라, 간화와 관련된 화두에 대한 모색을 의미한다. 이는 간화선 안에서도 일반적으로 권고되는 양상이기 때문에 혜심은 원오의 말을 빌어 이의 정당성을 세우는 동시에 매몰되어서는 안 된다는 점을 분명히 하고 있다. 즉 선에서 세우는 것은 그것이 화두라고 할지라도 무너트리기 위한 방편적인 세움일 뿐이라는 것이다.

또 ⑦은 이로와 의로가 끊어진 상황에서 무사(無事)에 안주하는 경향을 비판하는 것으로, 여기에서의 무사는 장자의 이상경계인 '무하유지향(無何有之鄕)'과 같은 것을 의미한다.[56] 이 역시 충분히 높은 수행의 단계이기 때문에 덕산의 말과 같이 허령불매(虛靈不昧)의 경지에 대한 권유적인 측면도 존재하는 것이다. 그러나 무(無) 자에는 그 무엇도 용납될 수 있는 것이 존재해서는 안 되기 때문에 이 역시 부정될 수밖에 없게 된다.

다음으로 ⑧과 ⑨는 각각 이로와 의로 및 언로와 무사가 차단당한 상태에서, 화두가 언제나 몸에 붙어 있는 상태와 성교량(聖敎量)을 통해 스스로의 위치를 확인하는 단계의 문제점을 지적하고 있다.

이미 語路上에서 活計를 짓는 것을 不許하였으며, 또 無事의 안에서

---

55   「狗子無佛性話揀病論」, (『韓佛全』6, 70a), "又不許認取作用定 向沒滋味底言句上起疑 便引圓悟云 不疑言句是爲大病 故揀云 不得向語路上作活計 旣不許伊麼定 又計云理路義路 旣不揔許 却向伊麼處用心 不如無事 如德山云 無心於事 無事於心 虛而靈空而妙等爲據 故揀云 不得颺在無事匣裏"

56   이종성, 「逍遙와 노닒 또는 걸림 없는 자유-莊子 '逍遙遊'의 부정 정신과 자유 의식을 중심으로」, 『東西哲學硏究』 67권, 韓國東西哲學會(2013), pp.50~53 ; 최동석, 「無何有의 마을(無何有之鄕)에 이르는 길」, 『가톨릭사상』 54호, 大邱가톨릭大學校가톨릭思想硏究所(2017), pp.21~23.

떠다니는 것도 不許하였다. (이렇게 되면, '화두를) 擧해도 未擧時가 올바른 好消息이라고 판단하게 된다.' 佛眼(淸遠)이 이와 같이 말한, "思量으로 헤아리면 어느 劫에야 깨달으리요? 思量하지 않으면 지저분한 것(莽鹵)이 끝나고 만다. 생각하고자 하여도 생각할 수 없으면, 험한 길을 마칠 때(踏破時)이니 萬里에 無雲이면 (하늘은) 항상 드러나 있다"[57]가 典據가 된다. (이 때문에) 굳게 집착하여 버리지 못한다. 그러므로 (大慧가) 揀擇하여 말하였다. ⑧[(조주의 '無'자는) 擧起處를 향해서도 얻을 수 없다고. 또 ⑨[(조주의 '無'자는) 文字로 引證하는 것으로도 얻을 수 없다고. (어떠한 방식으로든) 引證케 되면 諸病에 上通하게 된다.[58]

혜심의 이 기록에서 가장 두드러지는 것은 기존의 항목들이 각각의 개별적인 구조를 보이고 있는 것에 비해, 여기에서는 ⑧과 ⑨가 연속으로 잇달아 열거된다는 점이다. 이는 양자가 서로 다르지만 비슷한 경지에서 이루어지는 것임을 반영한 것으로 추정된다. 왜냐하면 그렇지 않다면, 이 항목에서만 비독립적 나열방식을 취하는 타당한 이유가 명확하지 않기 때문이다.

화두가 몸에 붙어 떨어지지 않는 단계가 반드시 성교량(聖敎量)을 동

---

57 『古尊宿語錄』28,「舒州龍門佛眼和尙語錄」(CBETA68, 180b), "上堂 擬思量 何劫悟 不思量 終莽鹵 欲思不思踏破時 萬里無雲常顯露 常顯露 妙用恒沙非旦暮"

58 「狗子無佛性話揀病論」, (『韓佛全』6, 70a·b), "旣不許語路上作活計 又不許颺在無事匣裏定 謂欲擧未擧時正是好消息也 如佛眼云 擬思量 何劫悟 不思量 終莽鹵 欲思不思 踏破時萬里無雲常現露爲據 堅執不捨 故揀云 不得向擧起處承當 又不得向文字引證 引證通上諸病 旣不許伊麼決定 無可奈何 自生難想 謂卽今迷 幾時悟得 執迷待悟 故揀云 不得將迷待悟 如上諸病中 從揚眉瞬目 至將迷待悟 是時人難離之病"

반하는지는 불분명하다. 그러나 당시는 고려 말 몽산(蒙山, 1231~1308?) 선풍의 오후인가(悟後印可) 강조[59]와 같은 풍조가 일반화되었던 시기가 아니다. 이런 점에서 본다면, 선종 문헌에 입각한 성교량을 통한 자기변증이나 자내증(自內證)의 확립이 요청되었을 개연성도 존재한다. 즉 혜심의 ⑨의 기록을 통해서, 당시 고려선종의 한 특징적인 측면을 추론해 볼 수가 있는 것이다.

혜심은 불안의 말을 인용하여, 깨달음에 대한 사량의 무가치성과 "만리무운상현로(萬里無雲常現露)"라는 만리무운만리천(萬里無雲萬里天)과 같은 본연적인 측면을 현시하고 있다. 그러나 동시에 이와 같은 경지 역시 또 하나의 사족이며 군더더기일 뿐이라는 것에 대한 분명한 선을 긋고 있다.

본래완성의 관점은 다음의 ⑩을 통해서 보다 분명하게 확인된다.

이미 不許하여 정할 수 없다면, 막무가내로[無可奈何] 스스로 難想이 생긴다. (그래서) 곧 '今迷한데 어느 때에 悟得하리요' 하면서, 迷에 局執되어 悟를 기다린다. 그러므로 (지눌이) 揀擇하여 말하였다. ⑩[(조주의 '無' 자는) 장차 迷를 가지고 悟를 기다리면 얻지 못한다]고.[60]

⑩은 지눌이 선택한 병통으로, 무자화두를 통한 선의 깨달음은 '미

---

59   趙明濟, 「高麗後期『蒙山法語』의 受容과 看話禪의 展開」, 『普照思想』 12집, 普照思想硏究院(1999), pp.254~258 ; 姜好鮮, 「忠烈·忠宣王代 臨濟宗 수용과 高麗佛敎의 變化」, 『韓國史論』 46집, 서울大學校 國史學科(2001), pp.87~103 ; 黃仁奎, 「高麗後期 禪宗山門과 元나라 禪風」, 『中央史論』 23집, 中央大學校 中央史學硏究所(2006), p.101.

60   「狗子無佛性話揀病論」, (『韓佛全』 6, 70b), "旣不許伊麽決定 無可奈何 自生難想 謂卽今迷 幾時悟得 執迷待悟 故揀云 不得將迷待悟"

(迷)→오(悟)'가 아닌 '오(悟)→오(悟)'일 뿐임을 분명히 하고 있다. 이는 지눌이 주장하는 깨달음은 질적인 변화가 아닌 관점의 환기와 본성의 자기 반조에 따른 재인식이라는 점을 명확히 해준다. 이는 『절요사기』와 『간화결의론』의 다음 내용에서도 인지되는 측면이다.

> (대혜가) 또 말하였다. "趙州 狗子無佛性 話頭는 喜·怒·靜·鬧에 또한 언제나 들되, 무엇보다 意가 悟를 기다려서는 얻지 못한다. 만약 意가 悟를 기다리게 된다면 곧 스스로에게 이르기를 '나는 지금 미혹했다(我卽今迷)'라고 하라. (迷에서 悟를 待한다면) 塵劫을 지내더라도 또한 能히 얻을 수 없다.[61]

> 이른바 十種病이라는 것도 證悟之心을 求하는 것이 本이 된다. 그러므로 이르기를 '이 障礙가 밖에서 온 것이 아니라면, 어느 곳에서 왔겠는가? 또 별도의 일이 아니라면, 이는 어떤 일이겠는가? 이것은 모두 性起之德을 밝힌 것일 뿐이다'라고 한 것이다.[62]

그러나 이 역시 궁극적으로는 극복되어야 할 최종단계라고 지눌은 주장하며, 혜심 역시 이와 같은 지눌의 관점을 수용하고 있다.

---

61 『法集別行錄節要并入私記』, (『韓佛全』4, 765c), "又云 趙州狗子無佛性話 喜怒靜鬧 亦須提撕 第一不得用意待悟 若用意等悟 則自謂我卽今迷 執迷待悟 縱經塵劫 亦不能得";『大慧普覺禪師語錄』19,「示淸淨居士(李堤擧獻臣)」(『大正藏』47, 891b), "趙州狗子無佛性話 喜怒靜鬧處 亦須提撕 第一不得用意等悟 若用意等悟 則自謂我卽今迷 執迷待悟 縱經塵劫 亦不能得悟"

62 『看話決疑論』, (『韓佛全』4, 732c), "所言十種病 以求證悟之心爲本 旣云此障亦非外來 從何處來耶 亦非別事 是何事耶 此全明性起之德"

⑩은 앞의 ⑨까지와는 병통의 양상이 다르다. 즉 이는 어떤 단계라기
보다는 관점의 문제를 제시하고 있으므로 앞서 와는 논리적인 층위가
다르기 때문이다. 이런 점에서 ⑩은 십종병의 마지막이 되는 동시에 십
종병의 전체를 일관(一貫)해서 탈각시키는 대단원의 결론적인 측면이 된
다. 즉 「간병론」의 핵심인 것이다. 또 이 부분은 혜심의 간화 경절에 있어
서 중심 사상인 '대오지심(待悟之心)의 배척'과 직결된다는 점에서도 주목
된다.[63]

끝으로 혜심은 ⑤~⑩의 병통은 더 세밀하기 때문에 더욱 떨치기 어
렵다고 한 번 더 강조하는 모습을 보인다.[64]

위에서 (언급한 것과) 같은 諸病 中에, '⑤눈썹을 치켜 올리고 눈을
깜박이는 것부터 ⑩장차 迷를 가지고 悟를 기다리는 것'까지는 (當)
時人들이 떨쳐버리기 어려운 病이다.[65]

이상의 「간병론」에서 확인되는 간화십종병에 대한 서술을 보면, 혜심
이 지눌을 이어서 무자화두를 통해 간화 경절의 체계를 정립하려고 했
다는 것을 알 수 있다. 또 수선사는 지눌의 정혜결사에서 시작되지만, 사
찰이 비약적으로 확대되는 것은 최충헌(崔忠獻)의 불교계 개편을 통한 선

63   이동준, 「慧諶 看話禪에서의 待悟之心의 문제」, 『韓國佛教學』 17집, 韓國佛教學會(1992), pp.475~490 ;
     정명옥, 「慧諶의 話頭參究法-法語와 書咨, 그리고 그 속의 禪詩를 중심으로」, 『禪學』 10호, 韓國禪學
     會(2005), pp.100~102.

64   白坡亘璇은 『無字揀病論科解』에서 ①~④까지는 如來禪과 義理禪에 속하는 반면, ⑤~⑩은 祖師禪
     에서 논해지는 것이기 때문이라고 하였다.
     『無字揀病論科解』, (『韓佛全』10, 526c), "前四病是前二禪解故 或有易離 後六病元是祖師禪佛祖正脈故"

65   「狗子無佛性話揀病論」, (『韓佛全』6, 70b), "如上諸病中 從揚眉瞬目 至將迷待悟 是時人難離之病"

종 및 수선사 후원,[66] 그리고 뒤이은 최이(崔怡)가 수선사를 중심으로 선종을 재편하면서, 자신의 두 아들인 최만종(崔萬宗)과 최만전(崔萬全, 이후 최항沆으로 개명)을 혜심의 문하에 출가시키면서이다.[67] 이 때문에 지눌의 결사정신은 혜심에 의한 무신정권과의 결합으로 변모하는 측면도 존재한다.[68] 그러나 이와 동시에 혜심으로서는 수선사만의 특징적인 수행법을 완성하고 고려불교 안에서 제시할 필요성 역시 강하게 요청받게 된다. 이와 같은 측면이 발현된 것이 바로 지눌이래의 간화십종병을 계승해서 체계화한 「간병론(1215년 간행)」이라고 하겠다. 혜심은 그 다음으로 1226년에는 선종문헌을 집대성한 『선문염송』을 편찬하게 되는데,[69] 이는 「간병론」 이후에 보다 범주를 확대해서 고려 선불교를 일신하려는 통합적 인식과 자신감의 표현이라고 판단된다.[70]

---

66   鄭赫, 「高麗後期 眞覺國師 慧諶의 佛儒同源思想」, 『北岳史論』 3집, 北岳史學會(1993), pp.178~179.

67   『高麗史』129, 「列傳42」, 〈反逆3-崔忠獻 附 崔怡〉, "恐二男爲亂, 皆送松廣社, 剃髮竝授禪師."; 최은희, 「교육의 관점에서 본 眞覺國師 慧諶의 一生」, 『동아시아佛敎文化』 17집, 東아시아佛敎文化學會 (2014), pp.244~269 ; 鄭赫, 「高麗後期 眞覺國師 慧諶의 佛儒同源思想」, 『北岳史論』 3집, 北岳史學會 (1993), pp.180~185.

68   조은순, 「崔瑀의 佛敎政策과 修禪社 慧諶」, 『普照思想』 30집, 普照思想研究院(2008), pp.431~446 ; 진성규, 「定慧結社의 時代的 背景에 대하여」, 『普照思想』 5·6집, 普照思想研究院(1992), pp.24~29 ; 崔柄憲, 「眞覺慧諶, 修禪社, 崔氏武人正權」, 『普照思想』 7집, 普照思想研究院(1993), pp.181~189.

69   이영석, 「『禪門拈頌』의 編纂에 관한 연구」, 『淨土學研究』 5집, 韓國淨土學會(2002), pp.261~262.

70   정천구, 「『禪門拈頌』의 編纂에 대한 思想史的 연구」, 『精神文化研究』 32권 3호, 韓國學中央研究院 (2008), pp.12~17 ; 박재현, 「『禪門拈頌集』과 『禪門拈頌說話』의 텍스트성」, 『禪學』 42호, 韓國禪學會 (2015), pp.50~53.

IV. 결론

이상을 통해 혜심의 「간병론」 찬술 배경과 내용을 간화십종병을 중심으로 검토해 보았다.

간화십종병은 간화선의 정립자인 종고의 무자화두 8종병에, 지눌이 종고가 다른 곳에서 언급한 2가지 병통을 추가하여 재편한 무자화두와 관련되어 상정 가능한 문제점들이다. 그런데 이 십종병은 혜심과 관련해서, 지눌의 혜심 인가에서부터 혜심이 지눌의 유고를 찾아내 간행하는 『간화결의론』, 그리고 「간병론」까지 혜심을 일관하고 있어 주목된다. 이는 혜심에게 있어서 십종병 및 「간병론」이 핵심이 된다는 것을 의미한다. 이와 관련해서 본고에서는 십종병에 대한 주석인 「간병론」이 혜심의 지눌계승 및 수선사 안에서의 위치와 당위성을 강조하는 문헌이 된다는 점을 분명히 하였다.

그리고 다음으로는 「간병론」의 전체적인 구조를 정리하고, 그 속에서 후반부이자 논의의 핵심이라고 할 수 있는 십종병의 각 항목들에 대한 분석을 시도했다. 이 결과는 지눌과 혜심이 십종병을 통해서 간화 경절이라는 수산사적인 특징을 확립하려고 시도 했다는 점, 그리고 무자화두가 깨침을 증득하는 최고의 방편이지만, 그럼에도 이 역시 본질적인 허상일 수밖에 없다는 점을 주장하고 있었다는 점을 밝혔다.

지눌은 최충헌 무신정권기인 고려불교가 교종에서 선종으로 재편되는 상황을 살았던 반면, 혜심은 최이에 의해서 선종 안에서도 수선사가 비약적으로 확대되는 시기를 산 인물이다. 이런 점에서 두 사람의 문제 의식은 다를 수밖에 없다. 이러한 시대적인 요청의 변화를 혜심은 「간병론」을 통해 지눌 이래의 선수행과 관련된 체계를 정리한다. 그리고 내용적으로는 깨달음을 증득하는 것은, '본래적인 보편성에 대한 자각일 뿐이라는 점'을 분명히 천명하는 방식으로 해소하고자 했다. 이는 종고와 지눌을 계승한 것인 동시에 혜심이 부각시킨 수선사만의 특징적인 선의 가르침이라고 하겠다.

지눌은 정혜결사라는 제한된 결사 구조를 통해서 고려불교를 바꾸려고 시도한 인물이다. 이런 점에서 지눌의 선은 소수의 노력하는 사람들을 중심으로 하는 전유물일 수밖에 없다. 그러나 혜심은 시대 상황의 변화와 함께 소수의 선이 아닌 주류로서의 보편적인 선을 말해야만 하는 상황에 직면해 있었다. 이는 혜심에게 특수성이 아닌 보편성을 강조하는 선의 천명을 요청하게 되고, 혜심은 「간병론」 속에서 이와 같은 시대적인 요구를 반영한 재편을 시도하고 있는 것이다.

물론 혜심의 대오지심(待悟之心)에 대한 배척은, 위계질서를 무너트린 무신정권에도 당위성을 부여할 수 있다는 점에서 비판의 여지가 없는 것은 아니다. 그러나 그럼에도 인간의 본래면목에 입각해서 모든 인간의 평등과 존엄성을 각성시킨 점은 중세의 인간 인식에서 매우 두드러지는 탁견이라고 하겠다. 이 점은 혜심이 지눌을 넘어서서, 수선사의 선적인 가치를 완성시킨 인물로 평가됨에 부족함이 없는 측면이라고 하겠다.

07.
청허휴정(清虛休靜)의 선사상과 임제종의 관계

철우哲祐

철우 哲祐

동국대학교(경주) 정각원장

동학사에서 운달 스님을 은사로 출가, 자운 스님을 계사로 비구니계를 수지하였다. 동학사 승가대학 및 동국대학교 선학과를 졸업하고 박사학위를 취득하였다. 대한불교조계종 불학연구소 사무국장, 대한불교조계종 포교원 신도종책위원회 위원, 충남경찰서 경승, 사단법인 동련회 어린이연구소 소장 등을 역임했다. 2012년에 대한불교조계종 포교대상 원력상을 수상했다. BTN 불교TV에서 『육조단경』을 강의하기도 했다. 현재, 동국대학교(경주) 제15대 정각원장, 대한불교조계종 제17대 종회의원, 대한불교조계종 전국비구니회 경부 1지회장, 포항 임허사 주지 등의 소임을 맡고 있다.

I. 서론

현재 한국불교는 승려와 신도 수의 감소와 젊은 층의 종교에 대한 관심
이 약화되면서 심각한 위기에 직면해 있다. 이는 사회적 환경의 변화에
따른 종교계 일반의 공통된 현상이기는 하지만, 급변하는 사회적 변화
에 대한 불교 교단의 대응이 부족하거나 부적절한 측면이 있는 것 또한
사실이다. 그중 가장 큰 문제 중의 하나가 '한국불교의 정체성의 부재'라
하겠다.

현재 한국불교를 대표하는 대한불교조계종과 한국불교태고종의 뿌
리는 1941년 탄생한 조선불교조계종이라 할 수 있다. 그리고 여기에 속
한 승려들이 모두 청허휴정(清虛休靜, 1520~1604)과 부휴선수(浮休善修,
1543~1615)의 문도이며, 그중 90%가 휴정의 문도라는 점에서 휴정의 불
교사상은 한국불교의 정체성을 확립하는 데 있어서 가늠자 역할을 한다
고 할 수 있다.

삼국 시대에 들어온 불교는 통일신라와 고려 시대 왕실과 귀족의 후
원아래 다양한 종파로 분화되면서 크게 발전하였지만, 조선 시대에 들
어서면서 숭유억불의 상황 속에서 위축되어진다. 주지하다시피 조선 초
의 불교탄압으로 인하여 태종 대에 불교 종파를 7종으로 축소하였고, 세
종은 1424년 불교 종단을 선·교 양종으로 묶어 불교 종파를 통폐합하였

다.[01] 이로써 이후 지금까지 한국불교는 종파가 없는 무종파 내지 통종파적인 성격을 띠어오고 있다.

정치적 탄압은 종교가 성숙하는 데 있어서 밑거름이 되기도 한다. 왕실과 귀족의 비호 아래 고려 말의 불교계가 부패와 타락의 길을 걸었던 점을 상기해보면, 억불의 상황 속에 처한 조선의 불교계는 내적인 성숙을 기할 수 있는 새로운 상황 속에 처해 있었다고 할 수 있다. 휴정은 이 같은 시대적 사명을 분명히 자각한 선각자라 할 수 있다. 휴정의 사상은 선(禪)을 중심으로 하여, 지계(持戒)·간경(看經)·염불(念佛)·송주(誦呪)·예경(禮敬) 등을 포함하고 있으며, 나아가 유교와 도교 사상까지 포용하고 있다. 또한 임진왜란을 당하여 의승군(義僧軍)의 종장(宗匠)으로서 호국불교의 실천자이기도 하다. 이처럼 다양한 성격을 지니고 있는 서산의 사상은 억불정책이 극심했던 조선 중기 불교계의 현실과 밀접한 관련을 맺고 있다.

청허의 저술로는 『삼가귀감(三家龜鑑)』(선가귀감, 유가귀감, 도가귀감)과 『심법요초(心法要抄)』, 『선교결(禪敎訣)』, 『선교석(禪敎釋)』, 『삼노행적(三老行蹟)』, 『청허당집(淸虛堂集)』, 『설선의(說禪儀)』, 『운수단가사(雲水壇歌詞)』 등이 있다.[02] 휴정에 관한 연구는 권상로의 『조선불교약사』와 이능화의 『조선불교통사』 및 다카하시 도오루[高橋亨]의 『이조불교』 및 누카리야 카이텐[忽滑谷快天]의 『조선선교사』 등 일제강점기 근대불교학의 탄생과 더불어 시작되었다. 또한 해방이후에도 우정상, 김영태, 송천은, 이영자, 최병헌,

---

01   김상영, 「전 근대 조계종 역사의 전개양상과 그 특성」, 『한국선학』 36호, 한국선학회(2013), pp.482~483 참조.

02   이상의 책은 『韓國佛敎全書』 7冊에 수록되어 있다.

서정문(종범), 송일기 등으로 이어지면서 연구되어 왔다.[03]

본고는 이러한 선행 연구를 토대로 하여 휴정의 선사상과 임제종의 관계에 대하여 밝히고자 하는 것이 목적이다. 이와 관련된 대표적인 연구물로는 서정문의 「임제선풍과 서산선풍」, 종진의 「청허휴정의 선사상」, 김호귀의 「청허휴정의 선교관 및 수증관」과 「청허휴정의 오가법맥의 배경에 대한 고찰」, 신법인의 「휴정의 사교입선관」, 고영섭의 「휴정의 선심학」, 김용태의 「청허휴정과 조선 후기 선과 화엄」 등을 들 수 있다.[04] 본고에서 다루고자 하는 것은 다음의 네 가지 문제이다.

첫째, 한국불교사상사와 현재 대한불교조계종의 성격에 비추어 볼 때 휴정이 불교계에서 차지하는 위치가 무엇인가 하는 점이다.

둘째, 휴정의 선사상의 성격과 특징이 무엇인가 하는 점이다. 그의 선사상은 조사선과 간화선의 정통을 기반으로 하면서 선주교종(禪主敎從)의 선교관과 정토와 계율 및 주송 등의 통불교적 모습을 띄고 있다. 또한 유불도 삼교회통의 모습도 보이고 있다. 그렇다면 휴정 사상의 중심이 되는 선사상의 내용과 성격은 어떻게 규정할 수 있는지에 대하여 고찰하고자 한다.

셋째, 휴정은 지눌이 규봉종밀의 영향 하에 초기 선종의 배경 하에

---

03   禹貞相, 「李朝佛教의 護國思想에 代하여」, 『白性郁博士華甲紀念佛教學論文集』(1959) ; 禹貞相, 「禪家龜鑑流布考」, 『불교학보』 14권, 동국대 불교문화연구원(1977) ; 金煐泰, 『서산대사의 생애와 사상』, 박영사(1975) ; 金煐泰, 「朝鮮 禪家의 法統考-西山 家統의 究明」, 『불교학보』 22권, 동국대 불교문화연구원(1985) ; 宋天恩, 『西山禪의 본질』, 『원광대학교 논문집』 4집, 원광대학교(1973) ; 李永子, 「조선 중후기의 禪風-西山五門을 중심으로」, 『한국선사상연구』, 동국대출판부(1984) ; 崔柄憲, 「朝鮮時代 佛教法統說의 문제」, 『한국사론』 19집, 서울대 인문대학 국사학과(1988) ; 서정문(宗梵), 「朝鮮時代 禪門 法統說에 대한 고찰」, 『중앙승가대학 논문집』 1집, 중앙승가대학(1992) ; 宋日基, 「禪家龜鑑 成立考」, 『서지학연구』 7집, 서지학회(1991).

04   구체적인 서지 사항은 참고 문헌에 밝혀 놓았다.

자신의 선사상을 전개한 것과는 다르게, 선종이 크게 활약한 오가칠종(五家七宗)을 배경으로 하여 선사상을 전개하고 있다. 휴정은 분명 지눌의 영향을 많이 받고 있지만 그와는 다르게, 혜능과 마조와 임제를 잇는 임제종의 종지종풍이 선종의 정통이며, 자신이 그것을 계승하고 있음을 분명히 하고 있는 모습을 보이고 있다. 그렇다면 휴정이 주장하는 임제선의 특징은 무엇이고, 임제선의 어떠한 면을 수용하고 있으며 그것이 제자들을 통하여 어떻게 계승되고 있는지를 밝히고자 한다.

끝으로 휴정의 선사상이 지닌 현대적 의의는 무엇이며, 그것이 현대인에게 주는 교훈이 무엇인지를 살펴보고자 한다.

II. 한국불교에 있어서 청허휴정의 위치

근현대 한국불교 종단은 1941년 '조선불교 조계종'이 창종되면서 시작되었으며, 해방 이후 정화불사의 소용돌이를 겪으면서 대한불교조계종과 한국불교 태고종으로 분종되고 이어 수많은 종단이 파생되면서 지금에 이르고 있다. 이러한 과정에서 한국불교의 정체성의 문제는 조계종의 종조 문제를 중심으로 표출되었는데, '보조 종조설'과 '태고 종조설'이 그것이다.

성철은 『한국불교의 법맥』에서 "현재 한국의 승려들은 부용(芙蓉)의 두 제자인 서산(西山)과 부휴(浮休)의 법손(法孫)들이다. 그 가운데 부휴의 법손은 얼마 되지 않고 서산의 법손만이 번창하고 서산의 법손 가운데에서도 편양파가 더욱 심하다"[05]고 한 바에서 알 수 있듯이, 현재 한국 승려의 주류는 휴정과 편양을 잇는 법맥을 계승하고 있다. 즉 현재의 조계종은 휴정과 부휴 이전의 법맥과는 단절되고 그 이후에는 사승 관계가 분명하다고 할 수 있다. 따라서 조계종을 중심으로 하는 현재 한국불교의 정체성은 청허와 부휴의 불교사상에서 찾아야 한다고 할 수 있다.

단절이란 태조 이성계 및 훈구세력과 관련을 맺고 조선 전기 선(禪)을 이끌었던 나옹(懶翁)과 무학(無學) 그리고 함허(函虛)를 잇는 나옹계(懶翁系)의 법맥이 끊어진 것을 말한다.[06] 이렇게 끊어진 나옹계의 법맥 대신에 휴정은 자신의 새로운 법맥을 『삼노행적』을 통하여 제시하고 있다. 『삼노행적』이란 휴정의 법사(法師)인 『부용당행적(芙蓉堂行蹟)』과 부용의 고제인 『경성당행적(敬聖堂行蹟)』 그리고 부용영관(芙蓉靈觀)과 경성일선(敬聖一禪)의 법사인 『벽송당행적(碧松堂行蹟)』을 말한다. 휴정은 『삼노행적』을 통하여 자신의 선법이 '벽송지엄→부용영관→청허휴정'으로 전하여졌음을 밝히고 있다. 즉 청허의 선법의 직접적인 계승은 '벽송지엄'으로부터 이루어진 것으로서, '임제-태고법통설'의 확립은 청허 사후의 불교계의 합의에 의하여 만들어진 것이다.[07]

---

05 성철, 『한국불교의 법맥』(3판), 장경각(1993), 17쪽.

06 최병헌, 「조선 시대 불교 법통설의 문제」, 『한국사론』 19집, 서울대 국사학과(1988), 286쪽 참조.

07 '임제-태고법통설'은 편양의 제자와 부휴의 문도들의 합의에 의하여 이루어진 것으로서 이에 대한 것은 김영태, 최병헌, 이봉춘, 박해당, 김상영, 김용태 등에 의하여 이미 학계에 많이 연구되어 있다. 본고에서는 이에 대한 구체적인 언급은 생략한다.

벽송지엄은 화엄 원돈문의 뜻을 연희(衍熙)에게 묻고, 조사서래의(祖師西來意)를 선사인 정심(正心)에게 물어 깨달은 바가 많았지만,[08] 벽계정심을 통하여 깨달은 것은 아니다. 지엄은 『대혜어록』과 『고봉어록』을 보다가 깨달았다. 따라서 서산은 자신에게 이어진 선은 지엄으로부터 이어진 대혜와 고봉의 임제종 간화선풍임을 다음과 같이 천명한다.

> 정덕(正德) 무진년(1508) 가을에 금강산(金剛山) 묘길상(妙吉祥)에 들어가 『대혜어록』을 보다가 '구자무불성(狗子無佛性)의 화두'에 의심이 걸려 오래지 않아 칠통(漆桶)을 타파하였다. 또 『고봉어록』을 보다가 '양재타방(颺在他方)'이란 말에 이르러 지금까지 알던 모든 것을 떨쳐버렸다. 그러므로 대사의 평생에 발휘한 것은 다 고봉과 대혜의 풍(風)이었다. … 아아! 대사는 동방 사람으로서 5백 년 전 종파를 비밀히 이었으니, 마치 정자(程子)와 주자(朱子)가 천년 뒤에 나서 멀리 공맹(孔孟)의 실마리를 이어받은 것과 같으니, 유교나 불교나 도를 전하는 방식은 같은 것이다.[09]

휴정이 위에서 밝힌 바와 같이 500년 전의 종파를 밀사(密嗣)했다는 것으로 보아 지엄은 대혜의 법을 이어 받은 것이라 할 수 있다. 이러한 휴정의 법을 이은 후손들은 무종파의 상황 속에서 문파를 형성하여 조

---

08 休靜 撰, 「碧松堂大師行蹟」, 『三老行蹟』, 韓國佛敎全書 7冊, 752中-下. "一日思欲參稟 遠挹風猷. 先訪 衍熙敎師問圓頓敎義. 次尋正心禪師 擊西來密旨. 俱振玄妙 多所悟益."

09 위의 책, 752下-753上. "正德戊辰秋 入金剛山妙吉祥 看大慧語錄 疑着狗子無佛性話 不多時日 打破 漆桶. 又看高峯語錄 至颺在他方之語 頓落前解. 是故師之平生所發揮者 乃高峰大慧之風也. … 吁! 師以海外之人 密嗣五百年前宗派 猶程朱輩 生乎千載之下 遠承孔孟之緒也. 儒也釋也 傳道則一也."

선의 불교계를 이끌어가게 된다. 즉 사명유정의 문도인 '사명파', 소요태능의 문도인 '소요파', 정관일선의 문도인 '정관파' 그리고 편양언기의 문도인 '편양파'가 그것이며, 그중 편양파가 가장 득세하게 된다.[10] 휴정 문도들의 활약과 의의에 대하여 김상영은 다음과 같이 말한다.

> 휴정의 문도들은 '단절'되었던 조선 선가의 법통을 '복원'하기 위한 노력을 하였다. 이 과정에서 두 가지의 심각한 문제가 발생하였다. 태고보우~서산휴정에 이르는 전법 관계를 일부 작위적으로 만들어 냈다는 점, 그리고 한국 선불교의 전통을 '태고법통' 일변도로 확정시켜 놓고 말았다는 점이다.[11]

휴정과 부휴의 문도들에 의하여 만들어진 '임제-태고법통설'은 이후 조선과 근현대 한국불교의 흐름 속에서 선사들의 의식에 고착화됨으로써, 통일신라와 고려를 잇는 선의 전통과 단절을 꾀하고 선과 기타 불교사상 간에 통하지 못하는 폐단을 낳기도 하였다. 그러나 보다 더 큰 문제는 임제종의 법맥을 지나치게 강조함으로써 정작 한국불교의 실질적인 중흥조로서 휴정의 실상과 그의 선사상의 본질을 모호하게 하였다는 점에 있다 할 것이다.

---

10 浮休善修의 법맥을 계승한 '부휴계'는 부휴의 직전 제자인 碧巖覺性이 계파의 토대를 마련한 이후 그 손제자 栢庵性聰대에 이르러 확고히 자리 잡았다. 이들은 조계산 송광사를 본산으로 하여 臨濟宗의 법맥과 普照知訥의 遺風을 내세우며 그들의 정체성을 확고히 하였다.

11 김상영, 앞의 글, 485쪽.

Ⅲ. 휴정의 선사상과 그 특징

휴정은 성균관 유생 출신으로 과거시험을 단념하고 출가하였다. 1552년 재개된 승과(僧科)에 합격하여, 1555년에는 선종과 교종의 판사를 겸임하였다. 그러나 곧 관직을 사직하고 금강산으로 들어가 선수행에 전념하는 한편 제자들을 지도하였다. 기축년(1589) 옥사에 무고로 고충을 당하고 이로 인하여 선조(宣祖)와의 인연을 가지게 되고, 임진년(1592)에 팔도도총섭(八道都摠攝)에 임명되었다. 즉 의승군의 승장으로 알려진 휴정의 모습은 그의 나이 73세 이후의 일로서 그의 생애의 대부분을 산속에서 수도에 전념하였음을 알 수 있다.

휴정의 선사상은 억불의 상황에서 종파마저 없어진 당시 불교계에 대한 철저한 반성 속에서 탄생한 것이다. 휴정은 승려들이 밖으로 향했던 눈을 돌려 불교 전통에 충실하기를 바랐으며, 세속적인 가치나 이념에 흔들리지 않고 당당한 수행자로서 불교 본연의 가치인 깨침과 자비에 충실해야 한다고 생각하였다. 휴정은 이와 같은 점을 『선가귀감』의 서문에서 이렇게 밝히고 있다.

> 예전에 불교를 배우는 이들은 부처님 말씀이 아니면 말하지 않았고, 부처님의 행동이 아니면 행하지 않았었다. 그러므로 그들이 보배로 여긴 것은 오로지 대장경의 거룩한 글뿐이었다. 그러나 오늘날 불교

를 배우는 이들은 전해가면서 외는 것이 세속 선비들의 글이요, 청하여 지니는 것이 벼슬아치의 시뿐이다. … 어찌 옛날과 오늘에 불교를 배우는 이들의 보배 삼는 것이 이다지도 같지 않을까!¹²

위의 글을 보면 불교와 유교의 관계에 있어서 불자들이 유교에 경도된 모습을 비판하고, 불교의 정체성과 주체성을 회복해야 함을 강조하고 있다. 그가 비록 『유가귀감』을 저술하여 유불회통을 시도하고 있는 것처럼 보이지만, 진정한 입장은 유가의 교리가 불교의 마음을 벗어나지 않음을 주장하고 있는 것이다. 그러기에 "덕(德)이니 인(仁)이니 경(敬)이니 성(誠)이니 하는 말은 비록 다르지만 모두가 이 마음의 오묘함을 밝힌 것이다. 아! 훌륭하여라 마음의 덕이여"¹³라고 말하고 있는 것이다.

또 당시 '교학자의 병'과 '선학자의 병'을 다음과 같이 제시하고 있다.

교학자는 활구(活句)를 참구하지 않고, 한갓 총명하고 지혜로운 구이(口耳)의 학문으로 세상에서 뽐내며 실지(實地)를 밟지 않고 말과 행이 서로 어긋난다. 여기 저기 산을 찾고 물을 찾으며 한갓 죽이나 밥만을 허비하고, 스스로 경론을 둘러쓰고 사람을 속이면서 일생을 지내니 지옥의 찌꺼기를 지을 뿐 세상을 건지는 배가 되지는 못한다.¹⁴

---

12   休靜, 「禪家龜鑑序」, 韓國佛敎全書 7冊, 625中. "古之學佛者 非佛之言不言 非佛之行不行也. 故所寶者 惟見葉靈文而已. 今之學佛者 傳而誦則士大夫之句乞而持則士大夫之詩. … 何古今學佛者之不同寶也."

13   休靜撰, 『儒敎』, 『三家龜鑑』 卷上, 韓國佛敎全書 7冊, 616上. "曰德 曰仁 曰敬 曰誠 言雖殊而理則一 無非所以明此心之妙也. 吁! 心之德其盛矣乎."

14   淸虛堂述, 「敎學者病」, 『心法要抄』, 韓國佛敎全書 7冊, 648中. "敎學者 不參活句 徒將聰慧口耳之學 衒曜於世 脚不踏實地 言行相違. 這邊那邊 討山討水 徒費粥飯 自被經論 賺過一生終 作地獄滓 非濟

선학자는 한가함을 익혀 성품을 이루려하면서 스승을 찾지 않으니 여우의 글 속에서 한갓 수고로이 앉아 졸며, 눈앞에서 일어나는 연(緣)에 따라 사법(事法)을 일으키니 투탈(透脫)하지 못한다. 취도로박(嘴都壚博)에 미혹한 자는 다만 풀이나 나무에 붙은 정령이 될 뿐 또한 세상을 건지는 배가 되지는 못한다.[15]

위에서 본 바와 같이 당시 불교계의 교학자와 선학자의 병을 직시하고 청허는 이에 대한 근본적인 처방을 제시하고자 하였다. 그것은 바로 본래면목에 대한 깨침이다. 도(道)에는 정도(正道)와 권도(權道)가 있고, 법(法)에는 본(本)과 말(末)이 있기 마련이다. 숭유억불과 무종파의 상황에 처한 휴정에게 있어 선과 교, 그리고 불교와 유교 및 도교와의 관계는 중요하며 함께 중시될 수밖에 없었지만 그 근본은 선(禪)과 불교에 있었다. 그리고 선과 불교의 핵심은 우리의 본래면목을 깨닫는 데에 있다. 이 같은 점은 『선가귀감』의 첫 장면을 보면 분명히 알 수 있다.

여기에 일물(一物)이 있는데, 본래부터 소소영령(昭昭靈靈)하여 일찍이 나지도 않았고 죽지도 않았다. 이름 지을 길도 없고 모양을 그릴 수도 없다. 부처님과 조사가 세상에 출현함은 바람도 없는데 물결을 일으킨 것이다. 그러나 법에는 다양한 뜻이 있고, 사람에겐 다양한 기틀이 있어서 여러 가지 방편을 베풀지 않을 수 없다. 강제로 가지가

世舟航也."

15   淸虛堂述,「禪學者病」, 위와 같음. "禪學者 習閑成性 不求師範 野狐窟中 徒勞坐睡 被目前緣起事法 未能透脫. 觜都壚博謎子者 只作依草附木精靈 亦非濟世舟航也."

지 이름을 세워 혹은 '마음'이라 하고, 혹은 '부처'라 하고, 혹은 '중생'이라 하였으나 이름을 고집하여 생각을 낼 일이 아니다. 다 그대로 옳은 것이니 한 생각이라도 움직이면 곧 어긋난다[當體便是 動念卽乖]. 세존의 삼처전심(三處傳心)은 선지(禪旨)가 되고 한평생 교설은 교문(敎門)이 되었으니, '선은 부처님의 마음이요, 교는 부처님의 말씀이다'라고 말하는 것이다.[16]

'일물'이란 우리의 본래면목을 칭하는 것으로 선가에서 주로 사용하는 말이다. 보조지눌(普照知訥)은 『수심결(修心訣)』에서 "백해는 흩어져 불로 돌아가고 바람으로 돌아가지만, '일물(一物)'은 길이 신령하여 하늘을 덮고 땅을 덮는다"[17]고 하였다. 또 덕이본 『단경』에서는 혜능이 이 '일물'에 대한 문답을 통하여 신회(神會)를 지해종도(知解宗徒)라 하고 회양(懷讓)에게 법이 전승되었음을 말하고 있다. 이 내용이 함허(涵虛)의 『금강경오가해(金剛經五家解)』 서문에 등장하고, 또 『선가귀감』의 주석에도 등장하고 있다.[18]

박해당은 "휴정 이후의 조선 불교는 실질적으로 지눌의 영향 아래 있으면서도 법통으로는 중국의 임제종에서 태고보우로 이어지는 법계에

16　休靜 撰, 「佛敎」 『三家龜鑑』 卷下, 韓國佛敎全書 7冊, 626上. "有一物於此 從本以來 昭昭靈靈 不曾生不曾減 名不得狀不得. 佛祖出世 無風起浪. 然法有多義 人有多機 不妨施設强立種種名字 或心或佛或衆生 不可守名而生解 當體便是 動念卽乖. 世尊三處傳心者 爲禪旨 一代所說者爲敎門 故曰禪是佛心 敎是佛語."

17　知訥, 『修心訣』, 『普照全書』, 불일출판사(1989), 31쪽. "百骸潰散 歸火歸風 一物長靈 蓋天蓋地."

18　休靜 撰, 『禪家龜鑑』, 韓國佛敎全書 7冊, 634下-635上. "一物者 何物. ○古人頌云 古佛未生前 凝然一相圓 釋迦猶未會 迦葉豈能傳. 此一物之所以不曾生不曾減 名不得 狀不得也. 六祖告衆云 吾有一物 無名無字 諸人還識否. 神會禪師卽出曰 諸佛之本源神會之佛性. 此所以爲六祖之孽子也. 懷讓禪師 自嵩山來, 六祖問曰 什麼物伊麼來. 師罔措 至八年, 方自肯曰 說似一物 卽不中. 此所以爲六祖之嫡子也."

속하는 기형적인 이중 구조를 형성하게 되었다"[19]고 말하고 있다. 휴정의 『선가귀감』을 비롯한 많은 저술에서 분명 지눌의 영향을 읽을 수 있다.[20] 그럼에도 불구하고 지눌과 휴정의 선사상 간에는 분명한 차이를 읽을 수 있다. 그것은 이들이 처한 불교계의 상황이 달랐기 때문에 나타나는 자연스러운 현상이라 할 수 있다. 지눌은 당시 불교계를 주도하고 있던 화엄종과의 경쟁 속에서 선사상을 정초하기 위한 노력을 기울였고, 휴정은 유교와의 경쟁 속에서 불교와 선사상을 정초하기 위한 노력을 기울였다. 따라서 휴정에게 있어서 '일물'이란 선교의 근원을 넘어 유불도 삼교의 근원으로 확장되어 나타난다. 이는 '일물'과 관련된 송(頌)에서, "삼교의 성인들이 모두 이 말에서 나왔는데, 뉘라서 말할 터인가, 눈썹이 빠질라!"[21]라고 말하는 데에서 알 수 있다.

지눌의 선사상은 종밀(宗密)이 선종을 구분한 북종, 우두종, 홍주종, 하택종의 선법의 차이를 밝힌 『도서(都序)』의 영향 속에서 구축되어 있다. 그러나 휴정은 남종선이 풍미하고 마조와 임제의 선사상이 주류를 차지하던 5가 종풍의 영향 속에서 전개되고 있다. 지눌이 비록 대혜의 간화선을 말하고 있지만, 이는 근본적으로 혜능과 하택 그리고 종밀로 이어지는 선사상의 관점을 토대로 하여 마조의 홍주종의 본래성불(本來成佛)·작용즉성(作用卽性)의 불성관과 대혜의 간화 경절문의 수행법을 보완 회통하고 있는 것이다. 이에 반하여 휴정은 이미 마조와 석두의 제자들에 의하여 구축된

---

19   박해당, 「조계종의 법통설에 대한 비판적 검토」, 『철학사상』 11호, 서울대 철학사상연구소(2000), p.69.

20   『선가귀감』과 『선교석』 등 서산의 저술에는 지눌의 글을 인용하거나 영향을 받은 내용이 많이 나온다. 이러한 점에서 분명 지눌의 영향이 많이 있다 할 수 있다.

21   休靜 撰, 「禪家龜鑑」, 앞의 책, 635上. "三敎聖人 從此句出. 誰是學者 惜取眉毛."

5가 종풍의 토대 위에서 임제선의 정통을 따르고 있다. 따라서 지눌과 휴정의 사상 간에는 조사선과 간화선의 공통점이 있음에 불구하고 그 사상사적 토대를 달리하고 있음을 주목해야 한다. 즉 지눌은 자신이 '임제종'의 종풍을 따른다는 표명을 하지 않았지만, 서산은 다음과 같이 자신의 법이 '임제종'의 종풍을 따르고 있음을 분명히 표명하고 있다.

> 만일 종사로서 이 법을 어기면 비록 법을 설하여 하늘의 꽃이 어지러이 내리더라도 이는 미치광이로서 외변(外邊)을 질주할 것이며, 만일 배우는 사람일지라도 이 법을 믿으면 비록 금생에 투철한 깨달음을 얻지 못하더라도 목숨을 마칠 때는 나쁜 업을 입지 않고 바로 보리의 바른 길에 들게 될 것이다.
> 옛날 마조(馬祖)가 한 번 꾸짖음에 백장(百丈)은 귀가 먹고, 황벽(黃檗)은 혀를 토했으니, 이것은 임제종의 연원이다. 그대는 반드시 정맥(正脈)을 가리어 종안(宗眼)이 분명하겠기에 이렇게 누누이 말하는 것이니, 뒷날 이 노승(老僧)을 저버리지 말라. 만일 이 노승을 저버리면 반드시 부처님과 조사들의 깊은 은혜를 저버리는 것이 될 것이니, 자세히 살피고 자세히 살펴라.[22]

휴정 당시 불교계에 있어서 선종의 사상에 영향을 미치고 있던 것은

22　休靜 撰,「禪敎訣」, 앞의 책, 658上. "若宗師違此法 則雖說法 天花亂墜 總是癡狂外邊走也. 若學人信此法 則雖今生未得徹悟 臨命終時不被惡業所牽 直入菩提正路也. 昔馬祖一喝也百丈耳聾 黃檗吐舌 此臨濟宗之淵源也. 師必擇正脉 宗眼分明故如許縷縷 後日莫辜負老僧也. 若辜負老僧則必辜負佛祖之深恩也. 詳悉詳悉."

청허휴정(清虛休靜)의 선사상과 임제종의 관계 221

임제종의 종풍이었다. 특히 고려 말 대혜의 간화선 사상은 몽산덕이(蒙山德異)와 고봉원묘(高峰原妙)의 영향 하에 조선조에 이르러서도 크게 유행되었는데, 휴정 또한 이러한 영향 하에 있었다. 즉 혜능과 마조와 임제를 잇는 조사선의 선지(禪旨)와 임제의 간화선을 수행의 근본으로 삼고 있는 것이 휴정의 선사상의 핵심이라 할 수 있다.

혜능 이후 마조와 임제의 선풍의 특징은 본래성불(本來成佛), 돈오견성(頓悟見性), 도불가수(道不可修), 작용즉성(作用卽性) 등을 특징으로 한다. 마조는 "도는 닦음에 속해 있지 않다. 만약 닦아서 얻을 수 있다고 말한다면 닦아서 이루어졌다가도 다시 허물어지게 된다"[23]고 했고, 임제 또한 다음과 같이 말하고 있다.

그대들이 여러 곳에서 말하길 닦을 것도 있고 증득할 것도 있다고 하는데, 착각하지 말라. 설사 닦아서 얻는 것이 있다 해도 모두가 생사의 업이다. 그대들은 육도만행을 골고루 닦는다고 하지만 내가 보기에는 모두 업을 짓는 일이다. 부처를 구하고 법을 구하는 것은 곧 지옥의 업을 짓는 것이고, 보살을 구하는 것 또한 업을 짓는 것이며, 경을 보거나 가르침을 보는 것도 또한 업을 짓는 것이다.[24]

휴정의 선사상의 특징은 바로 이러한 임제종의 선풍을 근본으로 하고 있는 데에 있다.

---

23   黃龍慧南, 『馬祖道一禪師廣錄』, 卍續藏經 卷69, 2下. "道不屬脩 若言脩得 脩成還壞."
24   慧然, 『鎭州臨濟慧照禪師語錄』, 大正藏 47, 499中. "儞諸方言道 有修有證 莫錯. 設有修得者 皆是生死業. 儞言六度萬行齊修 我見皆是造業. 求佛求法 卽是造地獄業 求菩薩亦是造業 看經看敎 亦是造業."

IV. 휴정의 선사상과 임제종풍의 관계

'임제-태고법통설'은 휴정 사후 휴정의 문도인 편양의 문도와 부휴의 문도들에 의하여 확립된 것이다. 이는 분명 조선 전기 불교계를 주도한 '나옹-무학-함허'의 선맥이 끊어진 후, 조선 후기 불교계를 주도한 휴정과 부휴 문도의 공통된 이해를 기반으로 하여 만들어진 것이다. 비록 태고보우에서 청허 휴정까지의 법맥 전수를 모두 사실로 인정할 수 없긴 하지만, 휴정과 부휴의 선사상이 혜능, 마조, 임제, 대혜를 잇는 임제종의 선사상을 표방하고 있다는 점은 분명하다고 할 수 있다. 선사상의 본질적 가치는 법맥에 있기보다 진리성에 있다고 할 때 '임제-태고법통설'은 휴정 이후 한국선의 정체성을 분명히 하는데, 일조한 측면이 있다고 할 수 있다.

휴정은 숭유억불의 상황에서 종파가 사라진 상황 속에서, 선종과 교종의 판사를 겸하는 조선불교의 최고의 위치에 있었던 인물이다. 그가 『삼가귀감』을 저술하여 유불도 삼교의 관계를 정립하고, 『선교결』과 『선교석』을 통하여 선과 교의 관계를 정립하고자 한 것은 지극히 자연스런 귀결이라 보여진다. 그럼에도 불구하고 휴정은 선사로서 자신의 위상을 분명히 하였다.

중국에서 임제종, 위앙종, 조동종, 운문종, 법안종의 남종선의 5종이 확립된 것은 당(唐)과 오대(五代)시대의 일로서 송나라와 원나라의 시기에는 임제종과 조동종이 풍미하였다. 그리고 송대에 임제종은 황룡파와 양기파로 나뉘어져서 남방지역을 중심으로 발전하게 된다. 이들 5종의 공통적인 선사상은 육조혜능의 남종선 사상으로서 근본적인 차이를 나타내는 것은 아니다. 다만 각 종파의 선서들이 제자들을 지도하는 방법이 달랐다. 이에 대하여 법안문익(法眼文益)의 『종문십규론(宗門十規論)』에서는 다음과 같이 말하고 있다.

> 조동종은 고창(敲唱:두드리고 노래하는 것)으로 용(用)을 삼고, 임제종은 호환(互換:서로 교환함)으로 기(機:제)를 삼고, 소양(운문종) 함개절류(函蓋截流:하늘 땅을 덮고 많은 흐름을 끊음)하고, 위앙종은 방원묵계(方圓默契:둥글고 모난 것이 묵묵히 계합함)한다.[25]

이러한 오가종풍의 차이에 대하여 문익을 비롯하여 많은 선사들이 말하고 있는데, 대개 위앙종은 97종의 원상(圓相)을 가지고 스승과 제자들이 기봉(機鋒)을 나누는 것이 특징이며, 임제종은 방(棒)과 할(喝)을 베풀어 모든 것을 끊어 바로 들어가게 하는 기봉(機鋒)을 사용하는 것이 특징이다. 또 조동종은 학인을 제접함에 세밀하고, 묘용이 친절하며 정편오위로서 학인을 이끄는 것이 특징이다. 운문종은 운문삼구를 가지고 학인을 제접하는데, 이때 정식(情識)을 끊어버리게 하는 것을 특징으로 한다. 법안종은 화엄육상의(華嚴六相義)로서 이사원융(理事圓融)의 종지를

---

25   [唐] 文益 撰, 『宗門十規論』, 卍續藏經 卷110, 879上. "曹洞則敲唱爲用. 臨濟則互換爲機. 韶陽則函蓋截流. 潙仰則方圓默契."

천명하고 있다.[26]

한국의 선종사는 여말선초 소위 구산선문(九山禪門)이 형성된 이래 법안종과 천태종이 개창되고, 지눌에 의하여 수선사를 중심으로 크게 발전하여 고려 말 태고보우·나옹혜근·백운경한 등에 의하여 임제종의 법맥을 전수하여 오긴 하였지만, 중국 선종의 직접적인 종파적인 영향을 받은 것은 아니었다. 그것은 중국과 한국의 불교계가 처한 상황이 다르기 때문에 나타나는 자연스런 현상이라 할 수 있다. 다만 휴정의 경우 5가의 종풍을 종합적인 안목으로 고찰하고 이중 임제종의 종풍을 따르고자 했음을 표방했다는 점에서 이전의 선사들과는 분명한 차이점을 드러낸다고 할 수 있다.

『선가귀감』에서 휴정은 남종선 5가를 모두 조사선의 범주에 넣고, 이들 중 깨달은 사람을 본분종사라 하였으며, 이 본분종사의 역할을 분별하고 설명하는 것을 막아버리는 것이라 하고 있다.

본분종사가 법을 온전히 들어 보이는 것은 마치 장승[木人]이 노래하고, 불붙은 화로에 눈이 내리듯 하며, 번갯불이 번쩍이는 것과 같으니 공부하는 이는 실지로 헤아림이 불가한 것이다. 그러므로 고인이 스승의 은혜를 알고서 말하기를 "선사(先師)의 도덕을 귀중하게 여길 일이 아니라, 다만 선사가 내게 해설해 주지 않은 것에 감격해야 한다"고 했다.[27]

---

26 王志躍 著, 김진무·최재수 공역, 『分燈禪』, 운주사(2002), pp.22~25 참조.

27 休靜 撰, 「禪家龜鑑」, 앞의 책, 644上. "本分宗師 全提此句 如木人唱拍 紅爐點雪 亦如石火電光 學者 實不可擬議也. 故古人知師恩曰 不重先師道德 只重先師不爲我說破."

청허휴정(淸虛休靜)의 선사상과 임제종의 관계 225

선(禪)이란 사상도 철학도 종교도 아니다. 그것이 온전히 체험의 세계일뿐이다. 언어와 논리와 일체의 사유가 끊어진 세계이니, 누구도 그 세계를 온전히 말로써 드러낼 수 없는 것이다. 그렇기 때문에 스스로의 체험 말고는 들어갈 길이 없는 것이다. 휴정은 바로 그러한 선의 세계를 잘 알고 있었고, 본분종사의 역할 또한 말을 막아버리는 것임을 드러내고 있는 것이다. 방과 할을 주로 하는 임제종의 종풍이 바로 이러한 점을 강조하고 있다. 간화선을 창도한 대혜종고(大慧宗杲)는 상당법문에서 이에 대하여 다음과 같이 말하고 있다.

> 조사께서 이르시기를 "한 마음이 나지 않으면 만법이 허물이 없고, 허물이 없고 법도 없으니 나지도 않고 마음도 아니다. 주관은 객관을 따라 사라지고, 객관은 주관을 쫓아 없어지며, 객관은 주관으로 말미암아 객관이고, 주관은 객관으로 말미암아 주관이다"라고 하였다. 훌륭한 조사가 오히려 좌주(座主)의 견해를 내고 있구나! 나라면 그렇지 않다. 눈은 스스로 보지 못하고, 칼은 스스로 베지 못한다. 밥을 먹어야 배고품을 면하고 물을 마셔야 갈증을 가라앉힌다. 임제와 덕산이 일부러 어리석은 짓을 하여, 정신을 소모하며 고함을 치고 몽둥이를 휘둘렀다. 방과 할을 없애버리면 어리석은 사람들은 어떻게 막을 것인가?[28]

---

28   [宋] 宗杲, 『大慧普覺禪師語錄』 卷1, 大正藏 卷47, 812下. "上堂. 祖師道. 「一心不生 萬法無咎 無咎無法 不生不心. 能隨境滅 境逐能沈 境由能境 能由境能」 大小祖師却作座主見解. 徑山即不然. 眼不自見 刀 不自割 喫飯濟飢 飲水定渴. 臨濟德山特地迷枉 費精神施棒喝. 除却棒拈却喝 孟八郎漢 如何止遏."

『선가귀감』에는 임제종, 조동종, 운문종, 위앙종, 법안종의 차례로 그 법맥에 대하여 설하고 있다. 여기서 특이한 점은 조동종을 제외한 임제종과 운문종 그리고 위앙종과 법안종 모두를 마조의 법을 계승하고 있다고 보고 있는 점이다. 여기에서 문제가 되는 것은 운문종과 법안종으로 이는 『경덕전등록』에서는 석두의 법을 계승하고 있다고 보기 때문이다. 법안종은 운문종의 설봉의존에서 분파된 것이기 때문에 결국 핵심은 운문종이라 할 수 있다.

　우선 운문종에 대하여 청허는 "운문종은 마조의 곁갈래로 천황도오, 용담숭신, 덕산선감, 설봉의존, 운문문언, 설두중현, 천의의회와 같은 이들이다"[29]라고 말하고 있다. 그런데 이 같은 인식은 편양언기와 백파긍선에 그대로 이어지고 있다. 언기는 『선문오종강요(禪門五宗綱要)』에서 '조계 아래에서 남악회양과 청원행사의 둘로 갈라져서, 청원 아래에는 조동종의 1종이 남악 아래에는 임제·운문·위앙·법안의 4종이 있다'[30]고 말하고 있다. 또 긍선은 『선문수경(禪文手鏡)』에서 여래선에 법안종·조동종·위앙종을 배대하고 조사선에 임제종과 운문종을 배대하고 있는데, 여기에서 운문종 또한 남악과 마조를 잇는 종파라는 인식을 전제하고 있는 것이다.[31]

　이렇게 운문종과 법안종을 남악계로 분류한 최초의 저술은 임제종 7

29　休靜 撰, 「禪家龜鑑」, 앞의 책, 644中. "[雲門宗] 馬祖傍傳. 曰天王道悟 曰龍潭崇信 曰德山宣鑑 曰雪峯義存 曰雲門文偃 曰雪竇重顯 曰天衣義懷禪師等."

30　梁一廈, 「禪門五宗綱要序」, 韓國佛教全書 9册, 459上. "曹溪下有二人焉. 一曰南岳懷讓 宗其活而開雜貨鋪也. 二曰清源行思 宗其殺而開眞金鋪也. 此乃一法 分殺 活兩宗者也. 源下出一宗 曰曹洞. 岳下出四宗 曰臨濟 曰雲門曰潙仰 曰法眼. 此乃兩宗分爲五派.者也"

31　亘璇, 「禪文手鏡」, 韓國佛教全書 10册, 519中-下. "故貶之曰如來禪 以有尊貴顯角故也. …而爲法眼潙仰曹洞三宗旨也. 二祖師禪 以上根衆生 卽於三要門 透得向上眞空妙有也 正是祖門中行色故直名祖師禪. … 而爲雲門臨濟二宗旨也."

세의 달관담영(達觀曇潁)의 『오가종파(五家宗派)』로서, 임제종이 번성함으로서 그들의 입장에서 새롭게 법계를 주장한 것이다. 이러한 관점을 청허가 받아들이고 있으며, 이후 언기와 백파를 거쳐 지금까지 한국 선종에서 이어지고 있음을 알 수 있다.[32]

『선가귀감』의 후반부에서는 오가종파의 법맥을 차례로 밝힌 후, 임제종의 종지를 드러내고 다시 임제의 살불살조(殺佛殺祖)의 정신을 통하여 무사인(無事人)이 되기를 강조하고 있다.

> 임제의 할과 덕산의 방이 다 나는 것 없는 도리를 철저하게 증득하여 대기대용(大機大用)이 자유자재하여 어디에나 걸림이 없고 전신으로 출몰하며 온몸으로 짐을 저 문수와 보현의 대인 경계를 지키고 있다 할지라도, 실상의 차원에서 말하자면 이 두 분(임제와 덕산)도 도깨비 됨을 면치 못할 것이다.
>
> 대장부는 부처님이나 조사 보기를 원수 같이 해야 한다. 만약 부처님에게 매달려 구하는 것이 있다면 그는 부처님에게 얽매인 것이고, 조사에게 매달려 구하는 것이 있다면 또한 조사에게 얽매여 있는 것이다. 무엇이든지 구하는 것이 있으면 다 고통이니 일 없는 것[無事]만 못하다.[33]

---

32 이에 대하여 김호귀의 「淸虛休靜의 五家法脈 인식의 배경에 대한 고찰」, 『한국선학』 22호(2009)에서 자세히 밝히고 있다.

33 休靜 撰, 「禪家龜鑑」, 앞의 책, 645下. "臨濟喝德山棒 皆徹證無生 透頂透底 大機大用 自在無方 全身出沒 全身擔荷 退守文殊普賢大人境界. 然據實而論 此二師亦不免倚心鬼子. 大丈夫見佛見祖如寃家. 若着佛求 被佛縛. 若着祖求 被祖縛. 有求皆苦 不如無事."

휴정에게 있어 조사선은 남종선의 5가를 대표하는 임제종의 종지종풍을 말하고 있다. 그리고 그는 조사선의 구체적인 수행법으로 간화선을 말하고 있다. 이는 보조지눌을 이어 진각혜심과 여말삼사(麗末三師)들이 모두 강조한 조주의 무자화두를 강조하고 있다. 한국 선원에서 조사선과 간화선이 같은 의미로 사용되고 있는 것은 바로 휴정의 이 같은 인식에서 직접적으로 연원했다고 할 수 있다. 휴정이 강조한 조사선은 결국 편양을 거쳐 백파에게서 삼종선 사상으로 출현했던 것이다.

휴정은 「참선문」에서 무자화두를 참구하라고 다음과 같이 말하고 있다.

> 만일 생사를 벗어나고자 하거든 모름지기 조사선을 참구하라. 조사선이란 '구자무불성'의 화두를 말한다. 이는 1700공안 중 제1 공안이니, 천하의 납승들은 다 무자화두를 참구해야 한다. … 대저 배우는 자는 모름지기 활구를 참구하고 사구는 참구하지 말아야 한다. 활구 아래에서 깨달으면 불처님과 조사와 같이 스승이 되는 것을 감당할 수 있지만, 사구를 참구하면 자기도 구제하기가 불가능하다. 활구란 경절문으로 마음의 길과 언어의 길이 끊어져 모색할 길이 없는 것이다. 사구란 원돈문으로 이치의 길과 마음의 길이 있고, 듣고 이해하고 사량할 수 있는 것이다.[34]

---

34 위의 책, 649下-650上. "若欲脫生死 須參祖師禪. 祖師禪者 狗子無佛性話也, 一千七百則公案中 第一公案也. 天下衲僧盡參無字話. … 大抵學者 須參活句 莫參死句. 活句下薦得 堪與佛祖爲師 死句下薦得自救不了. 活句者 徑截門也. 沒心路沒語路無摸故也. 死句者 圓頓門也 有理路有心路有聞解思想故也."

V. 결론 : 휴정 선사상의 계승과 현대적 의의

성철(性徹)은 『선문정로(禪門正路)』를 통하여 혜능과 마조와 임제를 잇는 선사상의 핵심은 '돈오돈수설(頓悟頓修說)'이라고 밝히고, 보조지눌의 '돈오점수설(頓悟漸修說)'을 이단사설(異端邪說)이라고 단죄하였다. 즉 돈오점수설은 하택신회와 규봉종밀이 천명한 것으로 이는 하택종의 종지를 따르는 것이며, 돈오돈수설이야말로 마조의 홍주종과 임제의 임제종의 종지를 따르는 것으로써 이것이 선문의 정로라고 주장한 것이다. 또한 『한국불교의 법맥』을 통하여 조선 중기 이후 한국선가에 전해 내려오는 '임제-태고법통설'의 역사적 정당성을 밝히고자 하였다. 그런데 이러한 성철의 주장은 휴정의 『선가귀감』과 편양의 『선문오종강요』 및 백파의 『선문수경』으로 이어지면서 확립된 조선 조사선의 전통의 복원이라 볼 수 있다.

휴정의 선사상의 핵심은 조사선의 불성론과 무수무증(無修無證)의 수증론을 기본 골격으로 하면서 간화선의 수행과 임제종의 종풍을 중시하는 데에 있다. 이는 현대 한국선의 주류를 이루는 전통과 정확히 일치하는 것이다. 그런데 경허와 성철의 그늘에 가려 그 빛이 바로 드러나지 못하고 있는 것이 현실이다.

휴정의 사상은 선교와 유불도의 회통사상과 호국불교로 잘 알려져 있다. 그러나 이 또한 휴정의 진면목을 가리게 하는 먹구름 같은 것일 수 있다. 회통과 호국이 가치 있는 것은 사실이지만, 이는 성인(聖人)의 말변사(末邊事)와 같은 것이다. 선수행을 통하여 본래면목이 드러나면 나투는 자연스런 행로이지 그것이 본질적 가치는 아닌 것이다. 휴정은 한평생 자신의 본래면목을 찾아 수행하고, 또 그것이 가장 가치 있는 것임을 제자들에게 강조하고 그 길을 지도해 왔다. 이는『청허당집』을 통하여 곳곳에서 드러나고 있다.

'인휘(印徽)선자에게'라는 시에서 다음과 같이 노래한다.

> 한 생각 착한 마음이 나면 부처님이 마왕(魔王)의 집에 앉는다.
> 한 생각 악한 마음이 나면 마왕이 부처님의 집에 걸터앉는다.
> 선과 악을 모두 잊으면 마왕과 부처님이 어느 곳에 나타날꼬!
> 이(咦)! 악마가 이르지 못하는 곳을 중생은 날마다 쓰며 모른다.
> 부처님이 이르지 못하는 곳에 모든 성인이 인연 따르는 것을 알지 못한다.
> 필경 이것이 무엇인고!
> 외로운 달, 홀로 비쳐 강산이 고요한데
> 스스로 웃는 한 소리에 천지가 놀라는 구나.[35]

또 자신의 호인 '청허가(淸虛歌)'에서 다음과 같이 노래한다.

---

35   休靜,「淸虛堂集」, 卷4, 韓國佛教全書 7冊, 703中·下. "一念善心生 佛坐魔王殿 一念惡心生 魔王踞佛殿 善惡兩相忘 魔佛何處現. 咦! 魔不到處 衆生日用而不知 佛不到處 諸聖隨緣而不會 畢竟是箇什麼! 孤輪獨照江山靜 自笑一聲天地驚."

그대 거문고 안고 늙은 소나무에 기대었으니
늙은 소나무는 변하지 않는 마음이로다.
나는 긴 노래 부르며 푸른 물가에 앉았으니
푸른 물은 맑고 빈 마음이로다.
마음, 마음이여! 다만 나와 그대로다.[36]

아상(我相)은 높아져 분별 망상으로 대립을 일삼고, 물신주의와 탐욕의 늪에 빠져 한 평생 헛되이 지내면서, 참 자기의 위대함과 영원성을 알지 못하는 현대인에게 휴정이 제시한 처방은 바로 '선(禪)'이라 하겠다. 그리고 알음알이를 깨부수고 모든 분별망상을 내려놓는 최고의 수행법으로 제시한 것이 '간화선수행'이라 할 수 있다. 한국불교의 정체성과 미래적 대안이 바로 여기에 있다고 생각한다.

36 　休靜, 「淸虛堂集」, 卷1, 위의 책, 6683中. "君抱琴兮倚長松 長松兮不改心. 我長歌兮坐綠水 綠水兮淸虛心. 心兮心兮我與君兮."

08.
편양언기(鞭羊彦機)의
선시(禪詩)
연구

원법圓法

원법 圓法

운문사 승가대학 교수

운문사 승가대학 및 운문사 보현 율원 졸업, 성균관 대학교 및 동국대학교에서 석사학위를 취득했으며, 「조선조 18세기 선시 연구」로 성균관대학교에서 박사학위를 취득했다. 현재 운문사 승가대학 교수 및 대한불교조계종 한문불전분야 교육아사리 소임을 맡고 있다. 주요 논문으로 「함월해원의 사상과 이종선에 대한 고구」, 「청매인오의 선시연구」, 「사명 유정의 선시 연구」 등 다수가 있다.

I. 머리말

본고는 편양언기(鞭羊彦機, 1581~1644)가 남긴 시문집 『편양당집(鞭羊堂集)』을 연구대상으로 하여 편양의 생애와 사상을 개괄(概括)하고 편양 시작품의 전개양상과 특징을 살펴 조선 시대 선시문학사(禪詩文學史) 정립에 일조하는 것을 목적으로 한다.

주지하다시피 조선 중·후기 불교계는 서산휴정(西山休靜, 1520~1604)과 그의 법손에 의하여 재편된다. 조선 시대는 억불정책으로 일관한 시대이기는 하나 간간히 불교에 호의적인 왕들의 출현도 있었다. 명종 때 문정왕후의 섭정시기가 그 한 예로 문정왕후는 허응보우(虛應普雨, 1507 또는 1509?~1565)를 등용하여 불교를 부흥시켰는데, 이때 사실상 폐지되어 왔던 승과(僧科)가 다시 시행되었다. 서산은 이 승과에 합격하여 선교양종사(禪敎兩宗事)를 겸직한 인물이다. 그는 선(禪)과 교(敎), 그리고 염불(念佛)에 대하여 선(禪)은 곧 불(佛)의 마음이요, 교(敎)는 불(佛)의 말씀이며 마음과 입이 서로 상응되는 것을 염불(念佛)이라고 하며 그 각각에 대한 명확한 견해를 제시하였는데, 이는 조선 후기 삼문수업(三門修業)의 수행풍토를 일궈내게 되었다. 이러한 서산의 법맥은 조선 후기 불교계를 거의 지배하게 되고 이 가운데 특히 편양은 서산의 적사(嫡嗣)로 일컬어지며 청허계 문파 가운데에서 가장 큰 세력을 형성한 인물이다.

그는 선과 교, 염불에 대해 정의를 내리고 각각의 수행법도 제시하는 등 사상과 수행체계에 대해 뚜렷한 견해를 제시하였다. 그의 견해는 서산의 삼문수업을 체계화 시킨 것으로 서산의 사상이 조선 후기 불교계를 주도하게 만든 역할을 한다.

한편 조선조 억불의 상황에서 승려들은 승군(僧軍)을 구성해 사회에 공헌하는 등 불교홍포의 활로를 모색한다. 이 가운데 유자와 시문으로 교류하여 불법을 펴기도 하였는데 승려들의 시문은 그 제자에 의해 어록의 형태가 아닌 문집으로 엮어지게 되었다. 편양 또한 시문을 남겼는데 그 제자 설청(說淸)등에 의해『편양당집』이 간행되었다. 이『편양당집』에는 시(詩) 90여 수가 실려 있어 그의 시세계를 살펴볼 수 있게 한다.

지금까지 편양에 대한 연구는 대체로 선과 교, 염불을 어떻게 수용하고 있는지 그 사상적 측면을 중심으로 이루어지고 있으며 편양의 사상과 관련하여 많은 구체적 사실을 정리하고 밝혔다.[01] 그러나 그가 남긴

---

01 지금까지의 사상과 관련한 연구 성과를 보면 다음과 같다.
忽滑谷快天著, 정호경역, 『조선선교사』, 보련각(1978)에서는 편양에 대해 선의 眞訣을 얻었다고 인정하나, 西山門下에서 禪에 있어서 뛰어나다고 일컬어지는 것에 대해서는 의구심을 드러내었다. 이능화, 『조선불교통사』, 慶熙出版社(1968)에서는 李明漢이 서술한 碑銘을 실어 편양을 소개하였으며, 권상로는『조선불교사』, 보련각(1979)에서 편양의 생몰년과 출가에 대해 간략히 기술하였다. 金恒培는『서산문도의 사상』,『한국불교사상사』, 숭산박길진박사 화갑기념사업회(1975)에서 西山門徒의 사상을 논하면서 편양의 생애와 인생관, 불교관 등을 언급하며 禪을 중심으로 敎를 포괄하려고 하였다고 정리하였다. 이영자는「조선 중후기의 선풍」,『한국선사상연구』, 동국대학교 출판부(1984)에서 편양의 교학사상이 天台敎判을 기본으로 하고 있다고 밝히고 법의 차별이 아닌 중생 근기의 차별이라고 한 것에 대해『법화경』에 근거한 禪敎會通觀이라고 결론지었다. 최종진은「鞭羊彦機의 선교관 연구」,『韓國宗敎史硏究』, 한국종교사학회(2004)에서 선, 교학, 정토로 나누어서 그의 사상을 살피고 三門會通을 주장하였다고 보았으며, 생활 속의 불교, 민중의 삶 속에 녹아드는 불교를 표방하였다고 그의 사상을 결론지었다. 이종수는「조선 후기 불교의 수행체계 연구:三門修學을 중심으로」, 동국대학교 박사학위 논문(2010)에서 조선 후기 불교의 수행체계인 三門修學을 중심으로 연구하는 가운데 그의 사상을 살폈는데 敎와 禪은 수직관계로, 念佛은 통합관계로 보았다. 김용태는『조선 후기불교사연구』, 신구문화사(2010)에서 17세기 선교겸수의 방향과 수행체계의 정립을 논의하는 과정에서 편양을 다루었으며 이때 휴정이 제시한 三門체계를 구체화시킨 것이 편양이라고 조선 후기 불교사에서의 위상을 밝혔다.

시작품을 대상으로 한 연구는 한정되어 있다.[02] 편양의 법손이 가장 번성하였던 불교계에서 그에 대한 온전한 이해를 위해서는 그의 사상과 더불어 그의 시세계(詩世界)에 대한 조명 또한 이루어져야 할 것이다.

이에 이 논문에서는 『편양당집』을 저본으로 하여[03] 그의 삶과 사상이 시작품에 어떻게 표출되고 있는지 그 양상에 초점을 두어 살피고 그 의의를 찾아 볼 것이다. 그리하여 아직까지 정립되지 못하고 있는 조선 중·후기 선시문학사(禪詩文學史) 정립에 일조하고자 한다.

---

02 그의 시와 관련한 기존의 연구로는 두 편의 논문이 있을 뿐이다. 李鐘燦은 「鞭羊의 僧俗無碍」, 『韓國佛家詩文學史論』, 불광출판사(2001)에서 승과 속에 무애한 경지를 담박한 시어로 교화하고 있다고 시세계의 일면을 드러내주었다. 裴奎範은 『壬亂期 佛家文學 硏究 : 靜觀一禪·四溟惟政·逍遙太能·鞭羊彦機를 中心으로』, 보고사(2001)에서 임진왜란시기 활동한 승려들을 살피면서 그의 사상을 '선교불이의 법문'으로, 詩的 양상을 '자비심과 탈속의 문학'으로 살폈다.

03 편양과 관련된 자료로는 『鞭羊堂集』과 당시 교류한 文士들의 문집에서 그 약간을 볼 수 있다. 『鞭羊堂集』은 제자 說淸 등이 1647년 白雲庵에서 처음 간행하였으며, 龍腹寺에 보관했던 刊本 3권 1책이 현존하고 있다. 책머리에 東州山人 李敏求가 1647년에 편양의 행적과 편찬 경위를 쓴 「鞭羊堂集序」가 실려 있다. 卷1에는 오언절구 15수, 오언율시 11수, 칠언절구 54수, 칠언율시 10수 등 90여 수가 실려 있고 「次尹判書華韻」이란 칠언절구가 후에 필사되어 있다. 卷2에는 記 4편과 「西山行蹟草」, 「經板後跋」과 勸文 3편이 있다. 卷3에는 疏文 6편과 「表訓寺立碑齋詞」 1편, 「願佛表」, 그리고 편지글 6편이 실려 있다.

II. 생애와 기삼법일(機三法一)의 사상

편양언기의 행적을 살필 수 있는 자료로는 이명한(李明漢, 1595~1645)이 지은 「편양당언기대사비(鞭羊堂彦機大師碑)」와 이경석(李景奭, 1595~1671)이 찬(撰)한 「보현사편양당대사비(普賢寺鞭羊堂大師碑)」, 이민구(李敏求, 1589~1670)가 쓴 「편양집서(鞭羊集序)」, 박장원(朴長遠)의 「제편양당집병서(題鞭羊堂集并序)」가 있다. 이 밖에 신익성((申翊聖, 1588~1644)의 「증수능상인서(贈守能上人序)」, 「유금강소기(遊金剛小記)」와 이경석(李景奭)의 「제화엄경청량소구독후(題華嚴經淸凉疏句讀後)」, 그리고 김득신(金得臣)의 「화엄경청량소부토발(華嚴經淸凉疏付吐跋)」에 약간의 언급이 있다. 이를 토대로 그의 행장을 꾸며보면 다음과 같다.[04]

편양(鞭羊)은 호(號)이며 법휘(法諱)는 언기(彦機)이다. 1581년 7월, 속성은 장(張) 씨로 지금의 경기도 안성인 죽주현(竹州縣)에서 박(珀)의 아들로 태어났다. 1591년 11세에 출가하여[05] 휴정(休靜)의 제자인 유점사(楡岾寺) 현빈장로(玄賓長老)에게 계(戒)를 받았다. 1606년 묘향산(妙香山) 보현사(普賢寺)에서 유정(惟政)에게 수학 하였으며 1623년에는 보개산(寶蓋山) 영은

---

04 지금까지 편양의 생애를 살핀 논문은 대체로 李明漢의 碑銘과 李敏求가 쓴 「鞭羊集序」를 再構하는 정도에서 그치고 있다. 여기에서는 지금까지의 논문들을 참고하되 그와 교유한 유자들의 문집에 언급되어 있는 편양에 대한 기록과 평가를 참조하여 함께 거론하기로 한다.

05 李明漢은 그의 법랍이 53년이라고 기록하고 있는데 이를 근거로 出家時期를 1591년으로 산정해 볼 수 있다.

암(靈隱庵)에 머물기도 하였다.[06] 서산대사에게 심법(心法)을 다 얻은 후 남쪽으로 유행하며 두루 여러 선사들을 찾아다니며 의심을 결단하고 대승을 깊이 체득하였다. 도를 이루고 난 뒤에는 풍악산(楓岳山) 천덕사(天德寺), 구룡산(九龍山) 대승암(大乘庵), 묘향산(妙香山) 천수암(天授庵) 등에 머물면서 당(堂)을 열고 선교(禪教)를 널리 폈다.

1644년 5월 4일, 약간의 병을 보이다 묘향산 내원암에서 천화(遷化)하였다. 다비하여 사리 5매(枚)를 얻어 보현사 남쪽 기슭에 모셨다.[07] 세수 64세, 법랍 53세였다.

비(碑)는 보현사와 백화암(白華庵)에, 부도는 백화암에 있다. 보현사 비명(碑銘)은 이경석이 찬(撰)하고 조문수(曺文秀)가 썼으며 백화암 비명은 이명한이 짓고[08] 의창군(義昌君) 이광(李玒)이 글씨를 썼다.[09]

그의 문하에서 의심(義諶), 석민(釋敏), 설청(說清), 홍변(弘辯), 계진(契眞), 혜상(惠常), 천신(天信) 등 수백 명의 걸출한 승려가 배출되었으며 당대 가장 번성한 문파를 이루었다.[10]

---

06 柳夢寅,「遊寶盖山 贈靈隱寺彦機雲桂兩僧序」,『於于集』卷4, "萬曆三十四年 余與機相遇於香山普賢寺 時機從松雲大師受學者也 萬曆四十六年 桂客我松泉精舍 得我詩者也 天啓三年夏 余入寶盖山靈隱庵 見兩僧

07 보현사는 임진란 때 서산휴정과 사명유정이 義僧을 일으켜 왜적을 토벌한 공을 얻어 그 이름이 더욱 알려졌는데 화재로 소실되었다가 편양과 그 문도 명조 등이 10여 년간 불사하여 다시 완성한 사찰이기도 하다.- 睦萬中「妙香山普賢寺重修事蹟碑」,『餘窩集』卷17, "壬辰之難 西山休靜 四溟惟政倡義討賊 有勳勞於國 香山普賢之名 益重於國中 崇禎甲戌 爵攸爲災 西山嫡嗣鞭羊彦機 與其徒明照合謀 營之十年而告功"

08 李明漢이 쓴 대사의 비명에 의하면 묘향산에서 입적한 후 그의 제자 義諶, 釋敏, 說清 등이 자신을 찾아와 행적을 기록해줄 것을 요청했다고 한다.

09 李景奭,「楓嶽錄」,『白軒集』권10, "有白華庵 北有西山浮屠碑銘 卽月沙相公所撰 東陽尉書之 西北有鞭羊彦機浮屠 其碑乃白洲之文 而義昌君書之"

10 梵海撰, 金侖世譯,『東師列傳』, 度濟院(1991), p163.

편양은 유자들과의 사귐도 돈독하였다. 편양의 비명을 지은 백주(白洲) 이명한과는 편양이 스승을 위해 백화암을 짓고 서산의 비명을 그의 선친인 월사(月沙) 이정구(李廷龜)에게 청할 때 만나게 된다. 백주는 당시 편양의 인상을 "빛나는 눈동자와 수려한 눈썹에다 신령한 풍채가 넘쳤고, 그 말을 듣고 그 행실을 알았다"[11]고 기억한다. 백주는 이경석, 신익성, 장유(張維, 1587~1638), 이민구 등과 교유하였는데 편양 또한 이들과 사귐이 있었다.

『편양집』의 서문을 쓴 이민구는 편양과 큰 인연이 있었으며 공문의 사귐이 매우 깊고 두터웠다.[12] 선조의 부마였던 동양위(東陽尉) 신익성도 편양을 내전을 두루 섭렵하였다고 인정하고 있다.[13] 이 밖에 백주의 아우인 현주(玄洲) 이소한(李昭漢, 1598~1645), 윤순사(尹巡使), 박장원(朴長遠, 1612~1671),[14] 최생(崔生), 신처사(申處士), 최참판(崔參判), 임처사(任處士), 유몽인(柳夢寅),[15] 이준(李埈) 등과 교유하고 있음을 시문을 통해 알 수 있다. 그의 인품에 대해서는 이민구가 쓴 서문에 잘 묘사되어 있다.

"그는 타고난 자질이 대쪽 같고 원대하여 항상 고요하였고 기봉을 밖

---

11   李明漢, 「鞭羊堂彦機大師碑」『白洲集』卷18 "瑩眼秀眉 神彩溢發 聽其言知其行"

12   李敏求, 「鞭羊子彦機禪師詩文集序」, 『東州集』卷2 "居士與鞭羊子有大因緣 結空門契至深厚也"

13   申翊聖, 「遊金剛小記」, 『樂全堂集』卷7 "內山有僧彦機 頗涉內典 外山應祥亦爲敎宗 余入山 機公來迓於長安 送之摩訶衍 祥公伴宿于楡岾 俱秉燭談禪 可謂空門之勝友"

14   鞭羊, 「次朴上舍長遠韻」, 『鞭羊堂集(『韓佛全』8), p.247중, 편양이 "정이 있는 어떤 물건이 있어 밤이 오면 밝은 달이 홀로 와서 엿보는가(何物有情天上在 夜來明月獨窺尋)"라고 박장원과의 사귐을 보여주고 있다.

15   柳夢寅, 『於于集』, 卷2에는 「題金剛山僧彦機詩卷」이라는 시가 있다. 여기서 유몽인은 편양을 청학과 화룡으로 묘사하고 만나기로 한 약속을 어기지 않았다고 한다. "青鶴高棲萬似峯 火龍蟠處水如空 東歸不誤松雲約 吾友巖中綠髮翁"

으로 거두고 신명을 안으로 비치며 빼어난 기운이 양미간 사이에서 흘렸다. 세속 일을 하거나 법좌에 올라도 사람을 차별하지 않았으며 말은 맑고 간편하여 간단한 말로 이치를 분석하였는데 마치 목마른 사람이 강물을 마신듯하고 허에서 실로 돌아가는 듯하였다. … 옛사람이 말하기를 혜원은 덕스러운 도량이 장하고 도림은 재치가 수승하다고 하였는데 이 둘을 겸비한 자는 오직 편양이다."[16]

유자가 본 편양은 성격이 대쪽 같아 시류와 쉽게 타협하지 않으며 수행자로서의 위의를 잃지 않았다. 또한 평등한 마음으로 사람을 대하였고 설법할 때에는 곧고 거침없으며 덕(德)과 재(才) 모두를 겸비한 인물이었다. 이러한 그의 인품은 신익성이 "세상 사람들이 편양을 일러 고상하고 지조 있다고 하는데 그 말을 저버리지 않는 사람"[17]이라고 한 것에서도 확인할 수 있다.

박장원은 "형상과 정신이 빼어나고 맑았으며 말투가 온화하고 의젓하였다. 내가 당시에 비록 어려서 그 학문의 얕고 깊음을 알지 못하였으나 오히려 능히 그가 평범한 승려가 아님을 몰래 엿볼 수 있었다"[18]고 그가 비범한 인물임을 보여주었다.

또 이명준(李命俊, 1572~1630)은 "백전암에서 편양을 만났는데 이때 편

---

16 李敏求,「鞭羊子彦機禪師詩文集序」,『東州集』卷2, "天資簡遠 終夕靜嘿 機鋒外斂 神明內映 秀發之 氣微露眉際 握塵陞座 與人無差別 出語淸便 時以約言析理 渴者飮河 虛往實歸 … 古人謂惠遠德度 爲長 道林才致爲勝 兼斯二者 唯鞭羊子乎"

17 申翊聖,「贈守能上人序」,『樂全堂集』卷5, "世所稱老宿名師 義瑩法堅性淨應祥海眼覺性彦機 皆余所 素雅也 無論其歸寂 以在世者言之 祥之德器 眼之才識 性之警發 機之雅操 皆不負其名"

18 朴長遠,「題鞭羊堂集幷序」,『久堂集』卷3, "形神秀澈 辭氣雍容 余時雖童駿 不知其學之淺深 猶能竊覰 其非常僧也"

양의 가사 수한 풍채가 아주 좋았으며 도리를 알고 외부의 유혹에서 해탈한 이로 불문에서 뛰어났다"[19]고 그 면모를 묘사하였다. 이렇게 편양은 유자들에게 경문을 잘 알았다는 등[20] 도리를 잘 알았다는 평을 받았다.

한편 그의 불문에서의 위상은 편양당을 찬(贊)한 18세기 해붕전령(海鵬展翎, ?~1826)의 법어에서 적실히 보여준다.

"교의 바다에서는 용과 코끼리요, 선의 총림에서는 봉새와 황새이네, 깨달음의 꽃을 다시 교의 정원에 피우고 부처님의 광명을 거듭 밝혔으며, 염화미소를 다시 선림에 피워서, 쉬어졌던 조사의 유풍을 다시 불러온 자이라네."[21]

이렇게 후인들에게 교(敎)와 선(禪)에서 불조의 혜명을 잇고 유풍을 드날렸다는 칭송을 받는 그는 태고보우 이래 서산의 법을 이어받은 적사로[22] 『편양당집』에 실린 「선교원류심검설(禪敎源流尋劍說)」, 「여방외인서(與方外人書)」, 「상고성(上高城)」등의 글에서 그의 사상을 살필 수 있다.

먼저 그의 교관을 살펴보면, 편양은 「경판후발(經板後跋)」[23]에서 붓다

---

19   李命俊, 「遊山錄」, 『潛窩遺稿』卷3, "始到柏巔菴 見僧彦機雲衲甚偉 與之言 頗識道理解外膠 盖緇流之翹楚也"

20   金榮祖, 「再步贈彦機(休靖弟子 頗解經文)」, 『忘窩集』卷3.

21   海鵬, 「敬贊鞭羊堂」, 『海鵬集』(『韓佛全』12), p.245, "敎海龍像 禪林鳳凰 覺花重敷於敎院 佛日以重明 拈花再發於禪林 祖風息而再換者"

22   李敏求, 「鞭羊子彦機禪師詩文集序」, 『東州集』卷2, "勝國時 有太古和尙者 入霞霧山石屋 得臨濟眞宗 八傳而至西山大師 大暢玄風 遺文具在 又傳而得鞭羊子 實爲西山嫡嗣"

23   이 「經板後跋」은 『華嚴經』, 『法華經』, 『圓覺經』, 『楞嚴經』, 『般若經』, 『梵網經』 등의 경전과 『傳燈』, 『拈頌』, 『禪要』, 『書狀』, 『禪源』, 『別行』, 『西山集』을 판각한 것에 대한 跋文이다.

의 49년 설법을 "중생에게 청정한 각지를 열어 보여 생사를 건너 삼덕의 피안에 이르기 위해서이다. 미혹의 강을 건너는 보배 뗏목이요, 깨달음에 나아가는 길에 있어서 쇠밧줄"[24]이라고 경전의 당위성과 필요성을 역설하였다. 그는 경전 가운데 『화엄경』과 『법화경』을 특히 좋아하였다.

> "풍담의심대사는 편양당의 문인이다. 편양은 경을 교정하기를 평소에 게을리 하지 아니하였다. 나이가 늙고 쇠약함에 이르러 화엄경 청량소를 더욱 좋아하여 토를 달고 구(句)를 나누었으나 끝내 평소 원하던 바를 이루지 못하였다. 입적함에 이르러 문인 풍담에게 일러 말하기를 '이 경과 소는 토를 단 것이 없다. 경과 소를 보고자 하는 이들을 위하여 토를 달았으나 시간이 촉박하여 마칠 수가 없었다. 너는 마땅히 나의 뜻을 이루어서 크게 대중의 닫힌 눈을 열어주어라'라고 하였다."[25]

위 인용문에는 편양이 『화엄경』을 평소 좋아하였고 그 가운데 특히 청량소(清凉疏)를 좋아하여 토를 하려고 하였으나 이루지 못하고 제자 풍담의심(楓潭義諶, 1592~1665)에게 유훈으로 경과 소에 현토할 것을 당부하였음을 볼 수 있다. 즉 『화엄경』에 대하여 경은 보기 어렵지 않은데 청량(清凉)이 지은 소(疏)가 보기 어렵기 때문에 풍담에게 고구 정녕히 청량소

---

24   鞭羊,「經板後跋」,『鞭羊堂集』(『韓佛全』8), p.255상, "開示衆生清淨覺地 渡生死中流 至三德彼岸 可謂 迷川寶筏 覺路金繩"

25   金得臣,「華嚴經清凉疏付吐跋」,『柏谷集』卷6, "楓潭義諶大師 鞭羊堂之門人 鞭羊治經素不懈 年至衰 老 益酷嗜華嚴經清凉疏 以吐分句 終不成素願 當入寂 謂門人楓潭曰 此經曁疏無着吐 爲覩經疏者欲 着吐而臃促不可及 爾當體吾之意 大開衆目之縫闇"

에 현토(懸吐)를 하라고 부촉하였던 것이다.[26] 이처럼 편양이 화엄경과 청량소에 대한 현토를 유훈으로 남긴 이유는 바로 '대중의 닫힌 눈을 열어주기 위해서'이다. 편양은 『화엄경』을 통해서 무명으로 덮여있는 중생의 눈을 불안(佛眼)으로 이를 수 있게 한다고 여겼다. 다시 말해 사교(四敎)가 보이는 법체는 다 오묘하여 온갖 법으로 한 마음을 밝히기 위한 것[27]이라고 화엄의 대의(大義)를 들어 교(敎)의 필요성을 주장하였다.

또 『법화경』에 대하여는 "회삼귀일(會三歸一)은 실로 연경(蓮經)의 최상의 종"[28]이라고 하였으며 「신해품(信解品)」 궁자(窮子)의 비유와 「약초유품(藥艸喩品)」 약초의 비유로써 근기의 다름을 설명하는 등 곳곳에서 법화비유(法華譬喩)를 들어 자신의 견해를 피력하고 있다. 이러한 편양의 교학관은 화엄과 법화에 교학의 근거를 두고 있다고 할 수 있겠다.[29]

그러나 편양은 화엄이든 법화이든 사제(四諦)법문이든 불설(佛說)은 차이가 없다고 보며 다만 근기의 차이 때문에 화엄(華嚴), 아함(阿含), 방등(方等), 법화(法華)의 사교(四敎)를 설하였다고 한다. 즉 "화엄(華嚴)과 사제(四諦)는 일설(一說)"로 법의 심천(深淺)이 없고 근기의 다름일 뿐이라는 것이다.[30] 이 근기의 다름 가운데 중근기와 하근기가 의지해 깨달음에 이르

---

26   李景奭, 「題華嚴經清涼疏句讀後」, 『白軒集』卷32, "識義諶老師 心與其抖擻根塵 自後問訊相繼 今者
      移住寶蓋之靈隱菴 其徒從學者六七十人 戶外之履常滿 以書致懇曰 先師鞭羊之就寂也 丁寧見屬
      者 華嚴淸涼疏懸吐也 蓋諸經非不難看 而此文尤難 亡師之意有在焉"

27   鞭羊, 「禪敎源流尋劍說」, 『鞭羊堂集』卷2(『韓佛全』8), p.257상, "四敎所示 法體皆妙 萬法明一心"

28   鞭羊, 「寶蓋山 大乘庵記」, 『鞭羊堂集』卷2(『韓佛全』8), p.255중, "然則會三歸一 實蓮經最上之宗也"

29   이영자, 앞의 책, pp.320~407에서 편양의 교학에 대한 이해는 『법화경』에 근거하고 있으며 천태교판
      에 근거하여 四敎에 대한 설을 하고 있다고 보았다. 그러나 이경석과 김득신의 글에서 알 수 있듯 화엄
      경에 대한 애정이 남달랐음을 볼 때 華嚴과 法華 모두 중요시하였음을 알 수 있다.

30   鞭羊, 「禪敎源流尋劍說」, 『鞭羊堂集』卷2(『韓佛全』8), pp.256하~257상, "然當機自有差別 法無差別 …
      華嚴四諦一說也 華嚴 不必玄於四諦 四諦不必淺於華嚴也 但隨機而有大小差別 … 華嚴卽得菩提 其

는 것이 교문(教門)[31]이라고 정의 내렸다.

　편양은 선(禪)에 대하여도 법은 무차별(無差別)이요 근기의 다름을 강
조하였고 조사들이 보인 직지인심(直旨人心)의 격외선풍은 뛰어난 상근
기를 위한 최상승(最上乘)이라고 하였다.[32] 그러나 선문(禪門)도 이로(理路)
와 어로(語路)의 교를 빌려서 하근기의 사람을 포섭하므로 교(教)는 하근
기 사람이 입선(入禪)하는 문이라고 주장하였다. 그리고 이 이로(理路)와
어로(語路)에서 이해하고 생각하는 것을 원돈문(圓頓門)의 의리선(義理禪)
이라고 하였다. 다시 말해 경절문으로 들어가기 위해 원돈문의 수행을
행해야 한다고 여긴 것이다. 그러나 이 격외선이나 의리선 두 가지도 일
정한 뜻이 없는 것이고 그 당자(當者)의 기변(機變)에 달려 있다고 한다.[33]

　편양은 염불문(念佛門)에 대하여는 "말세중생 가운데 법음(法音)을 직
접 듣지 못한 이를 위하여 16관문을 시설하고 정토에 왕생하게 하며 원
하는 바의 소원을 다 이루게 한다"[34]고 하였다. 이는 타력문을 긍정하고
있는 것이기도 하다.[35] 그러나 궁극적으로는 마음이 곧 부처이고 육도만
법인 까닭으로 마음을 떠나 따로 부처가 없으며 육도와 선악경계도 있는

　　　　　機之利也 非教之勝也 阿含 但悟偏空 其機之鈍也 非教之淺也"

31　　鞭羊,「上高城」,『鞭羊堂集』卷2(『韓佛全』8), p.262상, "此中才下根 承言會意者 是謂教門也"

32　　鞭羊,「上高城」,『鞭羊堂集』卷2(『韓佛全』8), p.262상, "祖師 所示機關 逈異於前 未嘗開口 直指人心故
　　　　但良久默然 或據坐垂足 或揚眉瞬目 或擧拂子 卓柱杖而已 銀山鐵壁 措足無門 石火電光 難容思議
　　　　若人於此 石火電光 一捉便捉 銀山鐵壁 一透便透 則此超倫上智 如良馬見鞭影而行 是謂格外禪風也"

33　　鞭羊,「禪教源流尋劍說」,『鞭羊堂集』卷2(『韓佛全』8), p.257상, "禪門爲最下根者 借教明宗 所謂性相空
　　　　三宗也 有理路語路 閒解思想故 爲圓頓門死句 此義理禪也 非前格外禪也 雖然之二者 亦無定意 只
　　　　在當人機變"

34　　鞭羊,「上高城」,『鞭羊堂集』卷2(『韓佛全』8), p.262중, "佛爲末世衆生 未得親聞法音者 別立十六觀門
　　　　憨念阿彌陀佛 往生蓮花淨土 … 無願不遂 是爲念佛門也"

35　　이영자, 앞의 책, p.407.

것이 아니라는 심경일체(心境一體)의 불이(不二)를 강조하였다.[36] 이는 유심정토(唯心淨土) 자성미타(自性彌陀)의 서산 가풍을 충실히 계승하고 있는 것이기도 하다. 이렇게 편양은 원돈문은 심성의 본래 청정함을 비추어보는 것[37]으로, 경절문은 화두를 통해 대오하는 것[38]으로, 염불문은 정토에 왕생하는 과정으로 이해하였다. 그리고 이들 삼문(三門)에 대하여 이 같이 말했다.

> 근기가 비록 셋이지만 법은 하나입니다. 문은 비록 세 개를 세웠지만 이르는 경지는 둘이 없습니다. 그렇다면 참선이 곧 염불이고 염불이 곧 참선이니 애초에 어찌 차이가 있었겠습니까?[39]

비록 방법의 차이는 있으나 자성을 온전히 밝히려는 목적에는 차이가 없으며 어느 문을 닦아서든 그 이르는 경지는 둘이 아니라고 하였다. 이러한 점으로 비추어볼 때 그의 사상을 '선문(禪門)이 교문(敎門)보다 우위에 있다'고 보았거나[40] '불법(佛法)의 진수(眞髓)는 선(禪)에 있다는 주장

---

36 鞭羊,「禪教源流尋劍說」,『鞭羊堂集』卷2(『韓佛全』8), p.257하, "此心卽佛 此心卽六道萬法 故離心別無佛也 離心別無六道善惡諸境也 命終時若見佛境界現前 無驚動心 若見地獄境界現前 無怖畏心 心境一體 是爲不二 於此不二法門中 何有凡聖善惡差別乎"

37 鞭羊,「禪教源流尋劍說」,『鞭羊堂集』卷2(『韓佛全』8), p.257중~하, "圓頓門工夫 返照一靈心性 本自淸淨 元無煩惱 若當於對境分別之時 便向此分別 未起之前 推窮此心 從何處起 若窮起處不得 則心頭熱悶 此好消息也 不得放捨"

38 鞭羊,「禪教源流尋劍說」,『鞭羊堂集』卷2(『韓佛全』8), p.257중, "徑截門工夫 於祖師公案上 時時擧覺 起疑惺惺 不徐不疾 不落昏散 切心不忘 如兒憶母 終見慎地一發妙也"

39 鞭羊,「上高城」,『鞭羊堂集』卷2(『韓佛全』8), p.262중, "機雖有三 法則一也 門雖設三 所造之地 無二也 然則參禪則念佛 念佛則參禪 初何嘗有間哉"

40 이영자, 앞의 책, p.361.

위에 그가 서 있다'[41] 는 평가나 원돈문과 경절문은 수직관계, 염불문은 통합관계[42]로 보았다거나 '교보다 선을 우위에 놓고 교는 선을 하기위한 준비과정으로 여겼다는 선교회통(禪敎會通)'[43]의 시각 등은 편양의 사상을 다방면에서 정의 내리고 있다. 이러한 다양한 정의는 모두 '삼문지일(三門地一)'로 포괄 할 수 있을 것이다.

III. 세신기저(洗新機杼)[44]의 시세계(詩世界)

『편양당집』에는 시 90여 수가 실려 있다. 이 가운데 40여 수 정도가 승려들에게 주는 시이고, 10여 수가 위에서 거론된 유자들과의 수답시(酬答詩)이며, 나머지는 선승으로서 산에 살며 느끼는 감회를 읊고 있다. 여기서는 편양 사상을 일관하는 근기차별(根機差別) 법무차별(法無差別)의 삼문지일(三門地一)의 세계를 참신하고 새롭게 구성하여 표현해낸 작품들

41   金恒培, 앞의 책, p.912.

42   이종수, 앞의 논문, p.58.

43   최종진, 앞의 논문 p.367.

44   李敏求는 「鞭羊子彦機禪師詩文集序 」, 『東州集』卷2에서 "시문을 창작함에 있어 구태를 없앤 참신한 구상과 구성을 다듬어 새롭게 한다(拔去株臼 洗新機杼)"라고 그의 시문을 평가하였다.

에 대하여 살펴보고자 한다.

1. 격외(格外)의 서래지(西來旨)

편양이 서산의 선을 이어받은 적사답게 그의 시 가운데는 격외선풍(格外禪風)의 경절문(徑截門)을 보여준 시들이 상당부분 차지하며 대부분 수답시(酬答詩)이다.

> 白雲禪子來相訪 백운선자가 찾아와서
> 拜後勤求六祖禪 절한 후 육조선에 대해 부지런히 구하네.
> 春日山中寒氣重 봄날의 산중 찬 기운 심한데
> 風生萬壑雪飄然 바람이 부니 온 골짝에 눈발 날리네.[45]

하루는 백운이라는 호를 가진 납자가 편양을 찾아와 육조혜능의 깨달음에 대하여 물었다. 서산은 임제의 적손인 석옥청공(石屋淸珙)으로 부터 법을 받은 태고보우(太古普愚) 이래 환암혼수(幻庵混修), 구곡각운(龜谷覺雲), 벽계정심(碧溪正心), 부용영관(芙蓉靈觀)으로 이어지는 법을 받았다. 위 시는 편양이 제시하는 임제종풍의 선도리(禪道理)라고 할 수 있다.

겨울이 다 지나가지 않은 봄날, 여전히 찬기가 골짜기마다 가득하다. 여기에 바람이 일어 찬 기운은 눈발이 되어 휘날린다. 평범한 자연의 모

---

45   鞭羊,「贈軒師」,『鞭羊堂集』卷1(『韓佛全』8), p247하.

습이다. 편양은 이것을 육조선이라 답한다. 육조혜능의 중심 사상은 돈오견성(頓悟見性)과 반야바라밀이며 무념(無念), 무주(無住), 무상(無相)으로 그 구체적인 실천에 옮겨진다.[46] 혜능은 "중생의 본성은 반야의 지혜를 갖추고 있으며 지혜로 관조하여 일체의 법에 취함도 버림도 없다. 일체의 외부경계에 물들지 않는 것을 무념이라고 하며 무념의 법이란 일체의 법을 보면서도 일체의 법에 집착하지 않는 것이며 일체의 공간에 두루 하면서도 어디에도 걸리지 않는다"[47]는 것이다. 위 3·4구는 편양이 무념(無念)의 상태에서 바라보고 있는 시선이라 할 수 있다. 즉 몸에 한기가 느껴지고 눈발이 휘날리는 것은 겨울의 자연스러움이다. 여기에 인위가 개입되어 있지 않고 편양 또한 의도적 시구의 조합을 통하지 않고 있다. 일체법을 그대로 보되 그곳에 마음을 두지 않는 상태를 그저 보여지고 느껴지는 대로 표현해내고 있을 뿐이다.

雲走天無動 구름이 달려도 하늘은 움직이지 않고
舟行岸不移 배가 가도 언덕은 옮기지 않는다.
本是無一物 본래에 아무것도 없거니
何處起歡悲 어디에 기쁨과 슬픔 일어나랴.[48]

이 시의 시안(詩眼)은 단연 '무일물(無一物)'이다. 무일물은 육조혜능의 게송에서 찾아진다. 즉 신수가 오조에게 지어올린 게송에 대하여 "보리

---

46   정성본, 『선사상사』, 선문화연구소(1993), p223.

47   慧能, 『六祖大師法寶壇經』(『大正藏』, 48)

48   鞭羊, 「次東林韻」 『鞭羊堂集』 卷1(『韓佛全』 8), p246상.

는 본래 나무가 아니요, 밝은 거울 또한 대가 없네. 본래 한 물건도 없거늘, 어느 곳에 먼지가 끼겠는가?"[49]라고 한 데서 나온 말로 선종의 본분사(本分事)가 되었다.

제1·2구는 혜능의 고사와 관련지어 볼 수 있다. 어느 날 바람에 깃발이 펄럭이고 있는 것을 보고 두 사람이 바람이 움직이는 것인지 깃발이 움직이는 것인지에 대하여 논쟁을 하고 있었다. 이에 혜능은 마음이 움직이고 있다고 하였다. 구름과 배는 마음이 일으키는 작용에 비유했으며 하늘과 언덕은 본성자리를 비유하였다. 구름과 배로 비유되는 작용들은 그 고유한 실체가 없다. 그러므로 제4구의 기쁨과 슬픔이라고 이름 지을 실체도 또한 없는 것이다. 육조의 게송을 빌려와 법과 비유로써 육조의 선사상을 잘 드러내고 있는 선시의 전형이라 할 수 있다.

한편 우리의 안식(眼識)은 보편적으로 떠다니는 구름과 움직이는 배에 주목하기 마련이다. 그런데 편양은 그 구름과 배를 싣고 있는 하늘과 언덕에 초점을 두어 법을 보여주었다. 이러한 작자의 시선이 유자들에게 "구태의연함을 뽑아버리고 참신하게 구상하고 구성을 다듬어 새롭게 하였다"[50]는 평가를 받는 것일 것이다.

遠謝塵紛扣石扃 시끄러운 세상 멀리하고 돌문을 두드려

雲房高臥聽眞經 구름 방에 높이 누워 진실한 경을 듣고 있네.

欲知格外西來旨 서쪽에서 온 격외의 뜻을 알려 하는가?

---

49   『六祖大師法寶壇經』,(『大正藏』48, p.348c) "菩提本無樹 明鏡亦非臺 本來無一物 何處惹塵埃"

50   李敏求,「鞭羊子彦機禪師詩文集序」,『東州集』卷2, "拔去株櫟 洗新機杼"

又有庭前栢樹靑 또 뜰 앞의 잣나무가 푸르네.[51]

    동양위 신익성이 조사선에 대하여 물었나 보다. 제1구는 시끄러운 세상을 멀리 하고 자연 속에 사는 편양의 모습을 보여준다. 번뇌인 진분(塵紛)을 피하기 위하여 세속과 단절된 '석경(石扃)'속에 들어가 살고 있는 모습이다. 제2구는 석경안에서의 일상을 읊었다. 구름 방인 '운방(雲房)'은 한곳에 얽매이거나 머물지 않고 이리저리 떠다니는 운수납자(雲水衲子)의 삶을 비유하였다. 이 삶에서 참다운 경을 듣는다 하였다. 여기서 진경(眞經)은 부처가 직접 설한 내용으로 이루어진 경전을 뜻하기도 하겠지만 삼라만상 모두를 뜻한다고 볼 수 있다. 저 소동파가 상총(常聰)선사에게 설법을 들으러 갔다가 무정설법을 들을 줄 알아야 한다는 말을 듣고 "개울물 소리는 부처님의 설법이요, 푸른 산은 청정한 법신이라네, 밤사이 깨달은 팔만사천법문, 뒷날 어떻게 남에게 말해주랴"[52]라고 한 것처럼 말이다.

    격외선(格外禪)이라는 것은 말을 붙이기 이전의 자리로 사량 분별로는 헤아릴 수 없고 화두를 참구하여 깨달음에 이르는 것을 말한다. 제3·4구는 어느 승려가 "무엇이 달마대사가 서쪽에서 온 뜻인가?"라고 물음에 조주가 "뜰 앞의 잣나무!"라고 대답한 것을 끌어와 동양위의 물음에 답하였다. 편양 또한 '뜰앞의 잣나무가 푸르다'는 말로 제2구에서 말한 진경(眞經)의 실상(實相)을 보였다. 편양은 조주의 정전백수자(庭前栢樹

---

51   鞭羊, 「次東陽尉」, 『鞭羊堂集』 卷1(『韓佛全』 8), p.249중.

52   『居士分燈錄』(『卍續藏』 86 p.596c) "溪聲便是長廣舌 山色豈非淸淨身 夜來八萬四千偈 他日如何擧似人"

子)에서 한걸음 더 나아가 '청(青)'을 보탰다. 옛 공안을 지금 현실에서 살아 숨 쉬게 한 선사다운 기봉(機鋒)을 엿볼 수 있게 하였다.

이상 '이로(理路)와 어로(語路)의 교(教)를 빌려서 하근기의 사람을 포섭하므로 교(教)는 하근기 사람이 입선(入禪)하는 문'에서 벗어난 경절문의 격외선풍을 읊은 시들에서는 '구태를 빼어버리고 새롭게 다듬어 구성하는' 작자의 기예와 선사로서의 기봉이 돋보이며 자연을 통하여 이치를 드러내어 이언절려(離言絶慮)인 진리의 세계를 현실세계의 사물로 잘 표현해 내었다.[53]

2. 부주심(不住心)의 형상화

여기에서는 경전을 보되 마음에 반조(返照)해야 이익이 있음을 주장한 교문(教門)과 심경(心境)이 불이(不二)한 염불(念佛)의 세계를 노래한 작품을 살펴보도록 하겠다.

金剛天德寺　금강산 천덕사
法侶誦蓮華　도반이 연화경을 외우네.
白雪諸天下　하늘에서 내리는 흰 눈

53　이러한 격외선풍을 읊은 시로는 「奉賽鑑長老」 "選佛江西近 探禪石室遊 意超三世界 身覺一漚浮 邈爾天中鶴 飄然海上鷗 七斤衫尙在 常着送凉秋" 「奉酬堅師伯問敏公還鄉韻」 "古鏡之中閒世界 往來凡聖向斯歸 今日還鄉何必問 蓬萊元不隔庭闈" 「贈慧長老庚兄」 "祖家大業抛來久 流落江湖度幾秋 還鄉曲子君知否 唱出無生有趙州" 등이 있다.

飛空作四花　　허공에 날려 네 가지 꽃이 되네.

六震焉無撼　　여섯 가지로 진동하니 어찌 흔들림 없으랴

山河病眼多　　산하도 눈을 병들게 함이 많은 것을.

毫光開佛眼　　옥호광명이 부처님의 눈 열어주나니

莫待設三車　　세 수레 베풀기를 기다리지 말라.[54]

『법화경』에서는 "부처님께서 이『법화경』을 설해 마치고 결과부좌하고 무량의처 삼매에 들어서 몸과 마음이 움직이지 아니하였는데 이때 하늘에서 만다라화와 마하 만다라화와 만수사화와 마하만수사화를 비 내려 부처님과 대중에게 흩었으며 모든 부처님세계가 여섯 가지로 진동하였다"[55]고 한다. 함련(頷聯)과 경련(頸聯)은 이에 대한 묘사이다. 네 가지 꽃은 모두 하늘의 묘한 꽃이다. 여기서 꽃은 정인(正因), 즉 바른 인을 나타내는 것이다. 정인(正因)이란 필연코 과(果)를 가져오는 것이다. 부처님과 여러 대중 위에 비 내리는 것은 이『법화경』을 설하는 모임이 바른 인을 얻을 수 있음을 나타낸 것이다. 또 땅이 여섯 가지로 진동하는 것은 안·이·비·설·신·의 육식을 의지해서 무명을 깨뜨리는 것을 나타낸 것이다.[56] 『법화경』을 외우며 수행하는 스님은 깨달음에 도달할 수 있는 인(因)을 심었기에 반드시 깨달음의 과(果)를 이룰 것임을 보여준 것이다. 아래 '육진언무감(六震焉無撼)'은 바로 육식을 의지해서 무명이 흔들려 타파되어

54　鞭羊, 「示誦蓮經僧」, 『鞭羊堂集』卷1(『韓佛全』8), p.247상.

55　「序品第一」, 『妙法蓮華經』卷1(『大正藏』9 2b) "是時天雨曼陀羅華 摩訶曼陀羅華 曼殊沙華 摩訶曼殊沙華 而散佛上 及諸大衆 普佛世界 六種震動"

56　戒環解『妙法蓮華經』, 운문승가대학 출판부(2003), p.66.

지는 것을 말한다. 산하는 육경을 가리키는 것인데 경계를 진실인 것으로 오해하는 무명에 가려진 망식(妄識)을 '병안(病眼)'으로 나타내었다.

『법화경』의 대의는 회삼귀일(會三歸一), 즉 성문승(聲聞僧)·연각승(緣覺乘)·보살승(菩薩乘)의 삼승(三乘)을 돌이켜 일불승(一佛乘)으로 돌아가는 것이다. 『법화경』의 「화택비유품(火宅譬喩品)」에는 삼계(三界)를 비유한 불타는 집에서 놀이에 정신이 팔려있는 장자의 아이들에게 사슴·양·소가 끄는 수레로써 화택(火宅)에서 벗어나게 하고는 모두 최상승(最上乘)으로 비유되는 백우(白牛)를 준다는 이야기가 있다. '호광개불안(毫光開佛眼)은 각각의 터럭 하나하나가 모두 불안을 열어줄 수 있다는 것으로 각 수행법마다 다 그러함을 뜻한 것이다. 그러니 굳이 각각의 방편을 베풀기를 기다릴 필요가 없다고 한 것이다. 편양이 화엄과 아함, 방등과 법화에 대하여 설명한 사교설(四敎說)은 "천태(天台)의 오시(五時)를 사교(四敎)로 축소한 것으로 천태교판에 근거하고 있음을 알 수 있는데"[57] 여기에서 중요한 것은 근기에 따른 대기설법(對機說法)으로 각 경전에는 아무런 우열이 없다는 것이다.

이 시가 『법화경』을 읽는 승려에게 주는 것으로 보아 아마 『법화경』을 외우는 것에 집착하였던가 보다. 편양이 보여주고자 한 것은 수행의 과보는 당연히 있지만 굳이 『법화경』에만 집착할 필요가 없음을 알려주고자 함이다. 아래의 시는 화엄현담을 배울 당시를 읊은 시이다.

爾來楓岳學玄談 그동안 풍악에서 현담을 배울 때에

---

57   이영자, 앞의 책, p.363.

志願回看不住心　돌아보아 집착하지 않는 마음 원하였다.
善惡兩途無喜怒　좋고 나쁜 두 길에서 기쁨 슬픔이 다 없나니
性天明月落秋潭　성품하늘의 밝은 달이 가을 못에 떨어지네.[58]

　이 시는 교문(教門)을 통한 깨달음을 보여주고 있는데 화엄을 통해서 체득하고자 한 것이 무엇인가를 보여준다. 편양은 풍악산에 머무르고 있을 때 화엄을 배웠나보다. 이때 화엄을 보는 목적이 '부주심(不住心)'이다. '부주심'은 80권 『화엄경』의 「야마천궁게찬품」의 각림보살 게송에서 발견된다. "마음이 몸에 머물러 있지 않고 몸도 마음에 머물러 있지 않으나 불사를 능히 지어 자재함이 미증유로다"[59]의 게송이 그것인데 선악(善惡)이나 희로(喜怒)는 양변에 머무르는 마음이다. 이 머무르는 마음이 없어진 자리가 하늘의 밝은 달이 가을 못에 잠기는 그런 경지다. 하늘의 달은 가을 못에 잠기려는 의도가 없고 가을 못은 하늘의 달을 담고자 하지 않는다. 성품 하늘은 우리의 본래청정한 자성을 말하고 밝은 달은 자성의 작용을, 가을 못은 육진경계를 말한다. 자성의 작용은 어디에고 머무르거나 걸림이 없다. 추하고 더러운 곳이라는 분별심도 없다. 미추(美醜), 선악(善惡), 희비(喜悲)등의 양변을 여읜 자리가 바로 부주심이다. 이러한 '머무르지 않는' 경지를 무심히 비추는 가을 달이 연못에 떨어져 있는 광경으로 잘 표현해 놓았다.

58　鞭羊, 「贈得平禪子」, 『鞭羊堂集』卷1(『韓佛全』8), p.248 중.

59　「夜摩宮中偈讚品第二十」, 『大方廣佛華嚴經』(『大正藏』10, p.102a), "心不住於身 身亦不住心 而能作佛事 自在未曾有"

罷漱金爐一穗焚   세수하고 금향로에 한 가닥 향 사르나

應將智水滌塵紛   지혜의 물로 번뇌를 씻어버려야 한다네.

蓮花不出高原處   연꽃은 높은 곳에서는 나지 않나니

此是維摩大士言   이것은 바로 유마대사의 말씀이니라.[60]

위 시는 최생원의 불교공부에 대하여 말한 것이다. 몸을 청결히 하고
법당에 나아가 향을 사르고 예불을 하는 이유는 깨달음을 얻기 위함이
다. 단순히 깨달은 각자(覺者)에게 공경과 예경하기 위함만이 아니다. 그
렇기 때문에 지혜의 물로 번뇌를 씻는 것이 예불이 되는 것이라 한다. 제
3구는 『유마경(維摩經)』에 나오는 것이다. 유마힐이 온갖 번뇌와 삿된 견
해가 모두 여래의 종자라고 문수보살이 말하자 유마거사가 그 까닭을 물
었다. 이에 문수보살이 "만약 무위를 보아서 바른 지위에 들어간 사람은
다시는 아뇩다라삼먁삼보리심을 발하지 아니합니다. 비유하자면 높은
언덕과 육지에는 연꽃이 나지 않고 낮고 습한 진흙에 연꽃이 나는 것과
같습니다. 중생이 머무는 번뇌의 진흙 속에서 불법을 일으킬 뿐입니다"[61]
라고 답하였으며 "식물의 종자를 똥이나 흙에 심어야 무성하게 자란다"[62]
거나 "큰 바다에 들어가지 아니하면 능히 무가보주를 얻을 수 없는 것과
같이 번뇌의 큰 바다에 들어가지 아니하면 곧 일체지혜의 보물을 얻을 수

---

60   鞭羊, 「次崔生韻」 其一, 『鞭羊堂集』 卷1(『韓佛全』 8), p.247하.

61   『維摩詰所說經』(『大正藏』, 14, p.549b), "若見無爲 入正位者 不能復發菩提心也 譬如高原陸地不生蓮花
     卑濕游泥乃生此花 如是見無爲入正位者 終不能復能生於佛法 煩惱泥中乃有衆生起佛法耳"

62   『維摩詰所說經』(『大正藏』, 14, p.549b), "又如殖種於空終不得生 糞壤之地乃能滋茂"

없다"[63]라고 하는 등 진분(塵紛) 속에서만 진정한 깨달음에 도달할 수 있음을 강조한 경구이다. 편양은 이 경전의 말을 인용하여 세속의 거사들도 깨달음의 연꽃을 피울 수 있으니 부지런히 출세간의 공부를 권하였다.

이상 '화엄(華嚴)과 사제(四諦)는 일설(一說)'로 법의 심천이 없고 근기의 다름일 뿐이며 이 근기의 다름 가운데 중근기와 하근기가 의지해 깨달음에 이르는 것이 교문(敎門)이라고 한 사상을 보여준 시들을 살펴보았다.

한편, 『편양당집』에는 소문(疏文)이 6편 실려 있는데 이 소문은 가족이나 주위 사람들의 죽음을 애도하면서 천도하려고 지은 글들로 대부분 망자의 정토왕생을 기원하는 것으로 마무리 된다. 정토는 아미타불의 서원으로 이루어진 국토로 아래의 시는 편양의 정토관을 볼 수 있는 시이다.

雨後秋天萬里開　　비 온 뒤 가을 하늘 끝없이 열렸는데
川流白石淨無苔　　흐르는 시냇물의 흰 돌 깨끗하여 이끼도 없네.
念佛人心正若此　　염불하는 사람의 마음이 바로 이와 같다면
娑婆國界卽蓮臺　　사바세계가 곧 연화대 되리라.[64]

비온 뒤의 맑고 깨끗한 풍광을 들어 극락세계를 보인 시이다. 비가 온 뒤의 가을 하늘은 구름한 점 없어 눈 닿는 데까지 걸림 없이 볼 수 있고 시냇물 소리는 이끼도 없는 강바닥의 돌들을 볼 수 있게 하였다. 하늘과 시냇물을 들어 온 국토를 표현하고 있으며 흰 돌이 무태(無苔)로 인해

63　『維摩詰所說經』(『大正藏』, 14, p.549b), "譬如不下巨海則不能得無價寶珠 如是不入煩惱大海則不能得生一切智寶"

64　鞭羊, 「贈暉師」, 『鞭羊堂集』 卷1(『韓佛全』 8), p.249상.

더욱 맑아지는 효과를 거두었다. 시어의 조합이 아름다우며 상하의 대비를 통하여 작자가 뒤의 두 구에서 보여주고자 하는 의도를 십분 이루었다. 제3구에서는 염불하는 사람의 마음이 앞의 두 구와 같아야만 사바세계가 곧 극락세계가 된다고 한다. 사바가 곧 극락이 되기 위해서는 앞의 조건, 즉 더없이 깨끗하고 청정하여야 한다는 것이다. 이때 중요한 기제가 바로 '천류(川流)'이다. 시냇물이 흐르지 않고 고여 있다면 썩기 마련이다. '부주심(不住心)'을 통해서만 청정해 질 수 있다는 것이다. 만약 염불하는 사람의 마음이 이러하지 않다면 사바는 사바일 뿐 결코 연화대가 되지 못한다. 이러한 편양의 정토관은 당시 유심정토 자성미타를 표방하던 정토관과 그 맥을 같이하고 있음을 알게 한다. 그러나 "금생에 만일 조주의 현관을 통해 벗어나면 후세에는 우리 미타 정토에 가서 나기를 원하는 등"[65] 정토에 태어나기를 발원하는 구(句)에서는 정토와 아미타가 따로 설정되어 있어 편양이 유심정토(唯心淨土)와 타력정토(他力淨土)를 모두 인정하고 있는 것이 시에서도 드러난다.

　　이상 편양은 경전을 보거나 염불함에 중요한 것은 부주심이라 하였다. 교문(敎門)을 통해서 깨달음의 경지를 보여준 이 시들에서는 한결같이 경전의 구절을 인용하거나 경전의 대지(大旨)를 그대로 보여주었다. 이때 자연의 비유를 통해서 '조직이 균형 있고 기지가 있고 날카로워 옛 문장가들의 절도[66]를 엿보이고 있다.

65　　鞭羊, 「願佛表」, 『鞭羊堂集』卷3(『韓佛全』8), p.260중, "今生若早透脫趙州玄關 後世願我往生彌陀淨土"
66　　朴長遠,, 「題鞭羊堂集幷序」, 『久堂集』卷3, "猶且組織均稱 機鋒畢敏 頗有古作者節度"

3. 문삼지일(門三地一)의 진풍(眞風)

편양은 삼문(三門)은 근기에 따른 수행법으로 그 법은 하나이며 그 수행의 경지는 다르지 않다고 하였다. 이러한 그의 인식은 곧 18세기 진허팔관(振虛捌關)에 의해 "문은 세 개이나 한 방"[67]으로 정의된다. 여기서는 선과 교, 염불은 근기에 따라 차이가 있을 뿐 깨달음의 경지는 하나라는 관점을 보인 작품을 살펴보도록 하겠다.

自棲通性後	통성암에 깃든 후로
幽事日相干	그윽한 일이 날마다 간섭하네.
造圃移芳茗	밭을 일구어 좋은 차 옮기고
開亭望遠山	정자를 지어서는 먼 산을 바라본다.
晴窓看貝葉	밝은 창 앞에서는 패엽을 보고
夜榻究禪關	밤 침상 위에서는 선관을 구하나니.
世上繁華子	세상의 번화한 사람들이야
安知物外閑	어찌 세상 밖의 이 한가한 맛을 알리.[68]

통성암에 살면서 느끼는 감회를 읊은 시이다. 제2구의 '유사(幽事)'와 '상간(相干)'에서 편양의 마음을 읽을 수 있다. '그윽한 일'은 함련(頷聯)의 밭을 일구어 차 싹을 옮겨 심고 정자를 만들어 먼 산을 바라보는 것이

---

67   振虛捌關, 「三門直指序」, 『三門直指』(『韓佛全』 10), p.138하, "夫無陰陽地 有伽藍 號大圓覺 以無根樹 自然化作 然門則有三 曰徑截 曰圓頓 曰念佛 … 然則萬里同風 三門一室"

68   鞭羊, 「山居」, 『鞭羊堂集』 卷1(『韓佛全』 8), p.246중~하.

다. 수행자로서 이러한 일들은 어쩌면 성가신 일이기도 할 것이다. 밭을 만들고 정자를 만드는 일은 그렇다 하더라도 밭이 있으니 씨를 뿌려야 되고 정자가 있으니 또 산을 바라보는 등의 일을 하게 된다. 이러한 유사(幽事)가 간섭(干涉)한다는 것이다. 일 없는 가운데 일 있음을 이 '유사(幽事)'와 '상간(相干)'의 단어를 통해 보여주었다. 또 패엽을 보거나 선관을 구하는 일도 본래는 부질없는 일임에도 불구하고 편양의 삶을 간섭하고 있다는 것이다. 그러나 간섭이 그윽한 일로 표현되었듯 편양에게 있어서는 이러한 일들이 물외한인(物外閑人)의 삶이다. 이 시가 평소 편양이 선과 교를 겸수하고 있음을 볼 수 있다면 아래의 시는 선과 교를 다르게 여기지 않고 있음을 알게 한다.

石頭庭下除殘草　　석두는 뜰아래에서 시든 풀을 베었고
馬祖庵前有折弓　　마조의 암자 앞에는 부러진 활이 있다.
傳衣付鉢非虛事　　가사와 바리때를 전해주는 것 헛된 일이 아니네
門下三年聽講鍾　　내 밑에서 삼 년 동안 강하는 종소리 들었거니.[69]

이 시는 편양이 자신의 법을 잇는 제자에게 보여주는 시이다. 육조혜능에게서 남악회양(南岳懷讓, 677~744)과 청원행사(靑原行思, ?~740) 두 걸출한 제자가 나왔고, 청원행사에게 또 석두희천(石頭希遷, 700~790)과 마조도일(馬祖道一, 709~788)이 나와 남종의 선풍을 크게 떨쳤다.

석두희천은 혜능의 지시에 의해 청원행사의 법을 이은 이로 선의 심

69　　鞭羊, 「示嗣」, 『鞭羊堂集』卷1(『韓佛全』8), p.248상.

요(心要)를 초암에 홀로 기거하는 것에 비유한 초암가(草庵歌)를 짓기도 하였다. 제1구의 '석두는 뜰아래서 시든 풀을 베었다'는 것은 단하천연(丹霞天然, 739~824)과 얽힌 고사이다. "어느 날인가 문득 석두가 대중에게 '내일 법당 앞의 잡초를 베겠다'라고 알렸다. 다음 날 대중과 모든 행자들이 각자 가래와 괭이를 가지고 와 풀을 베는데, 단하만은 세숫대야에 물을 가득 담아 머리를 감고서는 석두 앞에 가 무릎을 꿇고 앉았다. 석두가 이 광경을 보고 웃으며 바로 삭발을 해주고, 계법(戒法)도 설해주려 했으나 단하는 귀를 막고 나왔다"[70]는 것이 그것이다. '뜰 앞의 시든 풀'은 바로 번뇌의 무명초를 베어낸다는 것이며 석두의 법을 알아차린 천연이 있음을 보여준 것이다.

마조의 암자 앞에는 부러진 활이 있었다는 것은 석공혜장(石鞏慧藏)과 관련된 고사이다. 석공은 사냥꾼으로 평소 승려들을 싫어하였다. 어느 날 사슴을 쫓아 마조의 토굴 앞을 지나게 되었다. 마조가 앞을 막고 화살 하나로 몇 마리를 잡느냐는 물음에 한 마리씩 잡는다고 하였다. 이에 석공은 마조 자신은 한 번에 몇 마리를 잡느냐고 물었다. 이에 화살 하나로 한 무리는 잡는다고 하자 석공이 산 생명을 무엇 때문에 한 무리로 잡느냐고 하였다. 이에 마조는 그런 것까지 잘 알면서 왜 자기 자신은 쏘지 못하는가라고 하였다. 석공이 제 자신을 잡으려 해도 손쓸 방법을 모르겠다고 하자 이에 마조가 그대의 묵은 무명과 번뇌가 오늘 몽땅 사

---

70   『景德傳燈錄』권14, 「丹霞天然傳」(『大正藏』51 p.310c), "忽一日 石頭告衆曰 來日 剗佛殿前草 至來日 大衆諸童行 各備鍬钁剗草 獨師以盆 盛水淨頭 於和尚前胡跪 石頭見而笑之 便與剃髮 又爲說戒法 師乃掩耳而出"

라졌다고 하였다. 석공은 즉시 활과 화살을 꺾어버리고 출가하였다.[71] 여기서 마조가 말한 자신을 쏜다는 것은 곧 무명 번뇌를 쏘아 죽이는 일인 것이라 할 수 있다.

이렇게 마조와 석두는 자신의 큰 법을 알아차린 이에게 법을 전하여 주었다. 그런데 제4구에서는 삼 년 동안 강하는 소리를 들었기에 법을 전하여 주는 것이 헛된 일이 아니라고 한다. 그렇다면 석두나 마조로 대표되는 혜능의 남종선을 계승하였다는 서산의 제자인 편양이 자신의 의발을 강(講)하는 제자에게 전해 주었다는 것이 된다. 제자 가운데 적전(嫡傳)이라고 일컬어지는 풍담의심은 선사이기도 하지만 『화엄경』에 현토를 한 인물이기도 하다. 또 『대둔사지(大芚寺志)』에는 대둔사의 12대 종사(宗師)와 12대 강사(講師)를 기록하고 있는데 12대 종사 가운데는 8인이, 강사로는 6인이 편양의 문파이다.[72]

半尺紅絲錯貫珠　　짧고 붉은 실로 단주를 얽어 꿰나니
重重刹海掌中收　　무수한 화장세계가 손 안에 다 들어온다.
傍人且莫分賓主　　곁의 사람들아 부디 손과 주인을 나누지 말라

---

71 『景德傳燈錄』권14 「石鞏慧藏傳」(『大正藏』 51 p.248b), "本以弋獵爲務 惡見沙門 因逐群鹿從馬祖庵前過 祖乃逆之 藏問 和尙見鹿過否 祖曰 汝是何人 曰獵者 祖曰 汝解射否 曰射 祖曰 汝一箭射幾箇 曰一箭射一箇 祖曰 汝不解射 曰和尙解射否 祖曰 解射 曰和尙一箭射幾箇 祖曰 一箭射一群 曰彼此是命 何用射他一群 祖曰 汝旣知如是 何不自射 曰若敎某甲自射 卽無下手處 祖曰 遮漢曠劫無明煩惱今日頓息 藏當時毁棄弓箭 自以刀截髮投祖出家"

72 『大芚寺志』권1, pp.44~45에 실려 있는 12종사 가운데 편양파는 풍담의심(1592~1665), 월저도안(1638~1715), 설암추붕(1651~1706), 환성지안(1664~1729), 상월쇄봉(1687~1767), 호암체정(1687~1748), 함월해원(1691~1770), 연담유일(1720~1799)이 입전되어 있고 강사로는 만화원오(1694~1758), 연해광열(?~?), 영곡영우(1638~1715), 영파성규(1651~1706), 퇴암태관(1687~1767), 완호윤우(1758~1826)가 입전되어 있다.

一二相參自點頭   하나둘 꿰어나갈 때 저절로 고개 끄덕이네.[73]

　단주 꿰는 모습을 보고 법을 드러낸 시이다. 제1구는 짧고 붉은색 실로 단주를 꿰어 묶는 일상적인 모습을 읊었다. 그러나 제2구에서는 하나의 구슬 속에 무수한 화장세계가 다 들어있음을 말하였다. 화엄에서 이야기하는 제석천의 인드라망 구슬처럼 말이다. 이는 화엄의 일중일체다중일(一中一切多中一), 일즉일체다즉일(一卽一切多卽一)의 중중무진법계관(重重無盡法界觀)을 드러내 보인 것으로 양변이 설 자리가 없는 그대로 무이(無二)요 불이(不二)의 세계이다. 그런데 어떻게 주인과 손이라는 구별을 할 수 있겠는가? 이 시는 화엄의 인드라망 세계가 염주로 상징되는 정토세계와 서로 다르지 않음을 보여 주고 있다. 즉 화엄이 염불의 세계요, 염불이 곧 화엄의 세계를 '중중찰해(重重刹海)' '주(珠)'등의 직접적이고 실제적 용어를 통해 보여주었다.

石勢峯峯異   돌의 형세 봉우리마다 다른데
秋容處處同   가을 모양은 곳곳마다 같네.
游人如得旨   유랑객들 만일 이 뜻을 안다면
不必問眞風   진풍을 물을 필요가 없다네.[74]

　이 시에서는 법의 같음과 근기의 다름을 보여주었다. 봉우리마다 제

73　　鞭羊, 「彦師貫短珠韻」, 『鞭羊堂集』卷1(『韓佛全』8), p.247하.

74　　鞭羊, 「次東陽尉」, 『鞭羊堂集』卷1(『韓佛全』8), p.246상.

각각으로 늘어서 있는 기암괴석은 중생의 각각의 성품과 근기와 욕망이 이처럼 다 다른 모습임을 비유하였다. 편양이 항상 주장하고 있는 근기의 차별이다. 제2구의 '가을 모양은 곳곳마다 같다'고 한 것은 법은 한 모습, 한 맛임을 보인 것이다. 『법화경』의 「약초유품」에서는 초목이 그 종류와 성질에 맞추어서 자라고 크고 열매 맺으나 비에는 차별이 없음을 말하고 있다. 편양은 평소 『법화경』을 자주 인용하고 중요하게 여겼는데 이를 시로 표현해놓은 것이다. '석세(石勢)'는 초목에 '추용(秋容)'은 법우(法雨)에 해당한다고 할 수 있다. '추용'이 한 맛이라는 것은 곧 부처의 가르침에 해당하고 '석세'는 중생의 근기가 다름에 비유하였다. 즉 이(異)는 차별의 세계를, 동(同)은 절대평등의 자리임을 보여준 것이다. 이러한 차별과 평등의 도리만 깨닫는다면 이 자리가 곧 '진풍(眞風)'이라고 한다. 그가 주장하는 '법무차별(法無差別) 근기차별(根機差別)'의 사상을 '동(同)'과 '이(異)'로 보여주어 자연의 흐름 속에서 단도직입적이되 선취(禪趣)가 묻어나는 뛰어난 시재(詩才)가 돋보이는 작품이다.

Ⅳ. 편양 선시의 특징과 의의

편양은 출가 전 공맹이나 노장의 학설에 대하여 배우지 아니하였다.[75] 그러나 당시 유자들 간에서 시승(詩僧)으로 일컬어질 만큼[76] 문장을 좋아하였다.[77] 또 '옷을 보내주는 것은 시만 못하다'[78]고 하는 등 평소 시로 수답하기를 좋아 하였다. 이러한 그를 이민구는 「편양집서(鞭羊集序)」에서

> "또 추측컨대 버릴 것으로 시와 문이라 여겼는데 구태의연한 그루터기를 뽑아버리고 참신한 구상과 구성을 다듬어 새롭게 하였으니 글을 쓰고 시를 지어서 한 기예에서 이름을 구하려는 자가 갑자기 얻어서 그 좋고 나쁨을 비교할 바가 못되었다. 또한 그 하늘에서 품 받은 것이 온전함을 볼 수 있다."[79]

라고 하였다. 그는 기존의 남아있는 구태의연한 말뚝을 빼어버리고 문장

---

75 鞭羊, 「答尹巡使」, 『鞭羊堂集』卷1(『韓佛全』8), p.246상~중, "不學宣王教 寧聞柱史玄 早入西山室 唯傳六祖禪"

76 柳夢寅, 「遊寶盖山 贈靈隱寺彦機, 雲桂兩僧序」, 『於于集』卷4, "彦機雲桂 兩詩僧也"

77 鞭羊, 「謝南陽處士書」, 『鞭羊堂集』卷3(『韓佛全』8), p.261하, "文章 余好也"

78 鞭羊, 「次李承旨韻」, 『鞭羊堂集』卷1(『韓佛全』8), p.246상, "玄洲正退之 野老非顒師 交道若相契 贐衣不若詩"

79 李敏求, 「鞭羊子彦機禪師詩文集序」, 『東州集』卷2, "又推其所棄 以爲詩若文 拔去株橜 洗新機杼 有非操觚縛律 求名於一藝者 所可驟得 而較其長短 亦可見得之天者全也"

을 참신하게 구상하고 구성을 다듬어 새롭게 해서 당시의 문장가들이 그 장단을 비교할 바가 못된다고 하였다. 이유는 그의 문장력은 하늘에서 온전히 얻은 것이기 때문이라고 극찬을 아끼지 않는다. 또 박장원은

> "그의 시와 문 같은 것을 보건대 대가들의 큰일에 견주어 보면 다만 여사에서 나왔을 뿐이다. 그러나 오히려 조직이 균형 있고 기지가 있고 날카로움을 다 거두어 자못 옛 문장가들의 절도가 있으며 특히 참선 납자들의 입 가운데서 나오는 말과는 같지 아니하였으니 그 또한 기이하도다."[80]

라고 그의 시문을 균형 있고 기지와 날카로움이 온전하여 옛사람의 절도가 있다고 하였다. 특히 참선납자에서 나온 말과 같지 않다고 하였다. 그의 문학적인 성취에 초점을 둔 평가이다.

일반적으로 선시의 세계에서는 논리성으로는 이해할 수 없는 역설이나 상징적 언어를 사용하여 선의 세계를 보여주는 특징이 있다. 즉 '석녀', '진흙 소', '토끼 뿔', '줄 없는 거문고' 등을 통해 사량 분별 자체를 차단한다. 선의 세계는 불립문자(不立文字), 언어도단(言語道斷), 이언설상(離言說相), 이언절려(離言絶慮)이기 때문에 선사들이 일반적으로 사용하는 장치이다.

편양은 이러한 장치를 거의 사용하지 않는다. 그것보다는 선종어를

---

80   朴長遠,,「題鞭羊堂集幷序」,『久堂集』卷3, "觀其詩若文 視渠家大事則特出其餘耳 猶且組織均稱 機鋒畢斂 頗有古作者節度 殆不類禪衲輩口中語 其亦異矣哉"

시어 속에 그대로 제시하고 그것을 풀어내는 구조를 선택하여 누구든 그 세계를 짐작 가능케 하였다. 다시 말해 '육조선(六祖禪)', '무일물(無一物)', '격외(格外)', '서래지(西來旨)', '정전백수(庭前栢樹)' 등 선을 대표하는 선어(禪語)들을 시어(詩語)로 과감히 사용하여 선사의 선시임을 보여주고 있다. 또 '연화(蓮華)', '삼거(三車)', '현담(玄談)', '부주심(不住心)' 등 교학의 용어를 그대로 인용하여 교학에서 보이는 바의 법을, 혹은 경전의 내용 자체를 시에 옮겨내고 있다. 염불에 대한 생각을 시로 표현한 곳에서도 '사바국계(娑婆國界)' '연대(蓮臺)'라고 하는 등 정토종의 교리를 그대로 사용하고 있다.

위와 같이 선·교·염불에 관련한 용어들을 시 속에 사용하고 있는 것은 이미 그 용어에 대한 풀이, 혹은 설명을 하고자 하는 의도가 스며 있다고 볼 수 있다. 즉 법을 보여주기 위함이라는 것이 전제된다. 그렇다면 시적 양식을 빌려 쓴 설명문이 될 가능성이 짙다. 즉 설명을 요하는 위의 용어들은 자칫 해설적으로 흘러갈 수 있으나 자연의 현상을 통해서 근기의 차별 세계와 법의 절대평등한 자리를 간결하게 묘사하여 구성을 새롭게 하였다. 이때 사용한 수사(修辭)는 쌍관(雙關), 비유(譬喩) 등이다. 이렇게 편양은 눈앞에 드러난 평범한 자연의 세계를 객관적으로 드러내되 사물의 특성을 드러내는 시어를 통해 보다 더 선의 세계를 명확히 보여주었다.

이러한 편양의 시적 특징은 일명 역설적(逆說的) 초절적(超絶的) 시어를 통해 선의 세계를 보여주는 선시의 세계와는 다른 편양 선시의 한 특징이며 이는 조선 후기 선시의 경향과도 부합된다. 즉 조선 후기 선시의 한 경향은 이치를 설명하는 듯한 설리적(說理的) 경향을 보이는데 이의 단초

역할을 하고 있다고 볼 수 있다. 편양 선시가 가지는 선시문학사에서의 의의라 할 수 있다.[81]

한편 조선조에는 억불정책으로 말미암아 불법홍포 등 모든 것이 자유롭지 못한 상황이 전개된다. 승려들은 시문을 통해서 유자들과 소통하였고 불법의 홍포를 이어나갔다. 이때 승려들은 한편으로는 종교성을 내면에 감추고 유자들과 순수한 시문으로 교류를 하였고 또 한편으로는 은미하게 불법의 대의를 드러내 보이기도 하였다. 그러나 이와는 반대로 오로지 불법의 언어를 사용하여 불법을 드날린 승려들도 있다. 편양의 경우는 바로 불법을 드러내기 위한 도구로 시문을 사용하였다. 위에서 편양이 부처의 설법을 깨달음에 이르게 하기 위한 도구로 바라보고 있었듯이 시문 또한 도를 싣는 도구로 십분 활용하고 있다. 그의 시 전편에는 사상적 기치가 그대로 표출되고 있기 때문이다. 그래서인지 사상의 전개와 포교의 수단으로써 시문을 지었으며 이때 불교적 용어를 그대로 사용하는데 주저하지 않았다.[82] 이러한 문이재도적(文以載道的) 경향은 유가나 불가관계 없이 하나의 전통적인 문학관으로 자리 잡고 있는데 편양도 이러한 유자의 재도지기(載道之器)의 문학관을 그대로 수용하고 있다고 할 수 있다.

---

81 권동순, 「조선조 18세기 선시연구」, 성균관대학교 박사학위논문(2010) 참조.

82 배규범, 앞의 책에서는 임란기의 문학관을 '微言의 文學觀'이라고 표현하였다. 그러나 편양의 시를 통해 볼 때 은미한 말로서 가르침을 폈다고 보기에는 어려움이 따른다. 배규범의 정의 "미언의 문학관은 종교적 방법과 수단을 버리고 거리감 없이 교의를 전달하기 위해서이며 조선조라는 특수한 정치 구조에서 상당한 효력을 거둔 문학관"이기도 하다. 그러나 편양은 同道者는 물론이려니와 유자와의 酬答詩에서 조차 승려로서 한 치 물러섬이 없이 직접적으로 불법의 대의를 전달하고자 하였고 그리하여 유자들에게 '공문의 수승한 벗, 혹은 사귐'이라는 위치를 차지하게 됨을 위의 시를 통해서 살필 수 있었다.

V. 맺음말

지금까지 임진왜란 발발 후 당시의 불교계를 이끌었던 편양의 생애와 사상을 개괄하였다. 편양은 11세에 출가하여 서산의 법을 이은 적사이다. 그는 화엄의 '만법(萬法)은 일심(一心)을 밝히기 위함'이라는 화엄의 대지(大旨)와 '근기차별(根機差別) 법무차별(法無差別)'의 법화사상을 근간으로 하여 교학을 체계화 하였다. 또 선문은 격외의 경절문과 원돈의 의리문으로 보고 이때 의리문을 교문이라고 구별하였으나 격외선이나 의리선 두 가지도 일정한 뜻이 있는 것이 아니고 그 당자(當者)의 기변(機變)에 달려 있다고 하였다. 염불문에 대해서는 유심정토(唯心淨土) 자성미타(自性彌陀)의 서산의 가풍을 충실히 계승하고 있으며 서방정토도 인정하였다.

각각의 수행법으로는 절심불망(切心不忘)의 공안참구(公案參究)와 사교(四敎)를 통한 일심반조(一心返照), 그리고 염(念)과 불(佛)이 하나 되는 심경일체(心境一體)의 삼문(三門)을 확립하였다. 즉 그는 "화엄(華嚴)과 사제(四諦)는 일설(一說)"로 교(敎)의 심천(深淺)이 없다는 교관(敎觀)을 가지고 있었다. 그리고 경절문은 상근기에게, 원돈문은 중하근기에게, 염불문은 상하를 모두 포섭하는 문이라고 근기에 따른 차이를 인정하였다. 그러나 법에는 차별이 없음을 분명히 하는 근기차별(根機差別), 법무차별(法無差別)을 역설하였다. 이 근기차별 법무차별의 관점은 선·교·염불의 삼문을 때로는 각각의 문을 통해서 또 때로는 겸수를 통해서 체득되는 경지는 하나의 법이라는 '문삼지일(門三地一)'로 표현되며 조선 후기 '삼문일실(三門一室)'로 계승된다. 이는 서산의 삼교합일 사상과 삼문수업을 체계화시킨 것이며 이로 인해 휴정의 사상이 조선 후기 불교계를 주도하게 만들었다.

또 편양은 당대의 뛰어난 유자들과의 '공문에서의 사귐'을 갖고 '공문의 벗'이라 일컬어 졌다. 일반적으로 유자들의 입장에서 승려들과의 사귐을 방외(方外)의 벗이라 불리는 것과는 차이가 있다. 그의 수행을 인정하고 그들에게 불법을 가르치는 데 주저하지 않았음을 알게 한다. 이러한 사상적 기저 하에 자신의 선시 세계를 열어 보인다.

그는 유자들에게 구태를 뽑아버리고 새롭게 구성하는 기봉은 하늘에서 품 받은 것이라 칭송 받는다. 편양은 당대 뛰어난 유자들과의 사귐에 있어 불교 용어를 직접적으로 사용하여 당시 억압받는 승려들이 선택한 종교성을 배제한 교유와 혹은 순수 문학적 접근의 시 창작과는 거리를 둔다.

한편, 상징과 역설은 선시의 주요한 수사기교로서 언어로는 표현하기 어려운 깨달음의 경지를 문학적 접근으로 잘 보여준다. 그러나 편양의 시 대부분에서는 이러한 역설의 수사법을 사용하지 않는다. 오히려 선·교·염불에 대한 직접적 시어를 사용하고 때로는 문답식의 단촐한 언어조합으로 법을 드러내 보여주었다. 그리고 이해불가의 언어 사용은 되도록 피하며, 각각의 용어를 직접적으로 사용하여 간결하고도 이해하기 쉽게 보여주는 효과를 거두고 있다. 특히 깨달음의 자리를 평범한 자연 현상을 통해서 묘사하여 보여주었다. 이것이 편양 선시의 가장 큰 특징이며 조선 후기 설리적이거나 해설적 경향의 선시들이 창작되는 한 동인이 되었다고 보여진다. 선시문학사에서의 그의 시가 가지는 의의이다.

09.
지눌과
경봉의
'간화(看話)'에 대한
이해

정도正道

정 도
正道

동국대학교 불교학부 교수

통도사에서 도승 스님을 은사로 출가, 동국대학교에서 경봉선사 연구로 박사학위를 취득하였
다. 조계사 포교국장, 통도사 교무국장, 통도사승가대학 교수, 통도사 포교국장, 통도사 양산전
법회관 정각사 주지 등을 역임했다. 또 대한불교조계종 교육원 교육부장, 불학연구소장, 동국
대학교(경주) 파라미타칼리지 교수를 역임했으며, 현재 동국대학교(서울) 교수 및 동국대학교 불
교학술원 종학연구소장, 한국선학회 회장 등을 맡고 있다. 「백운경한의 선사상」, 「영명연수와
보조지눌의 유심정토와 타방정토」 등 10여 편의 논문이 있다.

I. 시작하며

한국 선의 전개는 중국 선의 영향을 받았지만, 그 구체적인 전개 양상에 있어서는 많은 차이를 드러내고 있다. 대혜의 간화선은 당시 유행하였던 문자선과 굉지의 묵조선에 대한 비판 위에서 그 대안으로 제시한 것이라면, 보조의 간화선은 당시 유행하던 화엄교학에 대한 비판 속에서 수용된 것이다. 또 성철이 보조의 돈오점수를 비판하였던 것은 근현대 한국 선의 정체성을 분명히 하고자 하는 고민 속에서 출현한 것이다.

논자는 그동안 근현대 대표적인 고승 가운데 한 분인 경봉정석(鏡峰 靖錫, 1892~1982)의 선사상에 대하여 보조지눌(普照知訥, 1158~1210)과의 영향 관계를 중심으로 고찰해오고 있다. 경봉은 말년에 통도사에 주석하면서 많은 대중들을 향해 불교사상 특히 선사상을 통한 교화에 주력하였는데, 그 요체는 보조의 선사상이었다. 그런데 1990년대 일어난 '돈오점수 돈오돈수 논쟁' 이후 불교계의 일각에서는 간화선과 돈오점수의 관계를 타협할 수 없는 모순 관계로 바라보는 시각이 존재하고 있다. 이러한 경향은 근현대 한국불교를 이끌었던 경허, 만공, 한암, 효봉, 구산, 경봉 등 많은 선지식이 보조선의 영향 아래 이해한 '간화(看話)'에 대한 견해가 잘못되었음을 전제하는 것으로, 이 문제에 대한 논의의 필요성이 제기된다 하겠다.

이와 관련한 대표적인 연구물로는 정유진의 「현대 한국 간화선의 원류와 구조에 대하여—경봉선사를 중심으로」[01], 김방룡의 「한국 근현대 간화선사들의 보조선에 대한 인식」[02], 이상옥의 「간화선의 회광반조에 대한 일고」[03], 최용운의 「보조지눌의 간화선관에 내재된 문제점 연구」[04] 등이 있다. 이러한 논문들은 지눌의 간화선에 대한 긍정적인 입장과 부정적인 입장이 반영되어 있다. 이외에도 최현각의 「간화선 전통과 그 현대적 수용」[05], 한자경의 「간화선의 철학적 이해」[06], 박태원의 「화두를 참구하면 왜 돈오견성하는가」[07], 김호귀의 「간화선에서 화두의 양면적 기능」[08], 박재현의 「구한말 한국 선불교의 간화선에 대한 한 이해—송경허의 선사상을 중심으로」[09] 등은 '간화'와 관련된 논의를 다루고 있다.

본고에서는 이러한 선행연구 성과를 토대로 하여 지눌과 경봉의 사상에 있어서 나타난 '간화'와 '반조'와의 관계 및 '간화'와 '삼현문'의 문제를 다루고, 이어 지눌의 '간화'와 '무심합도문'의 관계에 대한 새로운 이해 가능성을 제기하고자 한다. 이를 통하여 지눌과 경봉의 선사상에 대한 이해의 지평을 넓히고자 하는 것이 목적이다.

---

01   정유진, 「현대 한국 간화선의 원류와 구조에 대하여—경봉선사를 중심으로—」, 『불교학보』 60, 동국대 불교문화연구원(2011).

02   김방룡, 「한국 근현대 간화선사들의 보조선에 대한 인식」, 『불교학보』 58, 동국대 불교문화연구원(2011).

03   이상옥(형운), 「간화선의 회광반조에 대한 일고」, 『한국선학』 40, 한국선학회(2015).

04   최용운, 「보조지눌의 간화선관에 내재된 문제점 연구」, 『한국선학』 26, 한국선학회(2010).

05   최현각, 「간화선의 전통과 그 현대적 수용」, 『불교학보』 56, 동국대 불교문화연구원(2010).

06   한자경, 「간화선의 철학적 이해」, 『한국선학』 36, 한국선학회(2013).

07   박태원, 「화두를 참구하면 왜 돈오 견성하는가」, 『철학논총』 58, 새한철학회(2009).

08   김호귀, 「간화선에서 화두의 양면적 기능」, 『한국선학』 8, 한국선학회(2004).

09   박재현, 「구한말 한국 선불교의 간화선에 대한 이해—송경허 선사상을 중심으로」, 『철학』 89, 한국철학회(2006).

Ⅱ. '반조'와 '간화'와의 관계

선(禪)의 목표는 견성성불(見性成佛)에 있다. 여기에서 '견성'은 '성불'의 필요충분조건이 된다. 즉 선수행이란 한마디로 '견성'하기 위한 것이며, '견성'은 곧 깨달음[悟]이고, 견성한 이가 불(佛)이 되는 것이다. 그렇다면 '어떻게 견성하는 것인가?' 하는 문제가 발생하는데, 이에 대하여 지눌이 제시하고 있는 대표적인 것은 '반조(返照)'와 '간화(看話)'이다.

'반조'란 일반적으로 회광반조(廻光返照)라 하는데, 이는 중국에서 기원한 말로 '석양이 낙조(落照)할 때 잠시 잔광(殘光)이 밝게 빛나는 것을 빗대어 사람이 임종하기 직전에 잠시 의식이 명료하게 돌아와 자신의 생애를 돌아보는 것'을 말한다.[10] 신규탁은 "우리의 의식은 한순간도 쉬지 않고 움직인다. 그래서 타오르는 불꽃을 의식에 견주어 비유하기도 한다. 이렇게 쉼 없이 움직이는 의식은 항상 대상과 마주하고 있다. 즉 대상을 향하고 있다. 이렇게 대상으로 향하는 '의식 활동'을 '되돌이켜 생각하는 것'이 '반조'이다"[11]라고 말한다. 이와 같이 지눌에게 있어서 '반조'란 육근을 통하여 바깥으로 향하던 의식을 돌려, 마음의 근원인 자성을 깨닫고 그 자성으로 대상을 비추는 것을 말한다.

---

10   이상옥(형윤), 「간화선의 회광반조에 대한 일고」, 앞의 글, p.41.

11   신규탁, 『한국 근현대 불교사상 탐구』, 서울: 새문사(2012), p.218.

이러한 '반조'의 방법을 통하여 견성이 가능하다는 것을 지눌은 여러 곳에서 지적하고 있는데, 그것은 일차적으로 자신의 체험에 근거한 것이다. 김군수(金君綬)는 보조의 비명에서 지눌의 첫 번째 깨달음에 대하여 다음과 같이 말하고 있다.

어느 날 우연히 공부방[學寮]에서 『육조단경(六祖壇經)』을 열람하다가 "진여자성(眞如自性)이 염(念)을 일으키면 육근(六根)이 비록 보고 듣고 깨달아 알더라도 모든 대상에 오염되지 않으니 진성(眞性)은 항상 자재(自在)한다"는 구절에 이르러 미증유(未曾有)의 가르침을 얻게 되어 놀라고 기뻐하였다.[12]

지눌은 혜능의 『육조단경』에 나타난 위 구절을 보고서, 자신에게 본래 구족된 '진여자성(혹은 '진성')을 '견(見)'하게 된 것이다. 일반적으로 육근은 바깥의 대상인 육경과 결합하여 망념을 일으키지만, 그 망념은 실체가 아니기에 환(幻)이자 가(假)일 수밖에 없다. 이를 우리는 '연기즉공(緣起卽空)'이라 한다. 그런데 진여자성을 견(見)하는 '견성'의 체험을 통하여 육근이 대상을 접하더라도 오염되지 않고 실상을 그대로 견문각지(見聞覺知)할 수 있게 된 것이다. 바로 이 지눌의 깨달음은 다름 아닌 '반조'를 통한 견성이라 할 수 있다. 이를 좀 더 분명히 알 수 있게 하는 것은 『수심결(修心訣)』이다.

---

12   金君綬, 「佛日普照國師碑銘」, 『普照全書』, 불일출판사(1989), p.419, "偶一日 於學寮 閱六祖壇經 至曰 「眞如自性起念 六根雖見聞覺知 不染萬像 而眞性常自在.」 乃驚喜 得未曾有."

『수심결』에서 지눌은 '공적영지심(空寂靈知心)이 무엇인가?' 하는 질문에 대하여, "그대가 지금 나에게 묻는 그것이 바로 그대의 공적영지심인데, 어찌 반조하지 않고 도리어 밖에서 찾고자 하는가?" 하고 반문한다.[13] 여기에서 지눌은 두 가지 사실을 말해주고 있다. 첫째, '공적영지심' 즉 '불성'은 본래 스스로 갖추고 있다는 사실이다. 본래성불(本來成佛)이지 앎의 대상도 수행을 통하여 이루어지는 것이 아니란 점이다. 둘째, 본래 구족된 불성이기에 반조(返照)를 통하여 알 수 있다는 것이다. 이는 돈오(頓悟)를 말하는 것이다.

지눌은 그 자리에서 질문자를 다음과 같이 깨닫게 한다.

"까마귀가 울고 까치가 지저귀는 소리를 듣는가?"

"듣습니다."

"그대가 듣는 바로 그 성품[汝聞性]을 돌이켜 들어 보아라[返聞]. 거기에도 또한 많은 소리가 있는가?"

"거기에는 일체의 소리와 일체의 분별이 모두 없습니다."

"기특하고 기특하도다. 이것이 바로 소리를 관찰하여[觀音] 진리에 들어가는 문이다. 내가 다시 그대에게 묻는다. 그대가 거기에 일체의 소리와 일체의 분별 모두가 없다고 말하였는데, 이미 없다면 허공이 아닌가?"

"원래 공하지 않고 밝고 밝아 어둡지 아니합니다."

---

13   知訥, 『修心訣』(『普照全書』), 위의 책, 35쪽, "問據吾分上 何者是空寂靈知之心耶. 答汝今問我者 是汝空寂靈知之心 何不返照 猶爲外覓."

"무엇이 공하지 않은 본체인가?"

"모습[相]이 없으니 말이 미칠 수 없습니다."

"이것이 모든 부처와 조사의 목숨과도 같은 것이니 다시는 의심하지 말라."[14]

위의 문답 속에서 '반조'를 통한 깨달음이 어떻게 일어나는지를 생생하게 목격할 수 있다. 그 깨달음의 순간은 "그대가 듣는 바로 그 성품(汝聞性)을 돌이켜 들어 보아라(返聞). 거기에도 또한 많은 소리가 있는가?" 하는 질문을 통하여 이루어지고 있다. '반문여문성(返聞汝聞性)'의 반조를 통하여 즉각적으로 깨달음에 이르게 하는 것이, 바로 혜능과 지눌의 공통적인 지도법이었다.

이 같은 '반조'를 통한 생생한 깨달음의 예를 혜능의 『법보단경』에서도 볼 수 있다. 그것은 혜능이 깨달음을 얻고 남하한 후 대유령까지 쫓아온 진혜명을 '반조'를 통하여 깨닫게 하는 다음과 같은 내용이다.

혜능이 말했다.

"당신이 불법을 위하여 여기에 왔으니, 모든 연을 막아 쉬고 일념도 내지 말라. 내가 너를 위해 설하겠다."

잠시 침묵을 하고서, 혜능이 말했다.

---

14   위의 책, pp.35~36, "汝還聞鴉鳴鵲噪之聲麼. 曰聞. 曰汝返聞汝聞性 還有許多聲麼. 曰到這裏 一切聲
       一切分別 俱不可得. 曰奇哉奇哉 此是觀音入理之門. 我更問儞儞道 到這裏 一切聲一切分別 惣不可
       得 旣不可得 當伊麼時 莫是虛空. 麼曰元來不空 明明不昧. 曰作麼生是 不空之體. 曰亦無相貌 言之不
       可及. 曰此是諸佛諸祖壽命 更莫疑也."

"선도 생각하지 말고 악도 생각하지 마시오. 바로 이때 그 무엇이 혜명상좌의 본래면목입니까?"

혜명이 이 말 끝에 곧장 깨달았다[言下大悟].

혜명이 다시 물었다. "저에게 말한 비밀스런 말과 비밀스런 뜻 외에 다시 비밀스런 뜻이 있습니까?"

혜능이 말했다.

"당신에게 말한 것은 비밀이 아니오. 당신이 반조하기만 하면, 비밀스런 것은 당신 주변에 있을 것이오."[15]

위의 문답을 자세히 살펴보면, '선도 생각하지 않고 악도 생각하지 말라'는 대목은 일체의 분별의식과 알음알이를 멈추라는 것이다. 그리고 반조해보면 거기에 '본래면목·진여자성·불성'이 그대로 구족되어 있다고 혜능은 말한다. 그러기에 혜명은 언하에 대오(大悟)하였던 것이니, 바로 돈오(頓悟)이다.

이와 같이 '반조'를 통한 깨달음이 지눌이 말하는 돈오(頓悟)이니, 『수심결』에서 '일순간에 빛을 돌이켜 스스로 본성을 보는 것[一念廻光 見自本性]'이라고 말하고 있다. 이러한 '반조'의 방법은 경봉이 대중을 지도할 때 수시로 사용하고 있다.

선을 선이라 하면 선이 아니요, 법을 법이라 하면 법이 아니요, 부처

---

15 德異撰, 『六祖大師法寶壇經』(『大正藏』卷48), p.349중, "惠能云. 汝旣爲法而來 可屛息諸緣 勿生一念 吾爲汝說. 明良久. 惠能云 不思善 不思惡 正與麼時 那箇是明上座本來面目. 惠明言下大悟. 復問云. 上來密語密意外 還更有密意否. 惠能云 與汝說者 卽非密也, 汝若返照 密在汝邊."

를 부처라 하면 부처가 아니다. 왜 그런가 하면 불(佛)이나 법(法)이나 도(道), 이 전부가 일체 명(名)과 상(相)이 끊어졌다. 여러분의 몸을 끌고 다니는 것이 혹 마음이다, 혹 정신이다 하지만 어디 마음이라 쓰여져 있나. 일체 이름과 모양이 떨어진 자리다. 여러분이 눈을 감고 가만히 소소령령한 자리를 반조해서 돌이켜 생각해보면 마음이 어디 있으며 법이 어디 있나. 일체의 명상이 뚝 떨어진 자리이다.[16]

위에서 경봉은 "여러분이 눈을 감고 가만히 소소령령한 자리를 반조해서 돌이켜 생각해보면"이라고 말하여, '반조'의 방법을 말하고 있다. 이러한 예는 다음과 같은 법문에서도 발견할 수 있다.

하루 종일 밥 먹을 때 밥 먹는 놈 모르지, 하루 종일 가도 가는 놈을 모르지, 하루 종일 보아도 보는 놈을 모르지, 하루 종일 무슨 소리를 들어도 듣는 놈을 모른다. … 눈이 본다고 하면 죽은 송장도 눈이 있는데 어디 볼 수가 있느냐. 그러니 무엇인가 보는 놈이 있는데 그것을 알려고 하는 것이다. 물질과 사람에 초월한 정신을 가지라고 하니 여러분의 살림살이나 장사를 하지 말라는 것이 아니다. 사농공상 가운데 모든 일을 하되 염착(染着)이 없이 살아야 된다는 뜻인데, 이것도 오히려 군말이 많은 것이다.[17]

16   경봉, 명정 편역, 『법해』, 극락호국선원(1978), pp.69~70.
17   경봉, 『니가 누고?』, 휴먼앤북스(2003), p.290.

위의 "무엇인가 보는 놈이 있는데 그것을 알려고 하는 것이다"라는 말에서 '보는 놈'은 바로 혜능과 지눌이 말하는 '본래면목·진여자성·불성'이며, 그 아는 방법은 '반조'라 할 수 있다.

이처럼 '반조'는 본래성불과 돈오를 주장하는 남종선에 있어서 깨달음에 이르는 가장 기본적인 방법론이었다. 지눌과 경봉에게 있어서도 가장 기본적인 방법이라 생각된다. 그런데 이렇게 깨달은 '본래면목·진여자성·불성'이 하나의 실체로서 고정되거나 완결되어 있는 것이 아니다. 박태원이 지적한 바와 같이 "마음의 작용 여하에 따라 그 국면은 구현·유지(본심·본성·진여본성)되거나 은폐·왜곡·오염(분별망상)되기도 한다. 마음이 지혜롭게 작용하면 자성의 청정 국면이 구현·유지되고, 무지에 이끌릴 때면 자성 국면은 상실·은폐·왜곡·오염된다."[18] 따라서 돈오 후 돈오에 의거한 점수의 필요성이 요청되는 것이다. 『수심결』에서 지눌은 점수의 방법으로 자성정혜(自性定慧)와 더불어 낮은 근기를 위해 수상정혜(隨相定慧)를 제시해 놓고 있다.

그런데 지눌이 '점수'를 꺼내는 순간, 혼란은 야기될 수밖에 없다. 그것은 '돈오를 했는데 다시 왜 점수가 필요한 것인가?' 하는 문제와 '돈오 이전의 점수와 돈오 이후의 점수의 차별성이 무엇인가?' 하는 문제이다. 물론 이는 『수심결』에서 문답으로 제시되어 있지만, 닦음을 통한 깨달음[漸修而悟]이 아닌, 깨침 이후 이에 근거한 닦음[頓悟漸修]을 제시하고 있는 종밀과 지눌에 있어서는 '돈오'의 성격과 위상에 대한 의문이 제기될 수밖에 없는 것이다.

---

18   박태원, 「화두를 참구하면 왜 돈오 견성하는가」, 앞의 글, pp.69~70.

『절요사기』에서 지눌은 종밀의 『법집별행록』을 소개하고, 다시 공적영지를 반조하는 수행법에 대하여 미미점을 보완하기 위하여 대혜의 간화선을 말미에 소개하고 있다. 여기에서 '반조'에 대한 지눌의 입장은 다음과 같다.

> 마땅히 알아라. 내가 말하는바 마음을 깨달은 사람이란 다만 말로써 의심을 풀 뿐 아니라 곧장 '공적영지'란 말을 가지고 마음을 비추어 보는[返照] 공이 있다. 또 반조의 공에 의하여 '생각을 떠난 마음의 본체[離念心體]'를 얻는 사람을 말하는 것이다.[19]

여기에서 지눌이 말하고 있는 깨달음은 '이념심체(離念心體)를 얻는 것'을 말하고 있다. 그러나 이는 마음을 체(體)와 용(用), 성(性)과 상(相)으로 나누어 보는 분별의식이 있고, 또 '공적영지'란 이름[名]에 끄달려 망념을 떠난다는 주와 객의 대상적 사고를 전제하고 있는 것이다. 따라서 이러한 약점을 보완할 필요성이 제기되는 것이다. 지눌은 종밀의 공적영지, 돈오점수의 이론이 가지는 장점을 잘 알고 있으면서도 이러한 수행법이 지해(知解)의 속박을 없애는 데에는 약점이 될 수 있다는 점을 잘 알고 있어서, 대혜의 간화선을 통한 경절문을 제시하고 있다. 그 이유에 대하여 『절요사기』에서 지눌은 다음과 같이 말하고 있다.

---

19   知訥, 『法集別行錄節要幷入私記』(『普照全書』), 앞의 책, p.159, "當知. 吾所謂悟心之士者 非但言說除疑 直是將空寂靈知之言 有返照之功. 因返照功 得離念心體者也."

그러나 한결같이 말에 의해서만 이해하고 몸을 굴리는 길을 알지 못하면, 아무리 한종일 관찰하여도 갈수록 지해(知解)의 속박을 받아쉴 때가 없을 것이다. 그러므로 요즘 수좌들의 문하에, 말을 떠나 깨달아 들어감으로써, 지해를 아주 버리는 사람들을 위해 다시 적어 보는 것이다. 이것은 종밀 스님의 숭상하는 바는 아니지마는, 여러 조사와 선지식들이 경절(徑截)의 방편으로써 학인들을 지시할 때에 쓰던 언구(言句)들을 간단히 인용하여 이 책 뒤에 붙여, 요즘 참선하는 뛰어난 이들[參禪峻流]로 하여금 몸을 빼어나가는 한 가닥의 활로(活路)를 알게 하려는 것이다.[20]

『수심결』과 『절요사기』에 있어서 주된 수행법은 '반조'를 통한 이념심체를 돈오하는 것이었다. 그리고 '반조'를 통한 돈오와 이후 이에 의거한 점수 과정인 정혜쌍수에서 오는 '지해'의 속박을 제거하기 위한 최적의 수행법으로 간화선을 수용하고 있는 것이다. 이러한 입장을 경봉도 그대로 견지하고 있다고 보여진다.

---

20   위와 같음, "然 若一向依言生解 不知轉身之路 雖終日觀察 轉爲知解所縛 未有休歇時. 故更爲今時衲
      僧門下 離言得入 頓亡知解之者 雖非密師所尙 略引祖師善知識 以徑截方便 提接學者 所有言句 係於
      此後 令參禪峻流 知有出身一條活路耳."

Ⅲ. '삼현문'과 '간화'의 문제

경봉에게서 주요한 수행법은 간화선이다. 경봉은 화두와 공안의 의미를 나누지 않는다. 『야반 삼경에 문 빗장을 만져보거라』에서 경봉은 "화두라고 하는 것은 일천칠백 개의 공안이 있는데 무엇을 일부러 의심하려고 내놓은 것이 아니라 학인이 법을 묻는데 격외로서 답을 한 것을 몰라서 그것이 회두가 된 것이지 화두가 따로 있는 것이 아니다"[21]라고 말한다. 또 경봉은 또 화두에 대하여 "공부하는 데 있어서 상승과 최상승은 수행절차에 구애받지 않겠으나 중·하근기의 사람들은 화두로써 공부를 지어야 한다. 이 화두는 의정이 귀하니 예전 사람들도 대의정을 일으키라고 하였다. 대신심과 대분심과 대의정은 솥발과 같아서 하나만 없어도 안 된다"[22]라고 말하고 있다. 그런데 화두 참구가 중·하근기를 대상으로 한다는 경봉의 견해는 어디에서 연원한 것일까?

일반적으로 중·하근기의 사람들은 돈오 후 수상정혜를 닦고, 상근기의 사람들은 돈오 후 자성정혜를 닦고, 상상근기의 사람들은 곧장(혹은 돈오 후) 간화선을 닦도록 지눌이 권장한 것으로 알고 있다. 앞서 살펴본 바와 같이 『수심결』과 『절요사기』를 통하여 보면, 간화선은 상상근기를

---

21   경봉, 『야반 삼경에 문빗장을 만져보거라』, 서울:도서출판 밀알(1982), p.229.

22   위의 책, p.296.

위한 수행법으로 이해하는 것이 타당하다고 생각한다. 그렇다면 위에서 말한 '중·하근기의 사람들은 화두로써 공부를 지어야 한다'는 경봉의 말은 어떻게 이해해야 할까?

중국 선종사의 흐름에서 보면 경봉의 견해는 당연한 말이 된다. 왜냐하면 혜능에 의하여 제기된 '반조'의 공부는 언하(言下)에 돈오하는 것으로 상상근기가 아니면 깨닫기 어려운 것이다. 그러기에 마조 이후 선지식들이 제자들을 제접할 때는 격외의 방법을 통하여 본성을 자각하도록 하였는데, 그것이 바로 화두·공안이 된 것이다. 이러한 '화두·공안'을 매개로 하여 의심을 통하여 깨달음에 들게 하는 대혜의 간화선법은 혜능의 자심반조와 마조의 격외선 보다 근기가 떨어지는 송대의 지식인을 상대로 전개한 것이다. 대혜가 간화선을 창도한 것은 문자선과 묵조선의 폐해를 극복하고자 한 대안이었다. 이에 대한 자세한 논의는 여기에서는 생략하겠으나, 중요한 것은 간화선은 당대의 활발발한 조사선이 송대에 이르러 침체, 왜곡되어 그 생명성을 잃어가던 상황 속에서 (차선책 혹은 대안으로) 나온 수행법이란 것이다. 이러한 측면에서 볼 때 경봉의 위와 같은 견해는 타당해 보인다.

그렇다면 지눌은 간화선을 상상근기를 위한 최고의 수행법으로 단정한 것일까? 꼭 그렇지만은 않은 것으로 보인다. 우리가 그러한 생각을 가지게 되는 일차적인 이유는 지눌의 비문을 쓴 김군수가 제시하고 있는 지눌의 생애의 삼전기(三轉機)와 그에 맞추어 그의 사상체계를 성적등지문·원돈신해문·간화경절문의 삼문(三門)체계로 이해하는 데에서 발생한다. 일찍이 심재룡은 「보조선을 보는 시각의 변천사」를 통하여, 보조선은 매 시기마다 다르게 인식되었는데 첫 번째의 왜곡이 김군수에 의하여

이루어졌다고 지적한 바 있다. 즉 심재룡은 "보조 스님 입멸 후 제자들에
의하여 수집된 유품과 저작이 엉뚱하게도 유학자 김부식의 손자인 문장
가 김군수에게 전해져 스님의 비명이 쓰여졌다. 여기서부터 자연 스님의
사상체계는 모르는 결에 첫 번째 왜곡을 당한다. 정작 스님 저작 가운데
어디서고 그런 분류를 발견할 수 없음에도 불구하고, 김군수 찬 비명에
따르면 삼문을 벌여 제자들을 제접한 것으로 기술되고 있다"[23]고 말한
다. 그리고 당시 지눌이 이해한 선사상 체계는 삼현문(三玄門)이었다고 말
하고 있다.

실재로 지눌은 『절요사기』 말미와, 『원돈성불론』 및 『간화결의론』에
서 삼현문에 대하여 언급하고 있다. 지눌은 『원돈성불론』에서 선을 징관
(澄觀)이 말한 돈교에 배대하여 이해하는 것은 잘못이라고 지적하고 나
서, 다시 화엄 원교의 한계에 대하여 "하지만 화엄교문에서 리(理)에 대
해 설한 것이 미진하다고 말하는 것은 아니다. 다만 배우는 자가 말의 가
르침에 의한 뜻과 이치의 한계[言敎義理分際]에 걸림이 있어, 능히 뜻을 잊
고 마음을 요달하여 속히 보리를 증득하지 못하기 때문이다"[24]라고 말하
고 있다. 즉 원교의 이치는 완전하지만 배우는 자가 이러한 이치에 애착
을 가져서 실제로는 그 세계에 들어가지 못하기 때문에 이 또한 깨뜨릴
대상이라고 지눌은 바라보고 있다.[25] 삼현문은 바로 화엄 원교의 한계와
법장과 징관의 화엄오교판을 비판하면서 지눌이 선의 입장에서 제시한

23   심재룡, 「普照禪을 보는 視覺의 變遷史」, 『보조사상』 1, 보조사상연구원(1987), p.80.

24   知訥, 『圓頓成佛論』(『普照全書』), 앞의 책 p.79, "非謂華嚴敎門 說理未盡. 但學者 滯在言敎義理分際
      未能忘義了心 速證菩提."

25   위와 같음, "設於華嚴無盡法界 重玄法門 生於法愛 解分未忘, 亦爲所破也."

일종의 새로운 교판이라 할 수 있다. 『원돈성불론』에서 밝힌 삼현문은 다음과 같다.

> 선에는 삼현문(三玄門)이 있다. 첫째는 체중현(體中玄)이요, 둘째는 구중현(句中玄)이며, 셋째는 현중현(玄中玄)이다. 처음 체중현의 문에서는 '끝이 없는 경계에서 나와 남이 터럭 끝만큼도 거리를 두지 않고, 십세와 고금은 처음과 끝이 현재의 즉한 마음[當念]을 여의지 않는다'는 등 사사무애법문(事事無碍法門)을 끌어 들여 첫 근기가 깨달아 들어가는 문으로 삼는다. 그러나 이 역시 언교(言敎)의 이해와 분별을 잊지 못하는 까닭에, 구중현의 자취가 없고 평상하여 산뜻한 언구로써 집착을 깨트려 몰록 부처의 가르침에 대한 지적인 이해를 잊게 한다. 그렇지만 이 (구중현) 역시 산뜻하다는 앎의 견해와 산뜻한 언구가 있는 까닭에, 현중현의 양구, 묵연, 방할 등의 작용으로써 단련하는 것이다. 이때에 당하여 문득 앞의 두 가지 현문에서 보인 산뜻한 앎의 견해와 산뜻한 언구를 잊는다. 그런 까닭에 '뜻을 얻으면 말을 잊는 것[得意忘言]이 도에 친하기 쉽다'고 한 것이다. 이를 '단박 법계를 증득한 자리[頓證法界處]'라 한다. 이 가운데 삼현은 임제선사 본래의 뜻과는 다르다. 다만 승고선사(承古禪師, ?~1045)의 뜻을 따라 밝힌 것이다.[26]

26 　知訥, 『圓頓成佛論』, 앞의 책, p.80, "禪有三玄門 一體中玄 二句中玄 三玄中玄. 初體中玄門 引無邊刹境 自他不隔於毫端 十世古今 始終不離 於當念等 事事無碍法門 以爲初機悟入之門. 此亦是言敎中解分未忘. 故以句中玄 無跡平常灑落言句 令其破執頓忘佛法知解也. 此亦有灑落知見. 灑落言句 故以玄中玄 良久默然 棒喝作用鍛鍊. 當此之時 頓忘前來第二玄 門灑落知見. 灑落言句 故云得意忘言言道易親 是謂頓證法界處也. 此中三玄 雖非臨濟本意 且順古師之意明之."

위에서 볼 수 있듯이 지눌은 화두와 공안에 의한 수행법은 두 번째 단계인 구중현에 배치하고 있다. 즉 화엄의 수행법은 체중현으로써 이는 '언교(言敎)의 이해와 분별을 잊지 못하는 까닭에' 이를 타파하기 위한 방법으로 구중현이 요청된다는 것이다. 그리고 이러한 구중현 또한 화엄의 수행법 보다 수승하긴 하지만 다시 말의 자취가 완전히 사라진 현중현의 단계가 있다고 지눌은 말한다.

이러한 지눌의 관점은 그의 삶의 체험과 밀접하게 관련되어 있다. 지눌은 일찍이 『단경』에 의하여 반조자심의 방법에 의하여 깨달음을 얻은 후, 이어 이통현(李通玄)의 『신화엄경론(新華嚴經論)』을 통하여 선교일치 즉 화엄에서 말하는 근본보광명지(根本寶光明智)가 선에서 말하는 공적영지심과 다르지 않음을 발견하고서 두 번째의 깨달음을 경험한다. 그런데 지눌은 이러한 두 번의 깨달음의 경험과 끊임없는 선수행에도 불구하고 정견(情見)이 완전히 사라지지 않음을 체험하게 된다. 그리고 41세(1198) 지리산 상무주암에서 『대혜어록』을 통하여 마지막 깨달음을 경험하게 된다. 이때의 체험을 지눌은 다음과 같이 말하고 있다.

국사는 일찍이 (이때의 경험을) "내가 보문사(普門寺) 이래 십여 년 동안 비록 바른 생각을 갖고 부지런히 수도하며 조금도 시간을 헛되이 보내지 않았지만 분별하는 생각[情見]이 없어지지 않아 마음속에 무언가 걸리는 것이 있어 마치 원수와 함께 지내는 것 같았는데, 지리산에 머무르면서 『대혜보각선사어록(大慧普覺禪師語錄)』의 「선(禪)은 고요한 곳에 있지 않고 또한 소란한 곳에 있지도 않다. 일상의 인연에 따르는 곳에 있지도 않고 생각하고 분별하는 곳에도 있지 않다. 그러나 먼저 고요한 곳, 소란한 곳, 이상의 인연에 따르는 곳, 생각하고 분별하는 곳을 버리지 않고 참선(參禪)해야 홀연히 눈이 열리고 모든 것이 집안의 일임을 알게 되리라」는 구절을 보았는데, 나는 여기에서 마음을 깨닫게 되었다. (그러자) 자연히 가슴속에 걸리던 것이 없어지고 원수가 함께 있지 않아서 당장에 편하게 되었다"라고 말한 적이 있다.[27]

위의 장면은 지눌에 의하여 최초로 대혜의 간화선을 수용하게 된 사건으로 한국선종사에 있어서 중요한 대목이다. 이 내용은 『대혜어록』권 19의 '묘증거사에게 보임[示妙證居士-聶寺丞]'이란 대목에서 나오는 구절로 소위 『서장(書狀)』에 나오는 내용은 아니다.[28] 문제는 "선(禪)은 고요한 곳에 있지 않고 또한 소란한 곳에 있지도 않다. … 생각하고 분별하는 곳을 버리지 않고 참선(參禪)해야 홀연히 눈이 열리고 모든 것이 집안의 일임을 알게 되리라"는 대혜의 구절에서 지눌은 무엇을 깨닫게 된 것이냐 하는 점이다. 논자의 견해로는 이때 지눌이 깨달은 것은 두 가지로 해석할 수 있다.

첫째는 설사 반조를 통하여 깨달음을 얻었더라도 육근이 경계를 대함에 다시 정견이 발생된다는 실존적 사실이다. 이를 해결하는 방법은 생각하고 분별하는 것을 대상화하여 그것을 극복하거나 없애려 해서는

27　金君綏, 「佛日普照國師碑銘」, 앞의 책, p.420, "師嘗言 予自普門已來 十餘年矣 雖得意動修 無虛廢時 情見未忘. 有物礙膺 如讐同所. 至居智異 得大慧普覺禪師語錄云 「禪不在靜處 亦不在鬧處 不在日用 應緣處不在思量分別處. 然 第一不得 捨却靜處鬧處 日用應緣處 思量分別處參」 忽然眼開 方知皆是 屋裡事 予於此契會 自然物不碍膺 讐不同所 當下安樂耳."

28　『大慧語錄』全 30권 가운데, 『書狀』은 25권에서 30권에 해당한다.

안 되고, 그것 또한 본성·불성의 작용이라는 것을 깨달음으로써 대상화된 정견을 또 다른 차원에서 해소한 것이다. 지눌의 이 같은 자신의 체험에 입각하여 화엄의 알음알이에 의한 수행법을 비판하고, 대혜의 '무자화두(無字話頭)'를 참구하도록 지도하는 데로 나아가게 된다. 이는 『간화결의론』의 다음 대목에서 분명히 볼 수 있다.

> 물론 (화엄에서 말하는) 의리(義理)는 비록 최고로 완전하고 오묘한 것이지만, 이 모두는 식정(識情)에 의해서 사상을 듣고 이해하여 헤아리는 것이다. 그러므로 선문의 화두를 참구하여 깨달아 들어가는 경절문(徑截門)에서는 불법의 지해(知解)의 병통을 일일이 전부 가리어 버리는 것이다. 무자화두는 하나의 불덩어리와 같아 가까이 가면 얼굴을 태워버린다. 그런 까닭에 불법의 지해(知解)를 둘 곳이 없다. 그래서 (대혜선사는) "이 무 자는 잘못된 앎과 지적인 이해[惡知惡解]를 깨뜨리는 무기이다"고 말했다. 만약 깨뜨리는 주체[能破]와 깨뜨려지는 대상[所破]을 취하고 버리거나 간별하여 택하는 견해가 있다면, 여전히 말의 자취에 집착하여 자기의 마음을 어지럽히는 것이다.[29]

둘째는 일상생활 속에서 화두를 들라는 것이다. 오용석은 위의 대혜의 구절에 대하여 "대혜가 볼 때는 시끄러움을 피하려는 노력이 이미 망

---

29   知訥, 『看話決疑論』(『普照全書』, 앞의 책, p.91, "然此義理雖最圓妙 摠是識情聞解思想邊量故 於禪門話頭參詳徑截悟入之門 一一全揀佛法知解之病也. 然話頭無字 如一團火 近之則燎却面門故 無佛法知解措着之處 所以云此無字 破惡知惡解底器仗也. 若有能破所破 取捨揀擇之見 則宛是執認言迹 自擾其心."

상이며, 분별이다. 따라서 평상시 생활하는 모든 경계를 애써서 부정하지 말고 생활하는 그 자리에서 화두를 들어 수행하라는 말이다. 본인의 근기가 둔하거나 말거나 경계에 시끄럽거나 고요하거나 관계없이 수행해 나아가는 것이 바른 수행의 길잡이라고 대혜는 강조한다"[30]고 말한다. 실재로 지눌은 바로 이 세 번째의 깨달음 이후 본격적인 정혜결사에 뛰어들게 되었으니, 이 깨달음은 화엄의 사사무애와 같이 현실과 깨달음이 둘이 아닌 체험을 말하고 있다.

결국 화두 참구를 체중현으로 이해하고 있는 지눌의 관점은 화엄의 지해에 대한 병통을 깨뜨리는 데에 초점이 맞추어져 있으며, 이는 경봉이 화두 참구가 중·하근기를 대상으로 한다는 이해와 일맥상통하면서도 차이점을 드러낸다고 할 수 있다.

IV. '무심합도문'과 '간화'의 관계

지눌은 '간화경절문' 이외에 '무심합도문'을 말하고 있다. 많은 연구자들이 '간화경절문'과 '무심합도문'을 똑같은 것으로 이해하고 있지만, 왜 지

30   오용석, 『대혜종고 간화선 연구』, 서울: 해조음(2015), p.59.

눌이 굳이 '무심합도(無心合道)'라 했는지는 여전히 의문이다. '무심으로 도에 합한다'는 말을 통해 보면 화두를 참구하는 '간화'는 들어갈 여지가 없기 때문이다. 혹 지눌이 '경절문은 삼현문 가운데 구중현에 배대하고, 무심합도문은 현중현에 배대하고 있는 것은 아닐까?' 하는 의문을 가지게 한다.

지눌이 말하는 '무심합도문'을 바로 이해하기 위해서는 『절요사기』에 언급된 내용을 꼼꼼히 살펴볼 필요가 있다. 여기에서 지눌은 징관의 『정원소(貞元疏)』의 수증론에 나타난 능오(能悟)와 소오(所悟)에 대한 해석에 대하여 자신의 견해를 덧붙이면서, 소오(깨달은 바의 세계)는 마음의 성상(性相)의 문제이며, 능오(깨달음에 이르는 방법)는 정혜(定慧)를 통하여 설명한다.[31] 그리고 선문의 능오문에 대하여 세 가지로 나누어 제시하고 있다. 즉 이구정혜(離垢定慧:수상정혜)와 자성정혜(自性定慧) 그리고 무심합도문(無心合道門)이 그것이다. 우선 이구정혜와 자성정혜의 차이에 대해 지눌은 다음과 같이 말한다.

선문에서는 능오니 소오니 하는 닦고 대치하는 문은 점종(漸宗)의 이구정혜(離垢定慧)에 속하고, 심지(心地)에 거리낌도 없고 산란함도 없으며 능과 소의 관념을 떠난 것을 돈종(頓宗)의 자성정혜(自性定慧)라 한다.[32]

---

31   知訥, 『法集別行錄節要幷入私記』(『普照全書』), 앞의 책, p.120, "牧牛子每恨講師 不學禪法 及看澄觀
      所撰貞元疏 至辨修證門 喜其合明禪旨 故錄之于此. 其中所悟心之性相 能悟定慧二門 非此錄中對辨
      要急之義."

32   위와 같음, "禪門 以有能悟所悟修治之門 屬於漸宗離垢定慧. 以心地無礙無亂 離能所觀 名頓宗自性
      定慧. 行相有異 辨明修之 卽其宜矣."

점종에서는 비록 성적등지(惺寂等持)라 하나 이 두 가지 뜻은 모두 공행문(功行門)에 속하기 때문에 선후·점차가 있는 것이며, 또 그것은 정(靜)을 취함으로써 행을 삼기 때문에 법에 대한 집착과 인상(人相) 아상(我相) 등을 떠나지 못하는 것이다. 그러나 돈종의 닦는 선정과 지혜는 바로 자성 가운데의 두 가지 뜻이라 능·소의 관념이 없는 것이다. 그러므로 그것은 다만 스스로 깨닫는 수행이기 때문에 선·후가 없고, 선·후가 없기 때문에 동·정이 없으며, 동·정이 없기 때문에 법·아가 없고, 법·아가 없기 때문에 진실에 맞는 행이라 할 수 있는 것이다. 이렇게 수행하여야 비로소 바른 문이 되어 두 가지가 완전한 부처를 이룰 것이니, 그것은 이름[名]을 인정하고 모양[相]에 집착하는 사람들이 볼 바나 행할 바가 아니니라.[33]

지눌은 위와 같이 북종의 이구정혜와 남종의 자성정혜에 대하여 언급한 후, "선문에는 이러한 정혜를 닦는 이외에 '무심합도문'이 있으니, 그것을 간단히 적어 교를 배우는 사람으로 하여금 격외의 한 문이 있음을 알게 하여 바른 신심을 내게 하고자 한다"[34]고 말하고 있다. 지눌은 연수의 『종경록』에 나오는 "마음과 더불어 짝하지 말라. 마음이 없으면 마음이 저절로 편안하다. 만일 그 마음과 더불어 짝할 때에는 조그만 어찌해도 그 마음에 속느니라"[35] 등의 내용을 소개하고서, 선문의 무심합도문

---

33   위의 책, p.121, "漸宗雖云惺寂等持 以二義屬功行門 故有先後漸次 亦是取靜爲行 故不離法愛人我之相. 頓宗所修定慧 卽自性中二義 無能所觀 但自悟修行 故 無先後. 無先後 故 無動靜. 無動靜 故 無法我. 無法我 故 可謂稱眞之行矣. 如是修行 方爲正門 成兩足尊 非認名執相之流 所見所行也."

34   위의 책, p.122, "禪門又有修定慧外 無心合道門. 略錄于此 令學敎者 知格外一門 發正信爾."

35   위와 같음, "故先德偈云 莫與心爲伴 無心心自安 若將心作伴 動則被心謾."

에 대하여 다음과 같이 밝히고 있다.

이로써 알라. 조사나 종사로서 무심으로 도에 합한 사람[無心合道者]
은 정혜(定慧)에 구속을 받지 않음을 알 수 있는 것이다. 왜 그러냐 하
면 선정을 공부하는 사람은 이치에 맞게 산란한 마음을 거두어감으
로 인연을 잊는 힘이 있기 때문이요, 지혜를 공부하는 사람은 법(法:
바깥 대상)을 접하여 공(空)으로 봄으로써 번뇌를 씻는 공(功)이 있기
때문이다. 그러나 지금에 무심을 바로 깨달아 어디를 가나 걸림이 없
는 사람은 장애가 없는 해탈한 지혜가 눈앞에 나타나기 때문에, 한
티끌이나 한 생각이 밖에서 오는 것도 아니요 또 별다른 일이 아닐
것이다. 거기에 어찌 헛되이 공력(功力)을 소모하는 일이 있겠는가?
자성정혜도 오히려 의리의 작용의 자취에 걸리는 일이 있거늘, 하물
며 이구(정혜)의 문이 어떻게 여기까지 이를 수 있겠는가? 그러므로
석두(石頭)스님이 "내 법문은 부처님이 전해 주신 이전의 것이라 선정
이나 정진 따위는 말하지 않고 오직 부처의 지견을 통달하는 것이다"
라고 말한 것이, 바로 이것이다. 이 '무심합도'도 또한 경절문으로라야
들어갈 수 있는 것이라, 그 간화(看話)나 하어(下語)의 방편은 오묘하
고 비밀한 것으로 자세히 말 할 수 없는 것이니, 다만 지음(知音)을 만
나기가 드물 뿐이다.[36]

---

36   위의 책, p.123, "以是當知 祖宗無心合道者 不爲定慧所拘也. 何者定學者 稱理攝散 故有忘緣之力. 慧
學者 擇法觀空 故有遣蕩之功. 今直了無心 觸途無滯者 以無障礙解脫智現前 故一塵一念 俱非外來
俱非別事 何有枉費功力耶. 自性定慧 尚有滯於義用之地 況離垢門 何詣於此哉. 故石頭和尚云「吾之
法門 先佛傳授不論禪定精進 唯達佛之知見」是也. 此無心合道 亦是徑截門得入也. 其看話下語 方便
妙密 不可具陳 但罕遇知音耳."

위의 내용을 살펴보면 선문의 수행법에는 이구정혜와 자성정혜 이외에 무심합도문이 있으니, 이는 능과 소를 뛰어넘고 의리의 작용이 없이 곧장 부처의 지견에 통달하는 것이다. 따라서 이는 곧장 가로질러 깨달음에 이르는 경절문이며, 거기에 '간화'와 '하어' 등이 있는 것이다. 따라서 무심합도와 간화의 개념은 정확히 같은 것이 아니라, 무심합도문의 한 방법으로서 간화가 해당됨을 말하는 것이다. 즉 간화는 무심합도문이라 할 수 있지만, 무심합도문은 간화와 등치할 수는 없는 것이다.(무심합도문⊃간화선)

그렇다면 여기에서 지눌이 말하는 '무심합도'는 어디에서 유래한 것일까? 인순(印順)은 이 무심에 대하여 신수의 '이념(離念)'과 신회의 '무념(無念)'에도 부정적인 의미의 무심 즉 심공(心空)의 의미가 포함되어 있었으며, 우두종(牛頭宗)에서도 '도는 본래부터 공허한 것이고, 모든 존재는 마음까지도 꿈이나 환영과 같은 것이며, 본래부터 아무 것도 있지 않는 것이다'고 주장했다. 따라서 우두종의 무심은 마음이 활동하게 되면 '도'에서 빗나가 버린다. 그런데 홍주종(洪州宗)의 경우는 '바로 마음을 가리킨다[直指人心]', '마음이 그대로 부처이다[卽心卽佛]', '이대로가 구극이다[當體現成]'고 하는 주장에 근거를 두고 '접촉하는 모든 것이 도이기 때문에 마음 그대로 행동한다[觸類是道而任心]'라고 말한다.[37] 결국 '무심합도(無心合道)'의 사고방식은 관법을 초월하여 어떤 경지를 지키려고 행동하지 않으며, 수행도 없고 증득함도 없는[無修無證] 것이 되니, 홍주종 계열의 사상과 일치하는 것이 된다. 실재로 이 '무심합도'의 사상을 온전히 발휘하

---

37   印順, 『중국선종사』, 정유진 역, 운주사(2012), p.753.

고 있는 것은 황벽희운(黃檗希運)의 『전심법요(傳心法要)』에 잘 나타나 있다. 『전심법요』에는 무심에 관한 여러 가지 언급이 보이고 있는데, 그 중 세 가지만을 소개하면 아래와 같다.

시방에 계신 부처님께 공양하는 것이 얻을 수 없는 하나의 무심(無心)에게 공양하는 것만 못하니, 사람들이 이루기 어렵다. 무심이라는 것은 일체의 마음이 없는 것이니, 여여(如如)한 체(體)는 안팎이 목석과 같아서 움직이지도 않고 전변하지도 않으며, 능(能)도 없고 소(所)도 없으며, 방향이나 처소도 없고, 모습도 없고 득실도 없다. 나아가는 이가 감히 이 법에 들어가지 못하는 것은 공에 떨어져 머물 곳이 없을까 걱정하기 때문이다. 그래서 낭떠러지를 바라보고는 물러난다.[38]

이 마음은 곧 무심의 마음으로서 온갖 모습을 여의었다. 부처님과 중생이 조금도 다르지 않으니, 오로지 능히 무심하면, 바로 그대가 구경(究竟)의 깨달음이다. 도를 배우는 사람이 만약 당장 무심이 되지 못하면, 여러 겁을 수행하여도 끝내 도를 이루지 못하고 3승의 공행(功行)에 얽매여서 해탈치 못한다.[39]
모든 불보살들과 일체의 꿈틀거리는 중생이 똑같이 대열반의 성품이

---

38 裴休集, 『黃檗希運禪師 傳心法要』, 『景德傳燈錄』권9(『大正藏』 51), p.270下, "供養十方諸佛 不如供養一無心人不可得. 無心者無一切心也. 如如之體, 內外如木石不動不轉 內外如虛空不塞不礙 無能無所無方所 無相貌無得失. 趣者不敢入 此法恐落空 無棲泊處故望涯而退."; 김월운 옮김, 『전등록』 1, 동국역경원(2008), p.605.

39 위의 책, p.271上, "此心 卽無心之心 離一切相. 衆生諸佛更無差殊 但能無心便是究竟. 學道人 若不直下無心 累劫修行終不成道 被三乘功行拘繫不得解脫."; 위의 책, p.606.

니, 성품은 곧 마음이요, 마음이 곧 부처요, 부처가 곧 법이다. 한 생각[一念]이 참[眞]을 여의면 모두 망상(妄想)이 되니, 마음으로써 다시 마음을 구하지 말고, 부처로써 다시 부처를 구하지 말고, 법으로써 다시 법을 구하지 말라. 그러므로 도를 닦는 사람은 당장 무심(無心)으로 묵묵히 계합해야지 마음을 망설이면 곧 어긋난다.[40]

위의 내용을 통하여 알 수 있듯이, 지눌의 무심합도문은 희운의 『전심법요』에 나타난 무심사상과 일맥상통함을 알 수 있다. 물론 대혜의 『대혜어록』과 『종문무고』에도 '무심'에 대한 용례는 많이 발견되지만, 지눌이 말하는 '무심'이 대혜의 간화선만을 염두에 두고 있지 않다는 점은 알 수 있다.

경봉은 비록 간화선 수행을 통하여 깨달음을 얻고 대중들에게 구체적인 간화선 수행에 대하여 지도하였지만, 간화선에 얽매이거나 간화선만을 수행해야 한다고 강요하지는 않았다. 오히려 무심으로 합도하는 것이 최상의 법문임을 강조하였다. 경봉은 「홍일동승(紅日東昇)」에서 다음과 같이 말한다.

법문은 아무 말도 하지 않는 가운데 있고, 종사(宗師)가 법좌에 오르기 전에 법문이 있고 법문 듣는 사람이 자리에 앉기 전에 있고, 종사가 무엇을 말하려는가 하는 한 생각 일어나기 전에 있는 것이다. 이

---

40   위의 책, p.272上, "諸佛菩薩與一切蠢動衆生同 大涅槃性 性卽是心 心卽是佛 佛卽是法. 一念離眞 皆爲妄想 不可以心更求於心 不可以佛更求於佛 不可以法更求於法. 故修道人直下無心默契 擬心卽 差."; 위의 책, p.612.

도리를 알면 되는데 그것을 모르니 부득이 해서 입을 열어 무슨 말을 하게 되고 들어야 하는데, 교가에서 경(經)을 보고 말하는 것과, 선가에서 조사종풍을 드날리는 선리적(禪理的)인 법문과는 거리가 먼 것이다.[41]

또 『법해(法海)』에서 경봉은 『유마경』의 침묵에 대하여 다음과 같이 말하고 있다.

이 법은 일념(一念) 미생초(未生初)에 있고, 눈과 눈이 서로 서로 마주 쳐보는데 있고, 삼라만상이 다 법이 있고, 중생의 일생생활에 다 법문이 있다. 우리가 가고 오는 데 도가 있고, 물건을 잡고 놓는 것이 다 선(禪)이다. 또 이렇게만 집착하여 알아도 안 된다. 설사 현현한 것을 말하고 묘묘한 것을 말하더라도 똥물을 흩고 오줌을 흩는 것이요, 방망이로 치고 큰 소리로 할을 하더라도 소금을 가지고 목마른 사람의 갈증을 풀어주려는 것과 같은 것이다.[42]

이러한 내용들은 경봉이 직접 무심 혹은 무심합도를 말하고 있는 것은 아니지만, 무심합도의 가르침을 설하고 있는 내용으로 지눌 사상의 영향이거나 그에 부합된다고 할 수 있다.

---

41   명정 편저, 『경봉스님 말씀』, 극락선원 경봉문도회(2007), p.22.

42   경봉, 명정 편역, 『법해』, 극락호국선원(1978), p.61.

V. 마치며

근현대 한국의 선사들의 대부분은 보조선(普照禪)의 영향을 받았다. 김방룡은 「한국 근현대 간화선사들의 보조선에 대한 인식」에서 보조선의 계승을 통하여 한국불교의 정체성을 세운 근현대 선사로서 한암, 석우, 경봉, 효봉, 구산 등을 손꼽고 있다.[43] 또 정유진은 「현대 한국 간화선의 원류와 구조에 대하여」에서 경봉선사가 화두를 어떻게 보고, 어떻게 참구하고, 참구할 때 주의사항이 무엇인지를 고찰하여 밝히고 있다.[44] 이러한 연구들은 보조선이 현대 한국불교에서 차지하는 위상과 경봉의 역할을 가늠하게 한다.

주지하다시피 성철(性徹, 1912~1993)의 『선문정로(禪門正路)』의 출현과 '돈오점수 돈오돈수' 논쟁 이후에 불교계 일각에서는 지눌의 선사상과 간화선에 문제가 있는 것으로 인식하는 경향이 있다. 돈오·구경각의 입각처를 분명히 하는 데 있어서 성철의 공이 큰 것은 부인할 수 없다. 그럼에도 불구하고 수행자에게 있어 선문에 정로(正路)가 있다는 생각은 정로(正路)와 사로(邪路)가 있다는 분별심을 일으켜, 무심과 무분별의 선

---

43 김방룡, 「한국 근현대 간화선사들의 보조선에 대한 인식」, 『불교학보』 58, 동국대 불교문화연구원 (2011), pp.195~200.

44 정유진, 「현대 한국 간화선의 원류와 구조에 대하여-경봉선사를 중심으로-」, 『불교학보』 60, 동국대 불교문화연구원(2011), pp.181~190.

의 세계에 들어가는 데 장애로 작용하는 것 또한 사실이다. 또 선수행에 있어서 간화선만이 유일한 수행법이라는 생각 또한 재고의 여지가 있어 보인다.

조선불교조계종의 초대 종정이었던 한암(漢巖, 1876~1951)의 「선문답 21조」[45] 가운데에는 보조선의 체계에 있어 핵심적 문제라 할 수 있는 '간화'와 '반조'의 조화와 구경의 경지를 명쾌하게 규명하고 있다. 이중 제10 문답은 "간화와 반조는 어떠한 차이가 있습니까? 오늘날 참선인들을 보면 항상 서로 논쟁하니, 바라건대 자상히 논변하여 밝혀주소서"라는 질문에 대하여 결론적으로 다음과 같이 답하고 있다.

… 그러나 옛사람이 말하기를, "학인은 활구(活句)를 참구할지언정 사구(死句)를 참구하지 말아지니, 사구(死句)는 이로(理路)와 언로(言路)와 들어서 알고[聞解] 사상(思想, 생각)이 있기 때문이며, 활구는 이로와 언로와 재미가 없고 모색할 수 없기 때문이다"고 하셨으니, 참선을 하는 사람이 반조와 간화를 막론하고 여실히 참구하는 자라면, 마치 한덩이의 불과 같아서 가까이 하면 얼굴을 태우게 됨과 같으니라. 도무지 불법의 지해(知解)를 붙일 곳이 없으리니 어느 겨를에 화두니, 반조니, 같으니, 다르니 하는 허다한 것들을 논할 수 있겠는가. 다만

---

45 한암, 「선문답 21조」, 『定本 漢巖一鉢錄』 상권, 한암문도회, p.169, "然이나 古人이 云하사대 學者가 但參活句언정 莫參死句니 死句者는 有理路言路聞解思想故也오 活句者는 無理路言路沒滋味摸索故也라하니 學道人이 莫論返照與看話하고 如實參究者인댄 如一團火相似하야 近之則燒却面門이라 都無佛法知解措着之處어니 何暇에 論及於話頭也, 返照也, 同別也, 許多之乎者也이라 但現前一念하야 照徹無餘則百千法門과 無量妙義를 不求而圓得하야 如實而見하며 如實而行하며 如實而用하야 出生入死에 得大自在矣리라. 深願은 在玆焉이니라"(원문:172쪽)

한 생각이 앞에 나타나 투철하게 관조하여 남음이 없으면 백천법문과 무량한 묘의(妙意)를 구하지 않고서도 원만하게 얻어서 여실히 보고 여실히 행하며 여실하게 써서 출생입사(出生入死)에 대자재를 얻을 수 있을 것이다. 깊은 바람은 여기에 있다.[46]

위와 같은 내용에서 볼 수 있듯이 한암에게 있어서 보조선이 얼마나 깊이 영향을 미치고 있으며, 또한 한암의 보조선에 대한 인식이 얼마나 깊은지를 알 수 있다. 이는 한암뿐만 아니라, 근현대 선승들의 일반적인 경향이라고 할 수 있다.

이상으로 지눌과 경봉의 '간화'에 대하여 이해를 '반조'와 '삼현문' 및 '무심합도문'과의 관계성을 통하여 고찰해 보았다. 이는 지눌과 경봉의 선사상에 있어 핵심적 요소라 할 수 있는 간화선에 대하여, 대혜의 간화선과의 상관성이라는 직접적인 접근보다는 기타 선사상과의 상관성을 중심으로 보다 넓은 시야에서 접근해본 것이다. 이를 통하여 현대 한국 선의 외연을 확장하고, 여러 가지 선(禪) 나아가 선과 교 및 기타 사상들과의 만남과 회통의 필요성과 그 가능성을 제기해 보았다.

---

[46]   위의 책, pp.54~55, 이에 대하여 신규탁의 『한국 근현대 불교사상 탐구』(pp.217~224)와 김방룡의 「한국 근현대 간화선사들의 보조선에 대한 인식」(p.196)에서 언급한 바 있다.

참고문헌

01
조사선(祖師禪)과
간화선(看話禪)의
수행체계 비교

- 『金剛般若波羅蜜經』, T8.
- 『華嚴經』, T9.
- 『涅槃經』, T12.
- 『維摩詰所說經』, T14.
- 『如來藏經』, T16.
- 『楞伽經』, T16.
- 『大乘起信論』, T32.
- 『鎭州臨濟慧照禪師語錄』, T47.
- 『大慧普說』, T47.
- 『無門關』, T48.
- 『信心銘』, T48.
- 『最上乘論』, T48.
- 『黃檗山斷際禪師傳心法要』, T48.
- 『六祖大師法寶壇經』, T48.
- 『碧巖錄』, T48.
- 『證道歌』, T48.
- 『續高僧傳』, T50.
- 『景德傳燈錄』, T51.
- 『二入四行論』, T51.
- 『信心銘』, T51.
- 『祖堂集』, K45.
- 『天聖廣燈錄』, Z135.
- 『四家語錄』, 藏經閣, 선림고경총서 11.

- 『夢山法語』, 원순 역해, 서울:법공양(2006).
- 關口眞大,『禪宗思想史』, 이영자역, 서울:홍법원(1989).
- 石井修道,『宋代禪宗史の 研究』, 東京:대동출판사(1987).
- 성엄,『대의단의 타파 무방법의 방법(화두선과 묵조선의 요체)』, 대성 역, 서울:탐구사(2010).
- 柳田聖山,『禪思想』, 서경수 역, 서울:한국불교연구원(1984).
- 정성본,『간화선의 이론과 실제』, 서울:동국대학교출판부(2005).
- 종호,『임제선 연구』, 서울:경서원(1996).
- ____,「話頭의 내재적 구조 一考」, 한국불교학 58집(2010).
- 김호귀,「禪錄을 통한 本來成佛 사상의 전승」, 선학 30권, 서울:한국선학회(2011).
- _____,「선문답의 현대적 해석 방식」, 선학 26집, 서울:한국선학회(2010).
- 釋定藝,「祖師禪 成立에 대한 小考」 선문화연구 6집, 서울:선문화연구원(2009).
- _____,「涅槃經의 禪觀 小考」, 禪學 23집, 서울:한국선학회(2009).
- 황금련,「대혜와 고봉이 표방하는 간화선」, 한국불교학 79집(2016).
- 혜원,「간화선에서의 疑와 看에 대한 考察」, 한국불교학 47집(2007).

02.
'염불시수(念佛是誰)'의
간화두 요지와
'이뭣고' 화두의 비교

T:대정신수대장경 X:만신찬속장경

- 『大慧普覺禪師語錄』 T47.
- 『寶王三昧念佛直指』 T47.
- 『禪關策進』 T48.
- 『禪宗決疑集』 T48.
- 『緇門警訓』 T48.
- 『無文禪師語錄』 T80.

- 『鹽山拔隊和尙語錄』T80.

- 『宗門無盡燈論』T81.

- 『五家參祥要路門』T81.

- 『常光國師語錄』T81.

- 『永源寂室和尙語錄』T81.

- 『建康普說』T82.

- 『楞伽師資記』「弘忍章」T85.

- 『高峰原妙禪師禪要』X70.

- 鏡虛惺牛禪師法語集刊行會 編, 『鏡虛法語』, 서울:人物研究所(1981).

- 高峰原妙, 『禪要』상권, 설우 역, 서울:조계종출판사(2014).

- 嚴美鏡(明俊), 「『碧巖錄』飜譯을 통한 禪宗言語 '是甚麼'에 대한 研究」, 동국대학교
  대학원 석사학위논문(2015).

- 嚴美鏡(明俊), 『碧巖錄』'是甚麼'의 用處에 관한 一考, 『禪學』52, 한국선학회(2019).

- 원택, 『성철스님 화두참선법』, 서울:김영사(2008).

- 月庵, 『看話正路』, 부산:현대북스(2006).

- 日禪, 『행복한 看話禪』, 서울:클리어마인드(2010).

- 鄭性本, 『看話禪의 이론과 실제』, 서울:동국대학교출판부(2005).

- 조계종 교육원 불학연구소·전국선원수좌회 편찬위원회 편, 『看話禪』, 서울:대한
  불교조계종 교육원(2005).

- 虛雲, 大晟 역, 『參禪要旨』, 서울:탐구사(2011).

- 虛雲, 月棲 編, 『參禪要旨』, 서울:아침단청(2012).

- 혜민, 「돈오의 점진적 체험」, 『看話禪 수행과 한국 禪』(종학연구소 엮음), 서울:동
  국대학교출판부(2012).

- 釋印謙, 「禪宗'念佛者是誰'公案起源考」, 『圓光佛學學報』第四期, 臺灣:圓光佛學
  研究所(1999).

- 聖嚴法師, 『禪門修證指要』, 臺北:東初出版社(1981).

- 林娟蒂, 「試探虛雲和尙看話禪之特色」, 『中華佛學研究』第十三期, 新北:中華佛學
  研究所(2012).

- 《불교신문》, "〈61〉지금 부처를 염하고 있는 자가 누구인가?(念佛是誰)", 2014.06.19.
	(http://www.ibulgyo.com/news/articleView.html?idxno=134437 [2019.5.14.]).
- 《법보신문》, "윤창화의 선가산책11, 염불선", 2012.09.12.
	(http://www.beopbo.com/news/articleView.html?idxno=72338 [2019.5.14.]).
- 《현대불교》, "[수행프로그램 엿보기], 염불선", 2002.03.13.
	(http://www.hyunbulnews.com/news/articleView.html?idxno=124731 [2019.5.14.]).

03.
간화선(看話禪)과
천태지관(天台止觀)
–선병(禪病)을 중심으로

- 『大智度論』, 『大正藏』 25.
- 『大慧語錄』, 『大正藏』 47.
- 『摩訶止觀』, 『大正藏』 46.
- 『佛說佛醫經』, 『大正藏』 17.
- 『修習止觀坐禪法要』, 『大正藏』 46.
- 『禪宗無門關』, 『大正藏』 48.
- 『次第禪門』, 『大正藏』 46.
- 대한불교조계종 교육원 불학연구소, 『간화선』, 서울:조계종출판(2009).
- 미래사회를 향한 불타의 가르침 편찬위원회, 『불타의 가르침』, 서울:대한불교진흥원(1997).
- 불교와 사상의학 연구회 편저, 『불교와 사상의학의 만남』, 서울:올리브 그린(2014).
- 불학연구소, 『선불교』, 서울:조계종출판사(2013).
- 보르빈 반델로, 『마음의 병 23가지』, 김태희 옮김, 서울:교양인(2014).
- 인경, 『몽산덕이와 고려후기 간화선사상 연구』, 서울:명상상담연구원(2009).
- 李喜益, 『無門關』, 서울:경서원(1985).

- 전현수,『마음치료 이야기』, 서울:불광출판사(2010).
- 전재강 역주,『서장』, 서울:운주사(2005).
- 존 H. 크리스트 외 공저,『심리불안과 자기치료』, 김정자 역, 서울:학지사(1998).
- 川田洋一 著, 朴慶燻 編譯,『佛教와 醫學』, 서울:홍법원(1993).
- 최기표,『譯註 次第禪門』, 서울:불광출판사(2010).
- 慧命,『마하지관의 이론과 실천』, 서울:경서원(2007).
- 김종두(혜명),「천태지관(天台止觀)을 통한 심리치료법의 고찰」,『韓國禪學』제39호, 서울:한국선학회(2014).
- 박태원,「간화선 화두간병론(話頭揀病論)과 화두 의심의 의미」,『불교학연구』제27호, 서울:불교학연구회(2010).
- 이필원,「간화선과 심리치료」,『인도철학』제44집, 서울:인도철학회.
- 鄭茂煥(性本),「참선수행과 선병(禪病)의 문제」,『韓國佛敎學』제50집, 서울:한국불교학회(2008).
- 崔成烈,「看話十種病의 體系分析」,『불교학보』제28집, 서울:동국대학교 불교문화연구원.
- 혜달,「간화병통에서 본 간화수행법」,『보조사상』제29집, 서울:보조사상연구원.

04.
간화선의
회광반조에
관한 일고(一考)

- 『佛說大安般守意經』(大正藏 15).
- 『景德傳燈錄』(大正藏 51).
- 『廣弘明集』卷三十 (高麗藏 1081).
- 『六祖大師法寶壇經』(大正藏 48).
- 『江西馬祖道一禪師語錄(四家語錄卷一)』(卍續藏 69).

- 『鎭州臨濟慧照禪師語錄』(大正藏 47).
- 『袁州仰山慧寂禪師語錄』(大正藏 47).
- 『瑞州洞山良价禪師語錄』(大正藏 47).
- 『撫州曹山元證禪師語錄』(大正藏 47).
- 『摩訶止觀』(大正藏 46).
- 『앙굿따라니까야』 6, 대림 스님 옮김, 울산:초기불전연구원(2007).
- 붓다고사 지음,『청정도론』 2, 대림 스님 옮김, 울산:초기불전연구원(2004).
- 백련선서간행회,『원오심요』(상), 합천:장경각(2003).
- 『대혜보각선사어록』 4, 김태완 옮김, 서울:소명출판(2011).
- 『대혜보각선사어록』 5, 김태완 옮김, 서울:소명출판(2011).
- 『몽산법어』, 원순 역해, 서울:법공양(2013).
- 신규탁 지음,『규봉종밀과 법성교학』, 서울:올리브그린(2013).
- 허운 지음,『참선요지』, 월서 편저, 서울:아침단청(2012).
- 金炯錄(印鏡),「蒙山德異의 禪思想」, 동국대학교 박사학위논문(1999).
- 이혜옥,「임제(臨濟)의 선(禪) 사상과 수행」,『한국선학』제23호.
- 박태원,「화두를 참구하면 왜 돈오 견성하는가」,『철학논총』제58집, 경산:새한철학회(2009).

05.
고려 시대
간화선의 수용과
그 특징에 관한 고찰

- 『韓佛全』6권,『白雲和尙語錄』卷上.
- 朝鮮總督府 編,『朝鮮金石總覽』上, 亞細亞文化社(1976).
- 智異山神興寺重刊本,『蒙山和尙法語略錄』(1536, 中宗 31년).
- 동국대학교 불교문화연구원, 원문개정판『朝鮮佛教通史』7, 동국대학교출판부(2010).

- 石井修道, 『宋代禪宗史の研究』, 「緒言」, 東京:大東出版社(1987).
- 金東華, 『禪宗思想史』, 서울:寶蓮閣(1985).
- 한기두, 『한국 선사상 연구』, 서울:일지사(1991).
- 이지관, 『校勘譯註 歷代高僧碑文』5, 「高麗篇」(4), 伽山佛教文化研究院(1997).
- 대한불교조계종 교육원, 『曹溪宗史:고중세편』, 서울:조계종출판사(2004).
- 印鏡, 『蒙山德異와 高麗後期禪思想研究』, 서울:불일출판사(2000).
- 이점숙(역석), 「혜심의 『禪門拈頌』 연구」, 서울:동국대 박사학위논문(2010).
- 서윤길, 「고려 임제선법의 수용과 전개」, 『보조사상』 8집(1994).
- 최연식, 「고려말 간화선 전통의 확립과정에 대한 검토」, 『보조사상』 37집(2012).
- _____, 「고려후기 『몽산법어』의 수용과 간화선의 전개」, 『보조사상』 제12집(1999).
- _____, 「고려후기 『선요』의 수용과 간화선의 전개」, 『한국중세사연구』 제7호(1999).
- _____, 「고려말 원대 간화선의 수용과 그 사상적 영향―몽산, 고봉을 중심으로―」, 『보조사상』 제23집(2005).
- 최용운, 「보조지눌의 간화선관에 내재된 문제점 연구」, 『보조사상』 제23집(2005).
- 허흥식, 「몽산덕이의 보설과 나옹 보설과의 관계」, 『서지학보』 26집(2002).
- _____, 「蒙山德異의 行績과 年譜(資料 解題)」, 『韓國學報』 20, 일지사(1994).
- 황금연, 「몽산덕이선사의 간화선수행에 관한 고찰」, 『보조사상』 36집(2011).

06.
혜심의
「구자무불성화간병론(狗子無佛性話揀病論)」
찬술 배경과 내용 분석

- 『廻諍論』, 『大正藏』32.
- 『大慧普覺禪師書』, 『大正藏』47.
- 『大慧普覺禪師語錄』, 『大正藏』47.
- 『萬善同歸集』, 『大正藏』48.

- 『金剛三昧經論』上, 『大正藏』51.

- 『景德傳燈錄』, 『大正藏』51.

- 『續傳燈錄』, 『大正藏』51.

- 『大慧普覺禪師普說』, CBETA59.

- 『古尊宿語錄』, CBETA68.

- 『看話決疑論』, 『韓佛全』4.

- 『法集別行錄節要并入私記』, 『韓佛全』4.

- 「狗子無佛性話揀病論」, 『韓佛全』6.

- 『無字揀病論科解』, 『韓佛全』10.

- 『高麗史』.

- 『老子』.

- 『老子王弼註』.

- 『論語』.

- 『東國李相國文集』.

- 『東文選』.

- 〈松廣寺佛日普照國師碑銘〉.

- 〈眞覺國師碑銘〉.

- 鄭性本, 『中國禪宗의 成立史 研究』, 서울:民族社(2000).

- 야나기다 세이잔, 『禪의 思想과 歷史』, 추만호·안영길 옮김, 서울:民族社(1992).

- 柳田聖山, 『禪と文學』, 東京:ぺりかん社(1997).

- 이동준, 「高麗 慧諶의 看話禪 研究」, 서울:東國大 博士學位論文(1993).

- 姜好鮮, 「忠烈·忠宣王代 臨濟宗 수용과 高麗佛教의 變化」, 『韓國史論』46집, 서울大學校 國史學科(2001).

- 김방룡, 「眞覺慧諶의 禪思想 체계와 불교사적 의의」, 『禪學』40호, 韓國禪學會(2015).

- 김호귀, 「白坡亘璇의 [無字揀病論科解]에 대한 고찰」, 『禪學』18호, 韓國禪學會(2007).

- 박재현, 「『禪門拈頌集』과 『禪門拈頌說話』의 텍스트성」, 『禪學』42호, 韓國禪學會(2015).

- 廉仲燮, 「中國哲學的 思惟에서의 '理通氣局'에 관한 考察」, 『東洋哲學研究』50집,

東洋哲學研究會(2007).

- 李德辰, 「看話禪의 '拘子無佛性'에 대한 一考察-大慧宗杲·普照知訥·眞覺慧諶을 중심으로」, 『禪學』 1호, 韓國禪學會(2000).

- 李德辰, 「慧諶의 禪思想에 대한 硏究-知訥과의 연관관계를 중심으로」, 『哲學硏究』 20집, 高麗大學校 哲學研究所(1997).

- 이동준, 「慧諶 看話禪에서의 待悟之心의 문제」, 『韓國佛敎學』 17집, 韓國佛敎學會(1992).

- 이상미, 「無衣子의 禪思想에 대한 一考察」, 『漢文古典研究』 8집, 韓國漢文古典學會(2004).

- 이영석, 「『禪門拈頌』의 編纂에 관한 연구」, 『淨土學研究』 5집, 韓國淨土學會(2002).

- 이재권, 「王弼의 本無論」, 『東西哲學研究』 72권, 韓國東西哲學會(2014).

- 이점숙, 「『雪竇頌古集』에 관한 考察」, 『淨土學研究』 13집, 韓國淨土學會(2010).

- 이종성, 「逍遙와 노닒 또는 걸림 없는 자유-莊子 '逍遙遊'의 부정정신과 자유의식을 중심으로」, 『東西哲學研究』 67권, 韓國東西哲學會(2013).

- 정명옥, 「慧諶의 話頭參究法-法語와 書答, 그리고 그 속의 禪詩를 중심으로」, 『禪學』 10호, 韓國禪學會(2005).

- 鄭性本, 「眞覺國師 慧諶의 看話禪 研究」, 『普照思想』 23집, 普照思想研究院(2005)

- 정천구, 「『禪門拈頌』의 編纂에 대한 思想史的 연구」, 『精神文化研究』 32권 3호, 韓國學中央研究院(2008).

- 鄭赫, 「高麗後期 眞覺國師 慧諶의 佛儒同源思想」, 『北岳史論』 3집, 北岳史學會(1993)

- 趙明濟, 「高麗後期 『蒙山法語』의 受容과 看話禪의 展開」, 『普照思想』 12집, 普照思想研究院(1999).

- 趙明濟, 「13世紀 修禪社의 현실 대응과 看話禪」, 『禪學』 1호, 韓國禪學會(2000).

- 조은순, 「崔瑀의 佛敎政策과 修禪社 慧諶」, 『普照思想』 30집, 普照思想研究院(2008).

- 진성규, 「定慧結社의 時代的 背景에 대하여」, 『普照思想』 5·6집, 普照思想研究院(1992).

- 崔柄憲, 「眞覺慧諶, 修禪社, 崔氏武人正權」, 『普照思想』 7집, 普照思想研究院(1993).

- 천봉(정명옥), 「慧諶 話頭參究法」, 『禪學』 10권, 韓國禪學會(2005).

- 최동석, 「無何有의 마을(無何有之鄕)에 이르는 길」, 『가톨릭사상』 54호, 大邱가톨릭
  大學校가톨릭思想研究所(2017).
- 최은희, 「교육의 관점에서 본 眞覺國師 慧諶의 一生」, 『東아시아佛敎文化』 17집,
  東아시아佛敎文化學會(2014).
- 黃仁奎, 「高麗後期 禪宗山門과 元나라 禪風」, 『中央史論』 23집, 中央大學校 中央
  史學研究所(2006).

07.
청허휴정(淸虛休靜)의
선사상과
임제종의 관계

- 天頙 撰, 『禪門寶藏錄』, 韓國佛敎全書 6冊.
- 休靜 撰, 『三家龜鑑』, 韓國佛敎全書 7冊.
- _____, 『三家龜鑑(異本)』, 韓國佛敎全書 7冊.
- _____, 『心法要抄』, 韓國佛敎全書 7冊.
- _____, 『禪家龜鑑』, 韓國佛敎全書 7冊.
- _____, 『禪敎訣』, 韓國佛敎全書 7冊.
- _____, 『禪敎釋』, 韓國佛敎全書 7冊.
- _____, 『三老行蹟』, 韓國佛敎全書 7冊.
- 休靜, 『淸虛堂集』, 韓國佛敎全書 7冊.
- ____, 『說禪儀』, 韓國佛敎全書 7冊.
- 志安 撰, 『禪門五宗綱要』, 韓國佛敎全書 9冊.
- 采永 集錄, 『西域中華海東佛祖源流』, 韓國佛敎全書 10冊.
- 亘璇 集說, 『禪文手鏡』, 韓國佛敎全書 10冊.
- 覺岸, 『東師列傳』, 韓國佛敎全書 10冊.
- [唐] 慧然 集, 『鎭州臨濟慧照禪師語錄』, 大正藏 47卷.

- [宋] 蘊聞 편,『大慧普覺禪師語錄』, 大正藏 47卷.
- [宋] 智昭 集,『人天眼目』, 大正藏 48卷.
- 慧然,『鎭州臨濟慧照禪師語錄』, 大正藏47卷.
- 懷海,『百丈懷海禪師語錄』, 卍續藏經 119冊.
- ____,『百丈懷海禪師廣錄』, 卍續藏經 119冊.
- 希運,『黃檗禪師傳心法要』, 卍續藏經 119冊.
- ____,『黃檗希運禪師宛陵錄』, 卍續藏經 119冊.
- 金煐泰,『서산대사의 생애와 사상』, 박영사(1975).
- 김용태,『조선 후기 불교사 연구』, 신구문화사(2010).
- 다카하시 도오루,『이조불교』, 경서원(1980), (1929).
- 梵海撰,『동사열전』, 김윤세역, 광제원(1992).
- 한기두,『한국선사상연구』, 일지사(1993).
- 忽滑谷快天,『조선선교사』, 정호경 역, 보련각(1978).
- 何經松,『韓國佛敎史』, 北京:社會科學文獻出版社(2008).
- 고영섭,「휴정의 禪心學—禪心과 一物의 응축과 확산」,『한국선학』15호, 한국선학회(2006).
- 김방룡,「부휴 선수의 사상과 그의 법통관」,『한국선학』22호, 한국선학회(2009).
- 김상두,「禪門五宗綱要에 나타난 선종오가 교의의 특징」,『한국선학』30호, 한국선학회(2011).
- 김상영,「전근대 조계종 역사의 전개양상과 그 특성」,『한국선학』36호, 한국선학회(2013).
- 김순자,「원·명 교체와 여말선초의 화이론」,『한국중세사연구』10집, 한국중세사학회(2001).
- 김영태,「조선 선가의 법통고—서산 가통(家統)의 규명」,『불교학보』22권, 동국대 불교문화연구원(1985).
- 김용태,「조선 중기 불교계의 변화와 '西山系'의 대두」,『한국사론』44집, 서울대 국사학과(2000).
- _____,「청허 휴정과 조선 후기 선과 화엄」,『불교학보』73권, 동국대 불교문화연

구원(2015).

- 김호귀, 「청허휴정의 선교관 및 수증관」, 『범한철학』 79집, 범한철학회(2015).
- _____, 「淸虛休靜의 五家法脈인식의 배경에 대한 고찰」, 『한국선학』 22집, 한국선
  학회(2009).
- 박해당, 「조계종의 법통설에 대한 비판적 검토」, 『철학사상』 11호, 서울대 철학사상
  연구소(2000).
- 변희욱, 「사대부 학문 비판을 통해 본 대혜의 "유학의 선"」, 『불교학연구』 8호, 불교
  학연구회(2004).
- 송정숙, 「서산대사의 『심법요초』에 관한 서지적 연구」, 『서지학연구』 53, 한국서지
  학회(2012).
- 송정숙·정영식, 「人天眼目의 편찬·수용과 판본 비교」, 『서지학연구』 50, 한국서지
  학회(2011).
- 신법인, 「休靜의 捨教入禪觀−禪家龜鑑을 중심으로−」, 『한국불교학』 7집, 한국불
  교학회(1982).
- 우경섭, 「송시열의 華夷論과 朝鮮中華主義 성립」, 『진단학보』 101집, 진단학회(2006).
- 우정상, 「禪家龜鑑의 刊行流布考」, 『불교학보』 14권, 동국대 불교문화연구원(1977).
- 윤영해, 「祖師禪에서의 本來面目의 의미와 수행」, 『한국선학』 15집, 한국선학회(2006).
- _____, 「祖師禪의 全收門, 그리고 윤리적 적정향−洪州宗의 '作用卽性'을 중심으로−」,
  『종교연구』 28집(2002).
- 은정희, 「서산 휴정의 삼가귀감 정신」, 『동양철학』 3집(1992).
- 이봉춘, 「조선 후기 선문의 법통고」, 『한국불교학』 22집, 한국불교학회(1997).
- 이영자, 「조선 후기의 선풍−西山五門을 중심으로」, 『한국선사상연구』(1984).
- 이종익, 「보우대사의 중흥불사−그 전말과 순교−」, 『불교학보』 27집(1990).
- 이창안, 「여래선과 조사선의 수증관」, 『동서철학연구』 75호, 한국동서철학회(2015).
- 종진, 「청허 휴정의 선사상」, 『백련불교논집』 3집(1993).
- 최병헌, 「조선 시대 불교 법통설의 문제」, 『한국사론』 19집, 서울대 국사학과(1988).
- 하미경, 「白坡亘璇의 三種禪 고찰」, 『한국선학』 10집, 한국선학회(2005).
- _____, 「선어록을 통한 임제삼구의 전개와 그 특징」, 『한국선학』 29집, 한국선학회

(2011).

- 賴永海, 「중국 宋代 간화선 및 그 특질」, 『보조사상』 25(2006).

08.
편양언기(鞭羊彦機)의
선시(禪詩)
연구

- 金得臣, 『柏谷集』(『韓國文集叢刊』, 104집).
- 金榮祖, 『忘窩集』(『韓國文集叢刊』, 속19집).
- 睦萬中, 『餘窩集』(『韓國文集叢刊』, 속90집).
- 朴長遠, 『久堂集』(『韓國文集叢刊』, 121집).
- 申翊聖, 『樂全堂集』(『韓國文集叢刊』, 93집).
- 柳夢寅, 『於于集』(『韓國文集叢刊』, 63집).
- 李明漢, 『白洲集』(『韓國文集叢刊』, 97집).
- 李景奭, 『白軒集』(『韓國文集叢刊』, 95~96집).
- 李敏求, 『東州集』(『韓國文集叢刊』, 94집).
- 李命俊, 『潛窩遺稿』(『韓國文集叢刊』, 속 17집).
- 振虛捌關, 『三門直指』(『韓佛全』 10).
- 鞭羊, 『鞭羊堂集』(『韓佛全』 8).
- 海鵬, 『海鵬集』(『韓佛全』 12).
- 慧能, 『六祖大師法寶壇經』(『大正藏』 48).
- 『居士分燈錄』(『卍續藏』 86).
- 『大方廣佛華嚴經』(『大正藏』 10).
- 『大屯寺志』, 대둔사지 간행위원회, 1997.
- 『妙法蓮華經』(『大正藏』 9).

- 『維摩詰所說經』(『大正藏』 14).
- 권동순, 「조선조 18세기 선시연구」, 서울:성균관대학교 박사학위논문(2010).
- 권상로, 『조선불교사』, 서울:보련각(1979).
- 戒環解, 『妙法蓮華經』, 운문승가대학 출판부(2003).
- 김용태, 『조선 후기불교사연구』, 서울:신구문화사(2010).
- 金恒培, 「서산문도의 사상」, 『한국불교사상사』, 서울:숭산박길진박사 화갑기념사
  업회(1975).
- 梵海撰, 金侖世譯, 『東師列傳』, 서울:度濟院(1991).
- 裴奎範, 『壬亂期 佛家文學 研究:靜觀一禪·四溟惟政·逍遙太能·鞭羊彦機를 中心
  으로』, 서울:보고사(2001).
- 이능화, 『조선불교통사』, 서울:慶熙出版社(1968).
- 이영자, 「조선 중후기의 선풍」, 『한국선사상연구』, 서울:동국대학교 출판부(1984).
- 이종수, 「조선 후기 불교의 수행체계 연구: 三門修學을 중심으로」, 서울:동국대학
  교 박사학위 논문(2010).
- 정성본, 『선사상사』, 선문화연구소(1993).
- 최종진, 「鞭羊彦機의 선교관 연구」, 『韓國宗教史研究』 서울: 한국종교사학회(2004).
- 李鐘燦, 「鞭羊의 僧俗無碍」, 『韓國佛家詩文學史論』, 서울:불광출판사(2001).
- 忽滑谷快天著, 정호경 역, 『조선선교사』, 서울:보련각(1978).

09.
지눌과 경봉의
'간화(看話)'에 대한
이해

- 金君綏, 『佛日普照國師碑銘』, 『普照全書』, 서울:불일출판사(1989).
- 知訥, 『看話決疑論』, 『普照全書』, 서울:불일출판사(1989).

- 知訥, 『勸修定慧結社文』, 『普照全書』, 서울:불일출판사(1989).
- 知訥, 『法集別行錄節要幷入私記』, 『普照全書』, 서울:불일출판사(1989).
- 知訥, 『修心訣』, 『普照全書』, 서울:불일출판사(1989).
- 知訥, 『圓頓成佛論』, 『普照全書』, 서울:불일출판사(1989).
- 경봉, 「선의 원리」, 『불광』 37(1977.11).
- 경봉, 명정 편역, 『경봉스님 말씀』, 극락호국선원(1975).
- 경봉, 『니가 누고?』, 휴먼앤북스(2003).
- 경봉, 『法海』, 극락호국선원(1978).
- 경봉, 『산사에서 부치는 편지』, 좋은날(2000).
- 경봉, 『三笑窟消息』, 극락호국선원(1997).
- 경봉, 『三笑窟日誌』, 극락호국선원(1985).
- 경봉, 『續法海』, 극락호국선원(1979).
- 경봉, 『야반 삼경에 문빗장을 만져보거라』, 서울:도서출판 밀알(1982).
- 경봉, 『圓光法語』, 극락호국선원(1979).
- 경봉, 『茶이야기 禪이야기』, 극락호국선원(1994/2008).
- 김방룡, 『보조지눌의 사상과 영향』, 서울:보고사(2006).
- 대한불교조계종 교육원, 『간화선』, 서울:조계종출판사(2005).
- 신규탁, 『한국 근현대 불교사상 탐구』, 서울:새문사(2012).
- 정도, 『경봉 선사 연구』, 서울:운주사(2013).
- 오용석, 『대혜종고 간화선 연구』, 서울:해조음(2015).
- 印順 저, 정유진 역, 『중국선종사』, 서울:운주사(2012).
- 한암, 명정 역주, 『한암집』, 극락선원(1990).
- 한암문도회, 『한암일발록』, 오대산 월정사.
- 김방룡, 「한국 근현대 간화선사들의 보조선에 대한 인식」, 『불교학보』 58, 동국대 불교문화연구원(2011).
- 김호귀, 「간화선에서 화두의 양면적 기능」, 『한국선학』 8, 한국선학회(2004).
- 박재현, 「공안의 기능과 역할에 관한 철학적 연구」, 『철학』 85, 한국철학회(2005).
- 박재현, 「구한말 한국 선불교의 간화선에 대한 이해-송경허 선사상을 중심으로」,

『철학』89, 한국철학회(2006).

■ 박재현, 「혜심의 선사상과 간화」, 『철학』 78, 한국철학회(2004).

■ 박태원, 「화두를 참구하면 왜 돈오 견성하는가」, 『철학논총』 58, 새한철학회(2009).

■ 법산, 「看話禪 수용과 한국 看話禪의 특징」, 『보조사상』 23, 보조사상연구원(2005).

■ 서왕모, 「경봉선사의 사상적 고찰」, 『보조사상』 32, 보조사상연구원(2009).

■ 서왕모, 「경봉선사의 선사상 − 보조 지눌의 선사상과 비교하여」, 『한국선학』 33, 한국선학회(2012).

■ 신규탁, 「중국 성종 역사 속에 드러난 화두의 생성, 강의, 참구에 관한 검토」, 『한국선학』 30, 한국선학회(2011).

■ 심재룡, 「普照禪을 보는 視覺의 變遷史」, 『보조사상』 1, 보조사상연구원(1987).

■ 월암, 「한국 간화선과 화두참구의 계승」, 『보조사상』 27, 보조사상연구원(2007).

■ 이상옥(형윤), 「간화선의 회광반조에 대한 일고」, 『한국선학』 40, 한국선학회(2015).

■ 정유진, 「현대 한국 간화선의 원류와 구조에 대하여−경봉선사를 중심으로−」, 『불교학보』 60, 동국대 불교문화연구원(2011).

■ 최용운, 「보조지눌의 간화선관에 내재된 문제점 연구」, 『한국선학』 26, 한국선학회(2010).

■ 최현각, 「간화선의 전통과 그 현대적 수용」, 『불교학보』 56, 동국대 불교문화연구원(2010).

■ 한자경, 「간화선의 철학적 이해」, 『한국선학』 36, 한국선학회(2013).

■ 현각, 「한국의 화두의 연원」, 『불교학보』 35, 동국대 불교문화연구원(1998).

■ 혜거, 「삼학겸수와 선교융회의 한암사상」, 『제1회 조계종 근·현대 사상사 학술세미나−해방 이전의 선사상을 중심으로』, 대한불교조계종 교육원 불학연구소(2004).

■ 혜원, 「선종사에서의 간화선의 위치」, 『보조사상』 제13집, 보조사상연구원(2000).

정운 스님

1982년 성심사에서 명우 스님을 은사로 출가하여 자운대종사를 계사로 구족계를 수지했다. 운문사 승가대학과 동국대학교 선학과를 졸업했다. 2007년~2008년 미얀마판디타라마와 쉐우민센터에서 위빠사나 수행을 했으며 동국대학교 선학과에서 박사학위를 받았다. 불교신문 논설위원, 대한불교조계종 포교원 신도교재편찬위원, 대한불교조계종 교육원 불학연구소장, 한국선학회 이사 겸 편집위원, 대한불교조계종 불교성전편찬기획위원으로 활동하고 있다. 「금강경 선리에 대한 고찰」, 「깨달음과 교화에 대한 소고」 등 20여 편의 논문이 있다. 저서로는 『인물로 보는 한국 선사상사』, 『전심법요』, 『경전의 힘』, 『맨발의 붓다』, 『도표로 읽는 경전입문』, 『대승경전의 선사상』, 『경전 숲길(한권으로 읽는 경전)』, 『동아시아선의 르네상스를 찾아서』, 『허운』(중국 근현대 불교 선지식) 등 다수가 있다.

명준 스님

1996년에 청암사에서 지형 스님을 은사로 출가 득도. 청암사승가대학 졸업후 도감 역임. 제방선원에서 8안거 성만. 동국대학교에서 선학, 한문학, 영어영문학 전공으로 학사학위 취득. 중국어문학, 불교한문번역학 전공으로 각각 석사과정 수료, 선사상 전공으로 석사학위 취득. 선사상 전공으로 박사과정 중이며, 불교한문번역학 전공으로 박사학위 취득(2021.2 예정). 중국, 미국, 인도의 대학교에서 교환학생과 어학연수로 유학 후 수행과 탐방체험을 하였고, 중국, 태국, 대만 등지에서 학술문화 탐방을 하였다. 「禪宗言語 '是甚麽'와 '이뭣고' 화두의 관계 정립에 대한 고찰」(제1회 수불학술상 우수상 수상. 제5회 간화선국제학술대회에서 수상논문 발표), 「『碧巖錄』 '是甚麽'의 用處에 관한 一考」, 「중국 成語사전의 '百尺竿頭' 용례와 의미 考察」, 「『碧巖錄』 飜譯을 통한 禪宗言語 '是甚麽'에 대한 硏究」(석사), 「백파 긍선 『禪要記』 연구와 역주」(박사) 등 다수의 논문이 있다. 2004년부터 현재까지 매일 千佛禮懺 중이다.

혜명 스님

동국대학교 불교문화대학 불교학과를 졸업했으며 동국대학교 대학원 선학과에서 석사학위를, 동 대학원 선학과에서 박사학위를 받았다. 조계종 불학연구소장을 역임했으며 조계종 교육아사리, 동국대학교(경주) 불교학부 조교수로 재직 중이다.

형운 스님

삼선승가대학과 동국대학교 선학과 졸업, 동국대학교에서 문학석사 및 철학박사 학위를 취득하였다. 현재 동국대학교에서 강의하고 있으며, 대한불교조계종 교육아사리 소임을 맡고 있다. 저서로는『달마 이전의 중국선』(정우서적, 2014)이 있으며, 논문은「『고승전』의 '선정' 및 '삼매'에 대한 분석적 고찰」,「고역(古譯) 경전에 나타난 '참회' 용어의 번역과 정착 과정」,「고역(古譯) 및 구역(舊譯) 불경에 나타난 '오(悟)'의 연원 규명」,「대혜종고의 전후제단에 관한 一考」 등 다수가 있다.

영석 스님

운문사승가대학 대교과를 졸업했다. 동국대학교에서「진각국사 혜심의『禪門拈頌』」 주제로 박사학위를 받았다. 대전 보문고 교법사와 포교원 포교연구실 사무국장, 동국대 불교학술원 연구교수를 역임했다. 또 동국대학교 경주캠퍼스 불교문화대학 겸임교수 및 초빙교수를 역임했다. 연구 논문으로는「『화엄경현담중현기』와『분양송고』에 관한 고찰」,「『설두송고』에 관한 고찰」,「간화선의 수용과 그 특징에 관한 고찰」,「19세기 수선결사의 계승-소림통방정안과 설두봉기의 선교결사」 등이 있다.

자현 스님

동국대와 성균관대에서 석사학위를 받은 후, 성균관대학교 동양철학과(율장)와 동국대학교 미술사학과(건축) 그리고 고려대학교 철학과(선불교)와 동국대학교 역사교육학과(한국 고대사) 및 국어교육학과(불교 교육)에서 각각 박사학위를 취득했으며, 미술학과의 박사과정을 수료했다. 동국대학교 강의전담교수와 능인대학원대학교 교수를 지냈다. 현재 중앙승가대학교 불교학부에서 교수와 불교학연구원장으로 재직 중이며, 월정사 교무국장과 조계종 교육아사리 그리고《불교신문》논설위원과 한국불교학회 법인이사 및 상하이 푸단대학교 객원교수 등을 맡고 있다. 한국연구재단 등재지에 160여 편의 논문을 수록했으며, 40여 권의 저서를 발간했다. 저서 가운데『불교미술사상사론』은 2012년 학술원 우수학술도서,『사찰의 상징세계(상·하)』는 2012년 문광부 우수교양도서,『붓다순례』(2014)와『스님의 비밀』(2016),『불화의 비밀』(2017),『스님, 기도는 어떻게 하는 건가요』(2019)는 각각 세종도서에 선정되었다. 또『백곡 처능, 조선불교 철폐에 맞서다』는 2019년 불교출판문화상 붓다북학술상을 수상했으며, 제7회 영축문화대상을 수상했다.

철우 스님

동학사에서 운달 스님을 은사로 출가, 자운 스님을 계사로 비구니계를 수지하였다. 동학사 승가대학 및 동국대학교 선학과를 졸업하고 박사학위를 취득하였다. 대한불교조계종 불학연구소 사무국장, 대한불교조계종 포교원 신도종책위원회 위원, 충남경찰서 경승, 사단법인 동련회 어린이연구소 소장 등을 역임했다. 2012년에 대한불교조계종 포교대상 원력상을 수상했다. BTN 불교TV에서 『육조단경』을 강의하기도 했다. 현재, 동국대학교(경주) 제15대 정각원장, 대한불교조계종 제17대 종회의원, 대한불교조계종 전국비구니회 경부 1지회장, 포항 임허사 주지 등의 소임을 맡고 있다.

원법 스님

운문사 승가대학 및 운문사 보현 율원 졸업, 성균관 대학교 및 동국대학교에서 석사학위를 취득했으며, 「조선조 18세기 선시 연구」로 성균관대학교에서 박사학위를 취득했다. 현재 운문사 승가대학 교수 및 대한불교조계종 한문불전분야 교육아사리 소임을 맡고 있다. 주요 논문으로 「함월해원의 사상과 이종선에 대한 고구」, 「청매인오의 선시 연구」, 「사명 유정의 선시 연구」 등 다수가 있다.

정도 스님

통도사에서 도승 스님을 은사로 출가, 동국대학교에서 경봉선사 연구로 박사학위를 취득하였다. 조계사 포교국장, 통도사 교무국장, 통도사승가대학 교수, 통도사 포교국장, 통도사 양산전법회관 정각사 주지 등을 역임했다. 또 대한불교조계종 교육원 교육부장, 불학연구소장, 동국대학교(경주) 파라미타칼리지 교수를 역임했으며, 현재 동국대학교(서울) 교수 및 동국대학교 불교학술원 종학연구소장, 한국선학회 회장 등을 맡고 있다. 「백운경한의 선사상」, 「영명연수와 보조지눌의 유심정토와 타방정토」 등 10여 편의 논문이 있다.